企业间知识网络风险演化与治理研究

任慧 ◎ 著

上海三联书店

目　录

前　言

Beckmann（1995）首次提出了知识网络的概念，备受推崇，学界围绕知识网络的研究文献层出不穷。国内学者王铮等（2001，2002）分析了知识网络的动力学模型，提出了知识网络是国家创新体系的重要部分。邱均平、赵蓉英（2007）系统研究了企业知识网络的内涵与信息结构特征。肖东平、顾新（2009）和马费成（2011）对知识网络结构及其演化进行理论分析。IISD（2001）、李江（2008）、安琳（2010）、江积海（2010）和汪涛等（2010）等还测度、衡量与评价了知识网络及其创新绩效。学者们从多种学科角度开始关注知识网络自身属性、演化规律、功能效用等。对知识网络本身拓扑结构的研究较多来自情报学，比如武汉大学信息管理学院的邱均平、赵蓉英、马费成等学者从情报学视角就知识网络结构特征和演化规律作出了较深入的理论研究。

伴随知识经济的到来，对于产业经济、企业技术创新与知识创新管理、信息与知识管理技术工具以及知识的空间区域协调与链接等领域的研究来说，知识已经成为一种重要的黏合工具，将这些原本不相干的研究领域连接在一起，从而开辟了多种学科交叉融合研究领域，比如以知识分工与演化探讨产业衍生与产业创新的理论基础，已经成为产业经济学领域的重要研究内容。而以社会网络分析法分析、测度和衡量企业间知识共享效率也成为管理学和情报学学科研究中普遍应用的分析方法，并形成了新经济社会学学科。作为一种知识节点网络拓扑结构，知识网络又常用来分析情报学领域中的知识连接和信息管理，从而把知识网络和情报学融合在一起，掀起了情报学领域企业知识管理与企业情报理论的研究热潮。

我们综观有关知识网络的文献，学界对知识网络内涵和功能的解读已经作了较为详细的论述。当代科学的发展，不仅导致了各学科的高度综合与高度分化，更加深了学科间的相互渗透，衍生了众多的交叉学科和边缘学科。而知识网络为多方知识源间的知识杂交进而促进其进化提供了载体。徐升华和杨波（2010）运用基于多主体建模开发平台 Netlogo 构建基于小世界网络的知识转移网络的仿真模型，指出在小世界网络的条件下，主体行为与组织知识转移的效率能达到较高的水平。我们不难发现，近年来针对知识网络的研究文献越来越集中在管理学领域、经济学领域，知识网络的概念往往出现在企业竞争优势、企业技术创新、企业战略管理、企业知识管理等研究方向，其研究结论基本上向学界亮出了一个鲜明的观点，即知识网络与企业外部资源获取的结合，必将推动企业综合竞争优势的提升，是企业获取外部知识资源最为重要的途径。企业知识网络是促进企业提升技术创新能力的必备正能量。

知识网络本身是负载信息、经验、内容、技术等不同层次知识的节点间主要基于知识交换而形成的具有模块化结构的组织系统。这些节点或是个体，或是团队，或是企业，或从一国的宏观经济范畴看，它也可能是某一区块经济，而从世界经济角度看，知识网络的节点又可能是某一个国家的某一个产业环节……知识网络的拓扑结构是基于知识嵌入的动态非均衡结构系统，因此，它也更体现动态工作属性（work），而非网络（net）。这些不同类型的节点通过节点存量知识及其在互动的动态关系和共享空间里实现增量创造，进而增进节点的知识资产储备量。徐升华和杨波（2010）运用基于多主体建模开发平台 Netlogo 构建基于小世界网络的知识转移网络的仿真模型，指出在小世界网络的条件下，主体行为与组织知识转移的效率能达到较高的水平。任慧和金生（2011）也提出，知识网络的特点以复杂理论中"流"概念为主，强调人的"智力"在知识创造中的主动性，也更强调软要素建设。所以新知识的形成，需要人际网络中不同知识载体间的交互式反应。从这个意义上讲，知识的拓扑结构是网络化的，而企业对外寻求的知识网络成为企业进行技术创新的新渠道和载体。

随着知识经济向数字经济、内容经济加速升级，学界对知识网络的认知与管理也不断开始延伸，传统的知识管理也开始向知识网络治理迈进。相对于传统的知识管理，知识网络看重网络中信息流（flow）效率，它不是仅仅通过加强知识管理技术手段，增加节点知识库存，而是通过规则设计，规避传统知识管理无法克服的知识转移黏性与转换成本；不是仅仅以内容为中心，比如，传统的知识管理的根本目的在于，将组织个体的知识转化为组织知识，并进一步实现知识资本化，知识网络更强化节点中个体的能动性，它与个体的认知活动结合起来，以实现个体隐性知识传递为宗旨，换句话说，如果现在决策能以最优效率调取存储信息即为好的知识管理，而后者，则是寻求知识的关联要素以用于更精准的即时决策，不是仅仅注重提升可以增进知识转移的技术手段，而是更强调促进节点间链接的可能性和对接效率、营造协作交流的共享文化。以新知识创造和知识共享为目的的知识网络中，更强调一个节点与另一个节点之间的认知水平与认知能力的匹配。

对于知识网络，笔者有以下四点的基本认知：

第一，企业知识网络作为一种复杂的知识关系系统，具有其独特的构造因子，因子间的差异化对接与交互所产生的合成效应既可能促进企业技术创新，也能使企业陷入合作风险。

第二，企业知识网络风险与知识资源、群体行为与网络结构及知识布局等多元因素的不对称分布存在较强的关联度，故而确定治理目标和绩效评价标准需考虑企业知识网络多元因子不对称问题。

第三，治理企业知识网络风险既要考虑优化网络结构布局和行为约束的静态设计，也要考虑知识网络系统非均衡演化下的动态机制设计，以达到治理目标和提升治理绩效的目的。

随着这一概念在管理学、经济学领域的广泛应用，基于应对复杂、动态、瞬时情境，企业应战略性地构建复杂的知识网络，通过开源实现企业乃至产业创新。开放创新的本质是企业拓展对外连接的可能性增强，旨在合作中实现竞争双赢。这种竞合策略离不开合作伙伴间的战略博弈。因此，从这个意义上讲，企业间的竞合战略是以博弈论为基础的，博弈论是通过“特殊设计的游戏来理解不同战略和结果的科学”。众所周知，传统的博弈论往往假定，合作方是基于零和游戏规则下的竞争，一方所得即是另一方所失。而当代企业竞合哲学恰恰是突破了这一假定，认为竞合可以实现正和游戏，所有参与方获得的收益总和都会大于参与者投入游戏的总和。这样的经营理念大大解放了企业经营者的战略思想空间，使他们放弃了过度强调竞争的片面定位，而走向与竞争伙伴在某些领域上的合作，从合作中实现共赢。优秀的企业战略家往往能以博弈思想观测各种商业互动关系，通过参与者、附加值、规则、战术和范围这 5 个杠杆工具，对参与主体的博弈行为和交互作用结果加以分析，选择合适的战略，这也使企业战略更具有互动性、现实性、即时性和可行性。

基于竞合理念的盛行，世界进入跨界时代，资源、产品、技术、渠道都通过互联网和移动互联实现互联互通，通信信息技术及其颠覆性创新的商业应用也大大拓宽了跨界的可能性。基于互联网 + 的跨界创新不仅仅是一种全新产业创新商业模式，更是一种革命性的社会结构，日益成为一种全民体验和社会发展趋势，其发展的速度已远超人的认知更新速度。一项不起眼的小产品或小应用就可能改变一个行业的竞争格局，各种小型颠覆性创新发生的几率越来越高。2015 年以来，各行各业跨界创业浪潮风起云涌，与之相伴而来的是新创企业的高出生率和高死亡率并存现象，且因创新而发生迭代创新速度之快是历史上任何时代都无法比拟的。

得益于计算力的快速发展，结合互联网、物联网带来的海量数据，以及深度学习、机器学习等先进算法，AI 浪潮势不可挡，其实际应用效果和社会影响力远远超过了以往，也被喻为“第四次工业革命”中最为重要的“通用技术”。伴随智能化时代，制造业流程管理与生产方式都发生了重大变革，企业尤其是制造企业纷纷开始寻求工业 4.0 数字化转型。以通信信息技术大幅度提升生产效率，推动生产可能性边界的大幅度外移的第三次工业革命，为将数据采集、处理、使用从分配和消费环节（电子商务）向生产和制造环节（物联网支撑的智能化生产）移动，提供了无法替代的技术支撑。工业 4.0 时代，数字化升级与落地则进一步改进制造企业的流程、预防问题发生、优化运营时间，跳出空间限制彻底改造价值链，企业可以将智能传感器、分析技术和人工智能结合起来，实时监控运营和潜在的中断，使生产保持在最优级别运行。

然而，任何事物都有其正反两面性。在国内外动荡的经济情势倒逼下，我国战略性产业发展面临的机遇与挑战并存。随着企业尤其是科技企业技术创新实践的深入展开，我们还迫切需要关注企业通过构建知识网络实施开放创新可能带来的风险倾向，以防患于未然。事实上，国内外学者已经对知识网络负面效应乃至其引发的风险倾向予以关注，并且逐步成为技术创新网络研究中不可或缺的重要内容。因此，知识网络负效用研究开始进入学术界的视野。

有关知识网络载体风险与负效应研究，直接相关的文献不多，然而以知识网络的某一种载体（知识联盟、战略联盟、模块化组织、虚拟企业、产业集群、动态联盟等）或者统一载体（网络组织）为研究对象的文献却较多。具体来讲，张青山和曹智安（2004）指出企业动态联盟存在体制风险、协作风险、传递性风险以及知识产权风险等7类风险形式，还初步构建了风险评估模型和内生、外生风险防控的治理体系。汪忠和黄瑞华（2006）还对合作创新企业间由合作双方能力、交互能力及技术自身属性引致的技术知识转移存在知识破损问题进行了研究。孙国强（2007）对模块化网络组织的风险类型进行了界定与评价。张红兵（2009）分析了国际科技合作中的知识转移风险。孙国强等（2011）指出过度的关系嵌入和结构嵌入导致网络组织出现锁定效应、多米诺效应与创新乏力效应等三方面负效应。情报学家马费成（2011）也论证了知识网络演化中出现的增长与知识老化现象。这些研究呈现的基本特点是，直接针对企业知识网络正面效应的研究成果丰富且较为成熟，专门针对知识网络风险研究的文献少；在研究方法上，针对知识网络（载体）风险的研究以静态理念分析为主，相对缺乏动态化分析，更缺乏系统动力学研究。

而针对网络治理的对象与理念方面的研究，最早Jones，et al.（1997）提出网络治理的一般理论。李维安（2001）拓展了Jones的治理机制。李维安等（2003）提出网络治理的两条线路：利用网络进行公司治理和对网络组织进行治理。杨瑞龙等（2003）认为后者旨在明确网络组织的效率边界。沿着这样的研究思路，彭正银（2003）论述了网络治理理论与模式，彭正银（2009）又指出企业网络组织异变会引致组织的治理模式发生适应性变迁的理念。孙国强（2005）提出了网络组织的微观和宏观治理机制。曹虹剑等（2010）针对模块化网络组织提出了颇具价值的产权治理范式。一些学者还专门就知识网络提出自己的治理理念，如Aino and Anssi（2004）针对三种层次递进的知识网络分别提出权力命令式、包容的对话机制以及基于个体网络化能力的放权措施等三个治理理念，但并未深入阐述具体的治理方案。Grandori（2001），李维安（2007），Foss（2007）从公司治理视角，提出在制度层面上对企业知识行为的引导、激励和约束的“知识治理”概念。彭雪红（2010）针对知识网络中的主体机会主义行为，提出“关系治理、网络治理和知识治理”三维治理方案。党兴华（2011）则从知识权力角度提出知识网络治理的本质在于知识主体间的关系治理。

综观网络治理相关研究，以知识网络自身治理或网络组织风险分析为主，直接以知识网络风险动态治理为研究对象的文献缺乏，此领域还有较多值得深入探讨的理论空间。比如，有必要就知识网络风险形成的因子及其动态交互机制、风险演变规律以及相应的治理机制等问题，从更广泛的学科视野动态进行系统地把握。Stiglitz（1989）、张维迎（2012）等学者的非对称信息透视方法是“问题导向”的，核心在于“给定信息结构，设计最优的制度安排”。Bourdieu（1992）的“新结构主义”观念强调网络结构与行为主体间的互动机制，将传统的静态结构主义动态化。Burt（2002）的网络信息结构优化治理分析以及王其藩（1995）和 Rahmandadand Sterman（2008）等有关系统动力学方法论等经典文献，为知识网络系统风险演化研究奠定了基本的理论和方法基础。此外，以制度经济学“非对称信息条件下的激励与约束机制”以及社会经济学中的“结构互动主义”等理论，都有利于整合系统动力学、行为经济学、经济法学等学科视角，系统研究复杂知识网络系统中的多元因子静态和动态交互机制，知识网络风险形成机制与多元动态风险体系构建，企业知识网络系统风险治理目标体系与绩效评估标准构建、非均衡知识网络风险治理的制度设计等问题。

从理论上讲，相较于其载体，跨组织知识网络系统本身的风险治理研究更具有挑战性。因为要解释清楚这些基本问题，需要从制度经济学、网络社会学、系统动力学、行为经济学等多学科理论出发，才能从理论研究视角上有所突破，系统研究企业间复杂知识网络的风险治理机制，这对该领域研究新范式的确立具有重要的理论意义。系统研究企业间复杂知识网络的风险治理机制，应该说，本研究对该领域研究新范式的确立具有一定的理论意义。

2010 年以后，我国整体经济飞速发展，我国已然建立起了相对完整的人力资源体系、技术创新体系、市场体系、产业体系等条件。2019 年国内生产总值接近 100 万亿元，建立了体系完整、能力巨大的产业体系，产业技术水平明显提升，在局部领域也达到世界先进水平，形成了一批跨国经营大企业；科技人力资源总量居世界第一，创新创业生态不断完善；形成了全方位、多层次的对外开放格局，具备了比许多发展中国家更优良的贸易和投资环境[①]。但是，我国企业和产业发展必须面对的现实是，随着技术创新的日趋复杂化，企业的技术创新不能够仅通过单个主体或若干个主体实现，技术创新的内部与外部环境的迅速改变，通过更多元的合作形式来完成技术创新变得更为普遍。企业间开放的创新网络在推进技术快速迭代

---

① 佚名．重磅访谈：准确把握我国经济发展新的战略方向［N］．经济日报，2020-08-28。

升级的同时，也在产生了一些负面效应，放眼全球观测行业技术创新实践，我们甚至会发现一些技术研发上的漏洞和不可克服的瓶颈，比如国际专利联盟实际运行存在的缺陷、芯片研发链条的脆弱性，甚至是知识产权制度本身有关创新保护的规定本身也存在一些需要改进的环节。

另外，我国在一些关键的技术领域还受到国际间供应链的钳制。2018 年 4 月 16 日，以中兴违反了一则 2017 年的和解协议为由，美国政府发布对中兴通讯的出口禁令，将全面禁止美国公司向中兴通讯销售零部件、商品、软件和技术直到 2025 年 3 月 13 日，禁售期长达 7 年。据中兴官网数据显示，不管是运营商网络的电芯设备，如基站、核心网、光通信、服务器、云终端，还是消费者业务中占绝大多数的手机产品，都聚焦在芯片上，而芯片的市场几乎被高通、博通、恩智浦等美国公司所垄断。而在服务器中，需要大量高性能 CPU，这主要来自英特尔。至于手机，不仅需要基带芯片，包括中央处理器、图形处理器在内的主要部件也主要被高通、ARM 等英美国家所垄断[①]。如何从专利丛林中突围出去，是包括华为、中兴在内的中国科技企业必须克服的重大问题。正是在这样的背景下，中国众多大型跨国公司开始介入芯片开发，中国也越来越注重核心科技的掌握和引领。

在移动互联网的大背景之下，不少中国企业也开始转移到核心

① 天极网官方账号．被美国封杀的，为什么是中兴，而不是华为？[EB/OL]．天极网，https：//baijiahao.baidu.com/s?id=1598141380612838817&wfr=spider&for=pc.2018-04-19。

技术层面，比如说华为 5G。与 4G 时代美国独占鳌头不同，5G 通信技术与专利中，中国的华为专利占 17%、中兴 9%、大唐通讯 5%，仅三家就拥有超 30% 的专利技术。然而，面对中国通信技术突破，以美国为首的西方国家开始联手共建围墙，阻碍华为参与各国的 5G 建设。一向以“中立国”形象面世的瑞典也于 2020 年 11 月宣布，要求其任何参加 5G 频谱拍卖的运营商，于 11 月 10 日起禁止使用中国华为公司和中兴公司提供的 5G 设备，而且现在国内正在使用中的两家企业设备也需要在 2025 年之前全部拆除①。

从中兴到华为，中美贸易战的爆发暴露了中国在芯片领域的巨大弊端。从国家层面来看，2019 年 10 月 22 日，国家集成电路产业投资基金二期股份有限公司注册成立，注册资本为 2041.5 亿元。在国家助力芯片行业发展的历史时期，投资机构、初创企业也在试水芯片行业。根据亿欧智库发布的《2019H1 中国全行业融资盘点》，2019 年 H1 芯片行业融资数量为 39 次，融资总额为 24.25 亿元②。2021 年 6 月，工信部电子信息司司长乔跃山在 2021 年世界半导体大会开幕式上声明③，“目前，中国是全球主要的电子信息制造业的生产基地，也是全球规模最大、增速最快的集成电路市场”。在

① 滕飞．效仿美国？又一国拿所谓“国家安全”，无故封杀华为中兴［EB/OL］．腾讯网，https：//new.qq.com/rain/a/20201111A0HPML00，2020-11-11。

② 亿欧．清华大学王志华教授：中美贸易战引发的芯片战，中国胜算更大［EB/OL］．贤集网，https：//www.xianjichina.com/news/details_165287.html。

③ 中证网．工信部电子司：全球半导体产业进入重大调整期［EB/OL］．中国半导体行业协会，https：//www.csia.net.cn/Article/ShowInfo.asp?InfoID=102667，2021-06-09。

5G、云计算、物联网、人工智能、智能网联汽车等新型应用的驱动下，中国集成电路市场需求仍将持续增长。而要发展中国的集成电路，除了“坚持市场导向构建生态，充分发挥市场在资源配置中的决定作用”外，政府更应落实好营造良好的产业环境，出台产业统筹整合的产业政策，引导产业优化布局，推进共性技术产业链的开放合作。作为一种典型的复杂产业技术，集成电路相关产品及其技术水平代表了一个国家最高水平的设计制造能力，技术越是复杂的创新，越是需要集成的力量。这就意味着，此领域的高科技企业之间的竞争由“单个企业之争”演变成为“供应链之争”，进而升级为各个企业赖以生存的“创新生态系统”之争①。不进行有效的政府规制，很难实现产业共性技术的健康发展，因为市场力量总是趋利避害的。

以华为鸿蒙系统捐献事件为例，2019年，谷歌开始限制华为接入安卓生态，鉴于安卓是一套开源的操作系统，所以华为手机仍然可以继续使用开源版本的安卓AOSP。然而，虽然谷歌不能断供安卓，但却可以用其生态GMS（Google Mobile System）来遏制华为②。这也意味着，谷歌并不是想通过其操作系统本身卡住华为，而是通过操作系统背后的生态。操作系统研发工程，耗时5年研发成功，2020年9月，华为其智能终端操作系统基础能力相关代码捐赠

① 张利飞．高科技企业创新生态系统平台领导战略研究［J］. 财经理论与实践，2013，34（184）：99–103。

② 中国电子报．华为鸿蒙将以什么姿态融入“万物互联”的星辰大海？［EB/OL］. 中国半导体行业协会，http：//www.cena.com.cn/industrynews/20210603/112036.html，2021-06-03。

给开放原子开源基金会①，随后进行开源，并根据命名规则为该开源项目命名为 Open Atom Open Harmony（简称“OpenHarmony”）。开放原子开源基金会是孵化开源项目的大本营，除了华为贡献的 OpenHarmony 这个最大的开源项目以外，基金会目前还有 9 个孵化项目，包括百度公司捐赠的超级链，腾讯公司捐赠的两大项目物联网终端操作系统 TencentOS tiny 和企业级容器服务平台 TKE Stack，浪潮公司捐赠的云溪数据库和低代码开发语言 UBML，360 公司捐赠的类 Redis 存储系统项目 Pika 以及物联网嵌入式操作系统 AliOS Things 等②。截至 2021 年 5 月 31 日，已有 240 多个共建企业、共建机构与个人贡献者参与项目共建。2021 年 6 月 1 日，开放原子开源基金会在代码托管平台 Gitee 发布 Open Harmony 2.0 Canary 版③。

尽管 OpenHarmony 开源项目遵循 Apache 2.0 等商业友好的开源协议，所有对接的企业、机构与个人均可在 OpenHarmony 开源代码的基础上，开发专属领域的操作系统发行版及终端产品。然而，目前暂时没有其他手机厂商明确表态将手机产品接入

---

① 2020 年 12 月，博泰、华为、京东、润和、亿咖通、中科院软件所、中软国际等七家单位在开放原子开源基金会的组织下成立了 OpenHarmony 项目群工作委员会，开始对 OpenHarmony 项目进行开源社区治理。各家单位对 OpenHarmony 开源项目持续投入和贡献。开放原子开源基金会由阿里巴巴、百度、华为、浪潮、360、腾讯、招商银行等多家龙头科技企业联合发起，于 2020 年 6 月登记成立。

② 郑亚红和唐煜为捐献“鸿蒙”内幕，曾拉小米 OV 合作未成功，现农村包围城市［EB/OL］. AI 财经社，https://tech.ifeng.com/c/86xBibAtZvE，2021-06-10。

③ 开放原子开源基金会 . 开源的 OpenHarmony 是每个人的 OpenHarmony［EB/OL］. 工信微报，2021-06-06。

HarmonyOS，“因为要说服厂商加入鸿蒙，必须克服两点，一是要证明 HarmonyOS 的成熟度达到了什么水平，若不经过规模使用的检验，很难有厂商会用在销售目标较高的主流手机上；二是对于同时面向国内市场和全球市场的手机厂商来说，必须同时考虑国内和国际两个市场的反应，在 HarmonyOS 没有得到海外市场认可前，它们就很难采用 HarmonyOS”①。

基于平台“开放与合作”的基本特质，当第三代操作系统即使按照国际惯例设定系统平台开源，捐献给基金会，其他的友商也会出于自身利益的顾虑，而不敢贸然使用。毕竟当代技术创新的领先不仅仅只是让创新受益者在市场地位上抢到先机的优势，往往还可能掌握行业或整个产业发展的标准制定或发展趋势。同时，技术的更替也在不断调整着国际间行业竞争中企业的国别分布和排序。Gawer（2014）认为，企业内部技术平台通过打开一定开放度会演化为供应链平台，供应链平台则通过开放度的进一步打开变成产业平台②。作为一个万物互联操作系统，鸿蒙也只有在加入生态链的合作伙伴规模突破临界值时，才能得以真正体现其产业创新的共性基础架构的作用。基于这样的空间技术架构中，如何外接国内外合作开发商，在研发竞赛中实现对这一架构内容的丰富化和精细化建设，

---

① 中国电子报．华为鸿蒙将以什么姿态融入“万物互联”的星辰大海？[EB/OL]．中国半导体行业协会，http：//www.cena.com.cn/industrynews/20210603/112036.html，2021-06-03。

② Annabelle Gawer. Bridging differing perspectives on technological platforms：Toward an integrative framework [J].Research Policy，2014，43（7）：1239—1249.

依然需要鸿蒙系统这一平台组织在知识产权、软硬件对接规则的设计以及政府对半导体行业的规划。它们都将面临很严谨的挑战。毕竟平台战略模式的本质是多元主体的合作而产生的网络效应，通过网络效应最终产生平台模式下的创新。

《“十二五”产业技术创新规划》中明确规定了要“积极推进技术创新，实现重大关键及共性技术突破”，而在2016年《“十三五”国家科技创新规划》中，也明确指出，与进入创新型国家行列和建设世界科技强国的要求相比，我国科技创新还存在一些薄弱环节和深层次问题，比如，“科技基础仍然薄弱，科技创新能力特别是原创能力还有很大差距，关键领域核心技术受制于人的局面没有从根本上改变，许多产业仍处于全球价值链中低端，科技对经济增长的贡献率还不够高。制约创新发展的思想观念和深层次体制机制障碍依然存在，创新体系整体效能不高”等。

产业技术创新不仅在国家的产业发展规划层面上具有标杆意义，而且也为各创新主体的科学技术创新目标提出了时代性要求。2016年10月31日，工业和信息化部发布了《产业技术创新能力发展规划（2016—2020年）》，对产业技术创新从国家层面的宏观方面到创新主体的微观方面都提出了任务，把技术创新的进一步全面建设规划提上了日程。不难发现，创新竞争的日益紧迫让技术创新的效率成为产业技术创新的重点之一，而效率的提高就要求技术创新能够从创新体系上打开新局面。产业技术创新的体系建设既关系到整个产业链，目前不容忽视的技术创新现实是技术创新的综合性和复杂性随着科技进步和竞争不断加深，寻求技术创新突破的客观现实决定了产业技术创新体系必须向多元和开放的方向发展，只有这样才能打通产业技术创新体系建设的动脉，完善各类技术创新主体间的关联网络，从而有效解决诸如共性关键技术研发、协同创新模式单一等的阻碍产业技术创新发展的前沿难题。

产业技术创新的平台模式是产业技术创新体系建设中的重要内容，是产业系统性运行不可或缺的“软件”，通过容纳产业整体的面带动产业内的各个点参与开放式的集成创新，形成不同于传统的技术创新模式，不断探索深化开放、共享和集成的方法。2011 年《产业关键共性技术发展指南》中提到，产业关键共性技术是能够在多个行业或领域广泛应用，并对整个产业或多个产业产生影响和瓶颈制约的技术。基础材料、关键工艺、核心元部件、系统集成等方面的关键共性技术研发难度大、周期长，已经成为制约我国产业持续健康发展的核心问题。产业关键共性技术的研究开发是工业和通信业发展的基础，也是我国培育和发展战略性新兴产业，促进产业结构优化升级，增强自主创新能力和核心竞争力的关键环节。美国政府早在 1990 年就开始实施“美国先进技术发展计划”，通过补贴和合作协议的方式，加速各种竞争前共性技术的开发，帮助企业创造与应用产业共性技术及其研究成果，从而实现重大技术的迅速商业化，提高企业的竞争力，促进经济快速增长。一定程度上，发达国家所掌控的核心技术与核心产品不过是其多年共性技术能力积淀的外在表现。

通常来说，产业层面的技术创新对行业造成的影响是颠覆性的，而这样的技术创新需要通过合作来完成才更可能同时具备质量和速度，平台战略为复杂技术尤其是产业层面创新的实现提供了一种极为灵活的模式，平台模式也被广泛认可为商业生态系统，在产业技术创新领域的应用更是极为普遍。产业技术联盟、产业集群的技术创新网络，抑或是产业创新平台，通常有三种合作研发模式：

其一，以企业为核心的合作模式，所采用的平台战略着眼于对产业链和产业集群的影响力、控制力，通常能够建立合格产业技术创新平台的企业都是有着一定资源实力的企业，这些企业欢迎更多的中小企业加入到平台的活动，从而形成属于自己的产业圈，利用自身的技术创新能力开展基础性研发并制定标准控制平台上的其他参与者。以企业为核心的平台偏向于技术创新的实践层面，对于基础性研发往往容易忽略，这也就是为什么中国企业在模仿和改造这方面做得很好，而突破式创新在国际同行业间，往往并不出彩。总的来说，以企业为核心的平台在带动产业集群整体提升方面有着一定优势，但需要加强与其他参与者的沟通，尤其是科研机构，把握行业前端的走向，实现富有前景的基础性技术创新研发。例如，韩国大邱创造经济革新中心是韩国政府委托三星公司运营的技术创新平台，致力于促进当地优势的化纤、汽配、机械等产业发展和提升，其中对初创业者提供技术创新服务是政府极力推动的目标，为创业者提供创业平台和成果转化平台。同时，平台聚集了韩国的相关尖端技术科研机构，在技术融合与咨询等方面极为便利。

其二，以科研机构为核心的合作模式，这样的技术创新网络对行业的发展动向有着较为精准的把握，但在实践方面的渗透并不充分，从而出现了不少以科研机构为核心的技术创新平台的成果流于学术层面，在较长一段时间得不到充分利用。因此，该类型的平台在技术创新的路径探索方面有着独到的优势，但这些探索的成果如何产业化，以及该探索的合理性和潜在价值是需要深入与平台其他参与者共同完成的，也是平台自身制度改革的方向。例如，英国萨里大学的5G创新中心的成立是英国为确保本国通信技术领域强国地位的举措之一，该科研机构拥有170余名研究人员，是全球最大的学术研究中心，主要目标是研发下一代移动及无线连接，该平台通过与其他科研机构和企业的业务合作，构建创新成果测试平台，使技术创新的中试范围和反馈信息质量得到了有力保证。

其三，以研发联盟体为主体的合作模式则是对前两种模式的融合，该类型致力于加快产业层面的“产学研”一体化进程。研发联盟包含了诸多类型的参与者，它们需要解决的问题就是探索一套机制来实现平台核心层（主要参与者）的协调，并展开与外围参与者的服务与合作。这样类型的平台一般会由官方支持，其宏观平台战略一般就可以认为是地方政府推动某个产业发展的战略。例如，德国的“尖端集群竞赛”通过选拔足以影响整个供应链的核心科技产业集群，鼓励那些集群的溢出效应能够波及中小企业和科研机构的集群技术创新绩效。还有一些更为松散联合结构的合作模式，如“区域创新平台”，致力于区域产业经济的改革和推进。此类平台一般整体战略就来自于区域产业的规划和发展，区域产业的宏观协调能力即是该类平台的突出功能，也是此类平台主要需要解决的问题。例如，美国也存在诸多国家实验室与研究中心未能以区域产业集群最优化为它们技术创新的目标之一，为此，美国国会采取两党联合立法，加强实验室与私营部门合作的灵活性，最终实现区域经济发展可以对研究系统完成更大的国家使命起到重要的辅助作用。

事实上，多元主角参与平台活动已经较为普遍，跨平台合作也逐渐步入发展正轨。未来的平台合作模式与相应的战略将更专业，不同平台将需要有与自己灵活或正式的平台战略相结合推动平台成长，动态战略将逐渐成为主流。在创新生态系统中，技术创新是一种交互过程，同时也是一种结构嵌入的社会化过程。通过合作形式展开技术创新，使技术创新变得更有效率，加速了技术更新与迭代速度，由合作激发更为激烈的技术研发竞赛。实践中，鉴于跨组织知识网络复杂性、动态性等特征，企业间构建的知识网络风险监测、调控与治理仍不能用统一的制度框架或者标准加以治理、衡量与预控，仍需要在实践中寻求切合企业间知识、技术网络特点的目标体系和绩效评价策略，这也是今后这个领域进一步研究的方向。当然，鉴于跨组织知识网络构建的动态性和空间性，理论上并不能形成统一的预测、测量与治理范式。

然而，我们在研究实践过程中总结出针对区域性的、行业性的案例研究是一个较好的分析模式，这样的对策研究更具有针对性。

为继续深化对此问题的研究，笔者围绕几家国家级产业创新基地开展实地调研，尝试对智能手机产业、传媒行业等业界的行业发展展开案例研究，深入考察区域经济和产业经济发展的实践中存在的问题，譬如考察了浙江省的区块经济发展中知识网络延伸路径，也考察了浙江省产业创新的秘诀——中试模式的选择，还考察了

LED 产业集群的知识网络结构与优化等问题。与此同时，笔者也关注到知识网络发展中的一些掣肘技术创新的因素，比如专利丛林对产业长期创新的影响、产业技术联盟在区域经济创新发展中的影响机制、科技成果产业化进程中遭遇的障碍因素等，再譬如，针对复杂技术研发的企业间知识合作网络可能引发一系列的创新阻碍风险提出相应的对策主张。

本书对知识网络中知识关系利益相关者及其构建的知识结构分布的梳理与治理研究，开阔了知识网络研究的理论视野，试图在企业技术创新、管理创新与制度创新三者间建构一定的关联性，是知识管理研究的一次创新性探索。然而，不能不说，对企业间合作网络的研究还有很多空间值得挖掘，而本书所涉及的知识网络风险也只是跨组织合作网络众多研究的沧海一粟，我们对这一问题的研究还远远未能深入到其核心，谨以此书投石问路，开启学界和业界更广泛的智慧。本书如能增进学界深入思考如何面对和推进我国产业领域适度开放创新这一核心问题以及优化知识网络战略管理的制度创新将是笔者所热切期望的。

作者任慧

2021 年 6 月 11 日

广州

第1章　企业间知识网络内涵界定

近年来，针对知识网络的研究成为管理学、情报学、社会学、经济学乃至地理学等多学科研究的热点。关于企业知识网络的内涵，有多种说法。李姝兰（2005）认为知识网络的构建是为了促进跨学科、跨语言和跨文化的交流，提高不同知识源、不同领域和非媒体类型的知识处理和集成，提高团队、组织或社区有效率、跨地区或跨时间的工作，理解这种新链接的伦理、法律和社会隐含意义。蒋恩尧、侯东（2002）研究指出组建适合企业自身的知识网络，可使企业在适当的时机将适当的信息内容交给适当的人，可使企业的业务伙伴跟上企业的产品、作业方式以及要求的脚步，更可使企业决策者拥有足够的知识，从而作出更加符合公司最高利益的决策。宋昱雯（2006）认为通过知识网络的方式，将数个企业有限的技术力量综合在一起，使各个企业之间能最大限度地发挥各自之长，弥补各自之短，这是当今企业有效提高企业竞争力的重要手段。肖冬平、顾新（2009）则认为，促使知识网络形成的原因是内因和外因综合作用的结果，比如为获得网络伙伴的互补知识和技术，进入新的知识领域；减少不确定性，分散创新风险；增大权力，提高群体认知度和声誉的建立等。

纵观学界的研究，目前主要有知识通道学说、系统说、资源说以及知识管理技术学说等多种不同理解。尽管这些研究说法不同，但都从不同侧面展示了企业构建知识网络的原因和动力因素。为此，我们将就当前国内外学者对知识网络内涵界定做一个简单的概述，以便确定本研究的学科背景和研究领域。

1.1 知识网络内涵界定的几种学说

1.1.1 知识转移通道说

Mie et.al.（1999）曾指出，知识网络是知识参与者间构建的一种社会网络，它是个人、团体、组织与其内部进行信息合作与交流的载体，是个人和企业间知识的传达中介。Owen-Smith and Powell（2004）则直接提出，知识网络是沟渠和管道（channel and conduit）。沟渠是相对开放的通道，它借助“弱关联”关系促使网络各成员从通道中获得知识溢出的回报。而知识网络的管道说法，则指它是相对封闭的通道，是网络各方间形成的关系紧密和偏好倾向“强关联”，也是网络各方能从中获得竞争优势的最重要源泉。他们实际上把知识网络和社会网络结合在一起，知识网络的沟渠说把知识网络与社会弱关联关系连接在一起，而把知识网络比作管道，则是针对复杂知识、技术诀窍等隐性知识的流动所需要的社会强关联机制。我国学者马德辉、包昌火（2007）指出，知识网络是企业挖掘自身拥有的社会网络中的知识，更是获取外部隐性知识的一项基本能力和途径。汪涛等（2010）也指出，知识网络是由创造、转移、吸收和应用知识的行为主体（企业、组织和机构等）在知识的传播与交流过程中彼此联结而形成的网络结构，各行为主体构成了网络的节点，行为主体间的知识流动构成了网络中的线条，知识网络是知识节点间知识流动的通道。组织间知识网络的形成过程，其实质就是组织间社会关系的互动过程、信息和知识交换与交流的过程、组织间彼此适应的过程。

1.1.2　资源说

企业对外构建知识网络的实践经历会使企业拥有丰富的合作经历，创造单一企业无法获取的合作优势，能够获取、共享嵌入在企业内外社会网络中的知识资源，是企业不可或缺的无形资源。有别于企业竞争优势内生论，企业动态能力学说，则把企业竞争优势看作企业动态能力的形成，这包括不断累积的企业知识基础（已有的知识和技能）、专用知识资产以及组织学习能力。而知识网络为这种动态能力的形成提供了重要的渠道和源泉。根据网络知识流通的层次和形态特征，Pöyhönen and Smedlund（2004）提出，知识网络具体表现为生产网络、发展网络和创新网络三个由低到高的发展层次。企业在知识网络中处的层次越低，网络主体就越偏向低层次资源获取目标。

可持续发展国际协会（IISD，2001）提出，企业所拥有的知识网络是企业一种重要的资源，它能创造一种“网络优势”：（1）能合作创造价值（joint value creation）；（2）增强网络各方的研究和沟通能力；（3）能更利于决策者实施合作战略。安琳（2010）提出，企业知识网络就是一种获取、共享嵌入在企业内外社会网络中的隐性知识资源，以创造新知识为目的的网络资源。李江（2008）等也把知识网络看作企业实现技术创新、提升竞争能力、增强竞争优势的重要资源。企业应建立知识网络管理机制、构建开放的知识网络，在获取外部知识的同时提高企业的学习能力。李勇等（2006）认为，知识网络具有动态性和根植性，是形成企业动态能力的重要知识来源。同时，网络的知识转移效率受到企业自身吸收能力、所转移的知识特性等多方面因素的影响。

1.1.3　知识管理技术说

Beckmann（1995）最早提出了知识网络的概念，他将知识网络描述为进行科学知识生产和传播的机制和活动。到 90 年代末期，一些业界人士则把知识网络看作能促进知识流动的知识管理手段，是组织内软件技术发展的状态表现。准确地说，早期的知识网络概念偏向技理层面，侧重于从信息技术视角看待科学知识生产与转移。自此，知识网络被普遍看作是企业知识管理的平台，是企业提升知识资产价值的工具。可持续发展国际协会（IISD，2001）也指出，正式的知识网络应包括几个专家和设置机构，知识网络就是解决某一个共同关注的问题而协同工作，依据其各自领域的优势和沟通能力，共享各自的知识基础，为实现决策人的目标而提出解决方案等的一系列活动流程。盛小平（2004）把知识网络看作知识管理的工具，指出知识网络不单单是一批组件工具，它应以问题解决框架方式把体现信息交流技术、组织工具与方法相结合的结构设计和知识生产过程连接起来，特别是群件技术的研发与知识创建的交流与合作，它应该包含社会关系中所应用的工具集（toolset），用来促进与改善知识生产过程的基于群件的数据仓库。李丹等（2002）认为，知识网络是组织为适应知识管理的需要，有效弥补知识管理运作中存在的知识缺口，基于组织知识链中的知识管理环节，与能为其提供所缺知识的外部组织进行合作所构成的网络体系。赵蓉英、邱均平（2007）对知识网络的类型从多维度予以划分，其中提及，相对于个体知识网络，组织知识网络是组织为支持获取、衡量、丰富组织的知识存量而设计的知识管理平台，具体有两种情况，一种是为临时项目建立的知识网络；另一种则是公司层面的知识网络，其具体形式有供应商网络、用户网络、专家网络、信息网络、合作网络、与政府有关部门的网络等外部知识网络。

1.1.4　信息分布网络结构说

在情报学界，国内较早系统研究知识网络的学者应属于武汉大学信息资源研究中心的邱均平和赵蓉英两位学者，他们从情报学学科视角研究网上学术信息的分布与变化规律。自 2007 年以来，他们发表了大量的学术论文，对基于网络信息技术的文献知识网络概念的科学演进和知识网络结构特征和属性进行了系统分析和研究，将知识网络视为知识传播方式从平面向立体化、空间化、虚拟化方式延伸的必然结果。赵蓉英、张洋等（2007）在《知识网络研究Ⅲ——知识网络的特性探析》中进一步指出，依据一般系统论的观点，从网络整体来看，知识网络系统高于局部系统原因在于其独特的整体功能，而这种网络整体往往是突变而来瞬间形成的，因此从价值创造上看，它能提供全新的增值。因此，知识网络除具备节点间知识共享特性外，还具有整体性和增值性两个基本特性。赵蓉英（2007）在《论知识网络的结构》一文中，指出知识网络就是“知识的空间结构的集合，即知识网络是由众多的知识节点（知识因子）与知识关联构成的集合”。她详细区分了知识元、知识因子以及知识单元这几个概念之间的区别和联系，并指出，相对于知识网络的整体，知识链是指知识网络中新的知识节点产生的具体过程，即知识产生、发展和完善的具体循环过程，是知识网络整体中的微循环部分。与知识链概念相区别，知识链接则是以知识关联为基础构成知识网络的一种技术措施、手段和行为。从本质上说，知识网络就是相关知识关联结构体系。

肖冬平、顾新（2009）从社会学角度，将知识网络界定为组织之间基于知识链而形成的社会网络结构。知识链指的是以企业为创新的核心主体，以实现知识共享和知识创造为目的，通过知识在参与创新活动的不同组织之间流动而形成的链式结构。可持续发展国际协会（IISD，2001）还指出，作为一个系统，知识网络具有不同的层次，是个相对的概念。从情报学定量化观点和知识组织的角度，赵蓉英（2007）认为知识网络可以抽象为由知识节点和知识关联（知识链）构成的网络的知识关系系统，该系统的大小和构成方式可有所不同。知识网络也可具体表述为：以知识元素、知识点、知识单元、知识库作为“节点”，以知识间的关联作为“边”或“链”构成的网络系统。赵蓉英等（2007）在《知识网络研究（Ⅲ）——知识网络的特性探析》中提出，知识网络的产生和发展是通过知识节点的增加和减少来实现的。一般来说，企业知识网络的规模、联系的强度、网络密度以及结构影响着知识转移的数量与质量。

1.1.5　小结

从总体来讲，目前知识网络概念研究还处于探索中，学界从不同学科对知识网络有不同的定义和解读。

（1）知识网络的节点是什么。依据学科归属不同，知识网络作为一种网络结构形态，其节点表现就不同，比如从管理学视角看，知识网络就是人、企业等知识主体之间形成的网络，其节点即为个人和企业、组织等，表现为知识合作网络，其实质是知识在不同的主体之间流动或传播的网络。知识网络是由行为主体和知识客体构建起来的，随着主体的学习、交互而动态变化。当从情报学视角看，知识网络就是知识与知识之间的网络，即以知识为节点，以知识分类或语义分类为基础而建立的知识之间的分类网络。比如赵蓉英（2007）就是把知识网络表述为：以知识元素、知识点、知识单元、知识库作为“节点”，以知识间的关联作为“边”或“链”构成的网络系统。知识网络的节点规模不同，知识网络的类型也会随之变化。比如，如果节点只有两个或三个，则这种知识网络就是简单的合作网络，而随着节点数量和规模的扩大，知识网络就演变成了以节点为轴，以节点之间的单向、双向乃至多向的知识网络拓扑结构，呈现出复杂性、增值性、变异性、动态性的演变趋势。

（2）知识网络层次与结构。如果把知识网络看作节点间的链接网络的话，知识网络的层次也会因为不同节点链接而构建成不同的层次网络，比如席运江（2006）指出知识与知识之间的网络为K—K知识网络，组织成员之间的网络为P—P知识网络；存储知识的物质载体之间的网络就是M—M知识网络。这三种知识网络层次构成“网络之网络”即KSN网络。而从构成知识网络节点的主体来看，知识网络又可以是个人知识网络、跨组织知识网络、企业内知识网络、组织间知识网络；另外，进一步来看，任慧（2012）把节点看作企业，知识网络也可以有行业内跨组织知识网络和跨行业跨组织知识网络以及跨区域同行、跨区域跨行业知识网络四大基本层次结构。而马德辉、包昌火（2008）有关企业知识网络三层结构模型的研究，也是把企业看作知识网络的节点，但他们的研究侧重把企业看作一个内外通透的主体，企业内部知识网络内容丰富，企业与外部其他机构之间所形成的知识网络只是其整体的一部分。他们所提及的知识网络是一种内紧外松的网络结构，是一个整合企业内外正式与非正式网络的结构模型，模型中包括人与人之间、团队与团队之间、部门与部门之间、企业与其外部环境之间的各种正式和非正式的网络关系。学者们对知识网络内涵和功能的解读都作了详细的论述，有些学者从情报学作了更为翔实的理论研究，比如武汉大学信息管理学院的邱均平、赵蓉英、马费成等学者从情报学视角研究知识网络结构特征和演化规律。

我们认为，知识网络中的企业是网络知识系统中的节点，是企业间传递其组织记忆的知识拓扑网，是基于知识的关系网络，具有动态性和嵌入性等特征，它能使企业发挥其潜在的认知协同优势，是知识等无形资产得以创造与共享的模块化动态结构系统。因此，在我们看来，企业既是一个节点，也是有着相对独立行为能力的个体，由个体所组成的群体——知识网络也就具有了某种集体行为性特征。而企业知识网络不仅仅是企业知识管理的一种手段，它还是企业在动态管理中所要经营的重要无形资源。在本研究中，我们暂不去分析企业内部人与人之间、人与企业内机构间以及企业内机构间的企业内知识网络，企业内部知识网络被假设为一个实点，重点考察一家企业对外构建知识链接的过程及其对企业内部知识资产所可能带来的风险和影响，企业应如何构建最合理、有效的对外知识网络链接，以实现企业知识资产的保值增值。换句话说，企业知识网络仅仅指企业外部知识合作网络。

知识网络是资源性网络，必须依附于关系网络来运作，我们对企业知识网络的研究也将通过社会网络这一基本的手段展开。社会网络分析包括宏观层次的整体网络（Global network）和微观层次的自我中心网络（ego-network）分析。在整体网络中，网络规模指的是网络中所有节点的数目；在自我网络中，网络规模指的是与“自我”节点连接的节点数。关系总数指自我网络中节点间（不包含“自我”节点）发生联系的数目。网络密度是为了汇总各个线的总分布，指的是一个图中各个点之间联络的紧密程度，是网络中实际存在的关系总数与理论上可能存在的最多关系总数的比值。因此，从我们对企业知识网络定义来看，我们的社会网络分析也是以自我中心网络分析视角，研究企业构建的知识关系网络的分布与管理。

1.2 企业间知识网络的通常功能

1.2.1 是企业学习能力增进的重要资源

企业知识网络是以企业为节点，以知识关系为链接纽带，在企业间构建的无形网络。构建对外网络关系是企业生存和成长获取必需资源的关键。赵晓庆、许庆瑞（2002）提出，企业通过构建知识网络“嵌入”其他企业中，促使网络各方的知识穿过企业边界，成为网络内的“准公共物品”，形成网络特有的知识资源；还可以从企业间的协作规则中获得合作规范传播与行动集成优势。BüCHEL（2002）认为，知识网络可以提升组织运行绩效，还可以增进员工满意度，促进创新。他借助“网络心跳”（network heart beat）概念印证了有规律、不间断网络活动的数量、频次与企业知识网络效率存在正相关关系。陈红（2005）认为，知识网络是具有独特价值的网络资产，是网络外其他企业难以模仿、不可替代的资源，学习效率和专业化程度提升加大资源的整合力度，网络利益可以实现乘数效应。跨组织知识网络的构建，可以促进企业更好地配置和有效使用自身及其合作伙伴的资源和能力，这是微观层面的正面绩效。同样，随着企业间网络组织的大量涌现，企业知识网络的跨行业、跨区域的合作拓展，这是促成新兴产业衍生以及新型经济区域涌现的中观产业层面的正面绩效。企业知识网络是企业之间基于知识链而形成的网络结构，也是一种获取、共享嵌入在企业内外社会网络中的隐性知识资源，是以创造新知识为目的的网络。知识网络中的企业作为一个网络知识节点，是企业间传递其组织记忆的知识拓扑网，是基于知识的关系网络，具有动态性和嵌入性等特征。而企业知识网络不仅仅是企业知识管理的一种手段，更是企业在动态管理中所要经营的重要无形资源。

1.2.2　是企业应对外部不确定性的重要手段

当前，企业的知识管理环境日趋复杂，全球化的竞争、环境的不确定性、业务的分散化都要求企业有相应的机制与设施，以保证知识的扩散并协调各项业务活动，构建企业的对外知识网络就被认为是针对以上问题最优的解决方案。知识网络概念自 1995 年被提出后，几乎成为促进知识共享与创新、技术创新以及企业高效运行的代名词。知识网络是企业进行技术创新的重要工具和技术手段，它通常被界定为企业技术创新的重要工具，是寻求持续竞争优势的战略资源，这意味着组织不仅应具有持续的知识更新与创造的能力，而且还应具有应用这些知识的能力。与此同时，组织的知识管理环境日趋复杂，全球化的竞争、环境的不确定性、组织业务的分散化都要求组织有相应的机制与设施以保证知识的扩散并协调各项业务活动，而知识网络被认为针对以上问题的解决方案。有关跨组织知识网络的正面绩效方面的研究，成果非常丰富，究其原因在于学界和业界基本都把知识网络看作企业实现竞争优势的重要渠道之一。也就是，一提及企业知识网络，基本也就意味着它是企业重要的创新驾驭工具，它是企业在市场竞争中不可或缺的竞争手段，是企业在网络经济时代、知识经济时代获得外援化知识和资源，进而获得竞争优势的正效应的体现。进而成为企业对外寻求的知识网络成为企业进行技术创新的新渠道和载体。

1.2.3 是企业寻求信息结构优势的重要途径

国际学术界存在一个定论，网络关系在一个成功企业的诞生和后续成长中占据了核心角色。因此，企业应构建什么样结构的知识网络是研究企业知识网络正绩效研究最常涉及的领域，其借助的研究方法为社会网络分析法。SNA 被应用到管理学领域，是知识管理学科在研究方法上的巨大推进。社会网络学说借助结构洞、强关联和弱关联等概念形成了以结构主义为基础的分析思路。然而，具备什么特征的网络结构对企业成长才最有效，学者们各执一词。一些学者认为，关系根植越深的高密度网络，越有利于企业获得成长所必需的核心资源。建立在基于高度信任的强关联基础上的网络根植性，在提升网络绩效方面具有多方面的功能，比如可以大大节约信息传递的时间成本，可以更高效率地配置和协调网络资源，从而改进合作效率，提升合作各方对复杂外部冲击的适应性。国内学者蔡宁等（2008）指出，知识网络节点之间的关系如果是重复性、相对固定、持续性的强联系，能够帮助网络成员应对市场环境中各种不确定性的冲击，基于高度信任的企业间的强联系有利于企业技术的应用式创新。反之，非重复性、非固定、非持续性的弱联系则有助于企业技术的探索式创新。以 Burt（2002）为首的另一些学者则认为，越紧密的关系网络对企业来说可能是越大的束缚，而结构洞间的桥链接才是企业增进新的竞争优势的关键。结构洞为行动者提供了操控信息资源以获利的空间，是一个网络间的“好位置”。占据这个好位置的企业节点可以接触彼此不相连的合作伙伴，获得更多的非重复信息，并具持有和控制信息的优势。而且，要想获得长久的成功，企业必须脱离其高密度网络。按此分析，企业成长所需的资源是与企业所处的网络结构演变相联系的，企业网络中存在的结构洞降低了网络信息的冗余度，加快了异质信息的传递，这都有利于节点企业的快速成长。

1.2.4　是企业参与产业创新的新渠道

在当今激烈的市场竞争中，企业只有依靠技术创新，不断快速地推出满足顾客需求的高质量的产品和服务，才能比竞争者更好地适应快速多变又充满不确定性的市场。技术创新可以从不同的维度进行分类，以反映其不同侧面的特征。从技术创新的独立性来看，技术创新可分为独立创新和合作创新。其中，独立创新是指企业依靠自身的努力和探索，产生核心技术或核心概念的突破，并在此基础上完成创新的后续环节，完成技术的商品化和市场开拓，获取商业利润，达到预期目标的创新活动。而合作创新是指企业间或企业、科研机构、高等院校之间的联合创新行为。它通常以合作伙伴的共同利益为基础，以资源共享或优势互补为前提，有明确的合作目标、合作期限和合作规则、合作各方在技术创新的全过程或某些环节共同投入，共同参与、共享成果、共担风险。合作创新已成为技术创新越来越多采用的方式。

跨组织知识网络的构建可以提升企业更好地配置和有效使用自身及其合作伙伴的资源和能力，这是微观层面的正面绩效。同样，随着企业间网络组织的大量涌现，企业知识网络的跨行业、跨区域的合作拓展，促成了一批批新兴产业的衍生以及新型经济区域的涌现，这是从中观产业层面的正面绩效（Drejer & Jorgensen，2005；任慧，2013）。跨组织知识网络拓展促使知识主体跨区域协作，这对国内新兴业态的涌现具有巨大的引擎作用。新兴产业业态不断涌现，一方面表明国内产业具有较强的发展活力及动力源，另一方面也反映了新技术革命不断地改变着现代产业经济体系、组织形式和结构布局。

而跨组织知识网络迎合了新产业衍生的内涵与基本条件，加速了产业衍生的知识耦合机制，我们研究认为，产业创新的过程是基于知识演进这一本质特征而产生与演化的。而从整体角度上看，跨组织知识网络化是将微观企业的技术创新、知识创新连接到中观层面的产业创新，乃至催生区域产业经济集体创新和国家创新体系建设规划的黏合剂。从产业创新视角看，跨组织知识网络又是产业创新和产业衍生的催化剂。

2004 年，随着国家中长期科技发展战略的确定，清洁能源汽车和电动汽车迎来快速发展的历史机遇。同济大学建立的新能源汽车工程中心依托于同济大学汽车学科及相关学科，在科技成果产业化方面依托上海燃料电池汽车动力系统有限公司，这一新兴产业孵化平台的构架是一次体制和机制的突破与创新，也为产业创新和衍生构建了不可或缺的产业知识网络。可以说，知识网络是企业实现技术创新的重要途径的观点似乎已经成为学界和业界的共识。

1.3　知识网络的负向功能

在知识网络研究领域中，对知识网络自身概念、知识网络正面功效研究的文献较为充分，而专门针对企业知识网络困境、风险与负面效应的文献就相对少些。石琳娜等（2011）将知识网络风险界定为“由知识网络所处的外部环境的变化、合作组织的特性和知识本身的特性等引起的，导致知识不能在知识网络成员组织间有效流动、共享和创造，造成合作结果与知识网络协议目标的偏差或知识网络的中断或终止的风险”。可见，在它们对知识网络风险内涵的定义来看，所谓知识网络的风险就是以知识为链接纽带的企业合作中断或者终止发生的可能性。文献尽管对风险发生的类型和影响因素作了分析，但并没有从更系统的层面对知识网络这一特殊网络结构形式作细致研究。

尽管国内外文献很少直接以企业知识网络风险为研究对象，但以知识网络载体为对象，研究这一主题的文章则较多。作为古典经济学的有益补充，企业间知识网络的概念建立在用企业节点代替个人节点的理念基础上，它将企业组织行为由单纯的市场价格协调结果，转变为市场与社会规范协同作用的结果。我们认为，这种具有节点企业、知识关系链接介质和动态结构的组织形态就是知识网络的载体。统一来讲，网络化组织是知识网络的载体，其具体形态可以细分为多种形式，如虚拟组织、模块组织、研发联盟、技术联盟、动态联盟、战略联盟、产业集群，甚至是产业技术联盟等。这些中间性网络化组织形式承载着信息、知识和技术在其主体间的流动，统称为知识网络载体。

当然，异质知识体间的知识交织会形成网络化链接，载体松散紧密程度不同必然导致某一载体承载的知识网络复杂程度、系统层次以及伴随而来的网络效应也会有所不同。比如，其中有些载体形式如知识联盟、技术联盟、产品研发联盟等，它们往往是以获取合作伙伴的知识、技术，尤其是隐性知识、复杂技术为目的而组建的，其知识网络复杂程度较高，知识网络系统层次更为多元，伴随而来的网络效应也更具不确定性，是学界分析和研究的重点。而另一些网络形式因其更关注资金获取、或生产集中和产业链条衔接等问题，对知识获取的动机相对较弱，企业间知识链接层面则更为松散，如股权式战略联盟、产业集群等。为此，我们就知识网络载体负面功效问题，系统梳理了近年来国内外文献对风险类型做的分类研究。

我们主要从以下三个维度加以归纳。

1.3.1 网络结构引发的知识网络风险

美国学者 Uzzi（1997）从社会网络构建中的根植性关系研究知识网络的负效应。他认为促使根植性关系从正效应向负效应转变的原因有三：一是核心网络成员离去的不确定性。核心成员离去带来的负面影响的强度会随网络根植水平和网络规模的扩大而增加，甚至会达到一个极限，从而产生“灭绝效应”（extinction effect），即非均衡经济交易的强负效应会通过网络传递给网络中其他即使运行良好的企业，从而导致整体网络衰退乃至消失。二是过度根植。过度嵌入就会使企业与网络外信息源隔绝，从而变得更“脆弱”，进而产生“根植悖论”。企业网络嵌入水平与网络绩效之间呈倒 U 型关系负协同效应，一旦成员企业嵌入网络组织的水平超过其所能产生的正效应的阈值点（threshold）后，就会导致网络不良效应的产生。过度根植的网络有时还会传递强烈的怨恨或报复等负面情绪，从而使网络中的企业陷入自我防御的行为逻辑中，郄媛媛（2012）验证了网络嵌入水平与负效应之间的关系。三是制度设置与安排问题。一些将基于社会关系的中间性组织交易被“合理化”为市场交易，或者将社会网络关系肢解的制度设计，无形中都增加了网络不稳定因素。这些不稳定因素引起了根植性网络关系条件下企业合作的负面功效。在 Uzzi（1997）根植网络的负效应研究的基础上，孙国强等（2009）定义了网络组织负效应，认为网络组织负效应是合作节点之间互抵现象，即节点之间的功能耦合而成的网络整体性功能的价值小于各个节点功能价值的简单加总，使得正协同效应在一定程度上打了折扣，从而产生“1+1 < 2”的显性负效应现象和“1+1 > 2”的隐性负效应，具体表现为创新惰性、结构闭合、网络僵化、系统崩溃等十多种形式（石海瑞，2008）。在他们看来，负效应产生的理论根源在于路径依赖观、嵌入理论观、生态系统观。作为网络组织的一种，模块化网络组织的生产链条的长度决定了网络风险传导的力度，网络组织涉及的价值链条越长，就越容易产生“多米诺骨牌效应”（孙国强、朱艳玲，2011）。

陈金波（2005）借助生态学中“近交衰退”和“传染病”概念提出，网络组织会呈现对市场环境变化的反应能力变弱的“近交衰退”和出现产品以次充好的“柠檬市场”和信任缺失等的“传染病”风险。

1.3.2　知识自身特征引发的网络风险

学术界对知识自身原因导致网络风险问题的研究主要围绕着合作创新网络中的知识产权流失风险、知识钳制、知识同化风险、知识地位丧失等风险形式展开。汪忠和黄瑞华（2006）对“破坏了技术知识体系的完整性或篡改了原知识内容”的技术知识转移破损问题予以研究。马费成和刘向（2011）则从情报学视角论证了知识网络拓扑结构及知识节点的历时老化，即当增长率函数为收敛性的线性增长时，在知识利用上分化则相对更大，知识利用率相对低，从而出现知识网络演化过程中增长与知识老化现象。Baughn et al.（1997）研究亦指出，知识网络存在知识风险，即使产品或流程知识在专利或知识产权的保护下，企业仍会面临不完全保护创新的知识外溢风险，并会造成伙伴在双方关系中的议价能力增加甚至催化其成为潜在竞争者的风险。张运生等（2009）也指出，模块化网络组织中成员企业会因为企图分享或独占研究开发成果而引起争端和冲突，导致各企业不愿共享最先进技术，而是提供次优技术进行创新合作，使合作陷入基于投入专有性知识作为专用性交易投资的沉没成本和沉没知识共有的“自掘陷阱”中。

1.3.3 知识网络载体运行风险

相对于知识密集型网络组织，松散型知识网络载体，如各种类型的技术联盟、知识联盟、产业技术联盟等通常存在运行风险，企业在联盟合作中，拥有过程风险和信息风险，即企业在合作过程中，对伙伴的依赖变大以及由于契约不完备导致的分配不公平现象和企业对合作伙伴贡献的数量和质量难以测量，导致监控困难而引起的信息不完备风险。比如，Das 和 Teng（1996）把联盟风险划分为运行风险和关系风险，前者主要是那些即使合作成员间友好合作，依然会导致联盟无法实现其合作目标的风险，后者则是由于合作成员因为机会主义动机而未能有效合作而引发的风险，这类风险是由企业机会主义行为引发的。Esteban et al.（2002）从时间纵度看联盟风险累积过程，保持和维系联盟一定的信任水平，信任累积过程是时间压缩不经济的。因此，速度过快的联盟发展轨迹不利于信任累积和伙伴间关系质量的维系，从而也无法有效避免伙伴成员未来行为的严重不确定性带来的挑战。Pan 和 Tse（2000）把联盟风险分为情境风险（contextual risk）和交易风险（transactional risk），这两类风险来自市场不确定因素以及合约运行中遭遇的多种风险等最终导致合作没有实现既定项目目标或未收到既定收益水平。张青山和曹智安（2004）提到，以技术研发合作为目的构建的企业动态联盟在组建、运行中，都会因为文化冲突、目标冲突、企业选择、风险管理机构设计、联盟合作方案设计以及联盟成员逆向选择或中途退出以及道德风险等问题引发阶段性风险，且各阶段的风险往往不可避免地传递到合作全程。

而作为松散型知识网络载体的产业集群，其风险则通常表现为演化风险。对此问题的研究，目前学界基本遵循“技术锁定—风险链式传播—锁定加剧”的研究思路。Markusen（1996）就发现，区域产业集群越成功，随着其专业化水平的不断提高，它越倾向于发展成一个封闭的系统，这导致集群败落的潜在风险不断积聚，直至消亡。朱瑞博（2004）也指出，产业集群存在适应外部能力削弱的集群“自稔性”风险。Fritz 等（1998）将集群风险大体上总结为结构性风险和周期性风险。结构性风险产生于集群未能随不断变化的生产制造范式迅速做出相应调整，以致原有产业或产品簇的永久性衰退导致整个区域集群的没落；周期性风险产生于区域、国家甚至是全球性的经济波动，进而使相关区域集群的发展受到影响，甚至走向衰退。蔡宁等（2003）还提出，上述各类风险之间存在着相互增强的作用机制，一旦集群内成员宁愿放弃选择新技术的机会产生创新惰性，将根本上抑制集群的技术升级；或者集群内技术的过度专业化和僵化也会带来技术演进上的“路径依赖”性风险。刘茂松和曹红剑（2005）提出模块化产业组织系统也可能产生技术创新演进路径的负反馈机制，抑制其内部企业及整个产业的扩张。Chesbrough 和 Kusunoki（2001）指出模块化网络中如果组织变迁与产品建构的方向不一致，则会陷入“模块化陷阱”。蔡宁等（2011）还从协同学视角阐述了集群风险自组织的演化过程，作为集群风险的诱因，外部风险传递给原有系统，打破网络能力和网络结构的原有平衡状态，引起网络结构中关键节点（或路径）的断裂（或改变），从而诱发网络性风险，最终集群无序性参量占据主导地位，集群陷入混沌状态。

1.4　企业间知识网络功能定位研究评价

1.4.1　有关研究主题

当前针对知识网络的研究文献可谓浩如烟海，从 CNKI 检索情况来看，国内学者的研究大多延续着对知识网络的传统分析，比如，知识网络的内涵界定、知识网络结构与解构、企业知识网络载体的正效用及其发生作用的机制研究、对企业知识网络载体发生正效用绩效的衡量、科学知识网络演化等。研究的侧重点始终围绕着知识网络自身和狭义外延打转；另一方面，当前的研究主要针对单一的某一种网络载体，并未专门针对企业知识网络这一统一形式集中系统展开研究。在知识网络功用研究领域，以知识网络自身属性及其正面功用为主，对其负面效应分析的文献相对少，即使有，也多集中在从侧面研究负面功效的研究上，比如围绕着中间性网络化合作组织这一统一载体形式或者围绕某一种知识网络载体形式从社会学、经济学、生物学、管理学、系统学等学科领域，开展专项的研究，如对产业集群的负面功效研究，大多集中在以集群的衰退和技术钳制风险引发的内生和外生机制为主开展研究，并未将知识（技术）作为其网络风险或负效应的纽带和黏合点作为研究的突破点。这些研究从分属学科视野分析和解读网络组织所属领域的潜在风险，并未侧重对“知识”网络加以重点研究，比如从上述综述的文献来看，以松散型知识网络载体的运行风险和演化风险就是从合作阶段和合作过程的各类因素（如市场需求冲击、资金、战略目标差异等）和合作主体行为关系（如机会主义倾向、道德风险行为、知识产权保护行为、协调行为等）因素加以分析。大多数研究也仅从风险类型上予以划分，或者对企业知识网络的某一种载体或者是统一载体形式网络组织的负效应加以研究，并未对企业构建的知识网络系统作细致的系统解构，从知识根源上系统分析知识网络风险形成的内在机理，并且对知识网络风险的内涵界定也过于单一，比如石琳娜等（2011）就仅把知识网络风险定义为合作中止，显然还没有从知识这一要素细致具体探讨知识网络系统所形成的特定风险加以界定。尽管如此，近年来研究的理论视角也作了许多的拓展。

1.4.2 有关理论视角

从理论视角来看，早期针对知识网络功用的研究基本是以社会学的社会网络理论为基础，以社会网络分析法为主要工具，从企业间社会关系网络寻找突破口，对企业间知识合作问题引发的问题和潜在风险进行解读。之后，随着对此问题关注度的提升，研究的理论视角大大拓展，比如引入了经济学中的交易成本论，把知识网络与企业间交易费用联系在一起，当跨组织知识网络引发交易费用增加时，知识网络的经济负效应也随之产生；并伴随路径依赖理论的自我加强机制，使知识网络负效应或者风险，如技术锁定、标准锁定、功能锁定等继续加强，甚至恶化。知识网络演进与生态系统演进一样，因此生物学中的生命进化理论也被引入到知识网络系统演进，此外，情报学中的科学知识节点拓展理论以及管理学中的知识演进理论也被用来分析企业知识网络演进规律等。当然也有学者把这些理论综合利用阐述知识网络运行和功能发挥机制。由此可看出，针对企业知识网络功效的研究视野作了具体大推进，研究思路大大丰富了。

知识网络是企业间传递其组织记忆的知识拓扑网，是基于知识嵌入的动态非均衡结构系统。相对于其载体，以知识和技术这种特殊资源的交流和交易为主的知识网络，其风险发生机制更具主观性、直接性、动荡性等特征，也更不易操控，一旦发生，对企业智力资产的数量和质量都将产生巨大的负面影响，而从长远看，甚至产业技术创新机制也会在某种程度上受到阻碍。这也意味着，企业知识网络风险不仅仅由企业个体承受，它还会导致一个行业、相关联的多个行业相互钳制，最终从中观层面上使技术创新陷入发展困境（任慧，2014）。因此，有必要就知识网络系统形成因子及其交互机制等方面，从更广泛的学科视野，动态而系统地把握知识网络本身潜在的风险发生机制以及如何有效治理这种风险趋向的制度规避机制。

1.4.3　有关研究方法

当前文献以静态分析和定性分析方法为主，以定量和动态研究方法为辅。一些学者也尝试着以社会网络分析法对网络规模、网络质量、网络距离、出度、入度等概念进行定量研究，还有些学者设计测量表测度网络的创新绩效。大多数的文献从不同侧面对知识网络正面功效做了界定与定量拓展研究。而对企业知识网络的负效应或风险引发机制则基本立足静态分析法，大多以各种网络组织为分析对象，探讨其合作中的风险因素和倾向。研究的技术路线遵循“摆事实，讲道理”，点到为止的迂回研究思路，并未从根本上深入探究知识网络系统本身引发效用的机理特性，比如对知识网络风险引发机制的研究，尽管从不同的理论视角进行拓展研究，但也基本上局限在对网络组织风险类型的列举和简单形成机制，所以风险形式也如综述中所列举的，仅限于合作阶段性风险、知识产权流失风险、演化风险以及包含其中的基于企业机会主义行为的关系风险和基于合作困境形成的运行风险而展开的简单分析上，并没有从整体、系统研究企业知识网络这种无形网在企业技术创新进程中所潜伏的风险静态和动态形成的特殊机制。

1.5　研究拓展：知识网络视域下的产业衍生机理

国家科技企业孵化器成为产业创新的重要催化剂。我国也出现了一批专注于互联网、云计算、生物医药、机器人与智能制造、新材料、现代农业、航空航天、文化创意等战略性新兴产业的孵化器，带动了一批行业龙头企业，围绕自身产业链构建专业孵化器，不断催生出新产品、新产业、新服务、新业态，成为科技创新创业的重要阵地。以创业服务业这种新业态为例，随着国内创业浪潮的风起云涌，创业服务业也随之兴起。对中国的创业者来说，孵化器是扶助创业创新的重要载体之一。2010 年底中国已有纳入火炬计划体系的孵化器 894 家、在孵企业达 56300 多家。截至 2021 年 2 月，国家级科技企业孵化器共计 986 家，超过百家的省区有江苏省和广东省，分别达到 174 家和 105 家。据不完全统计，在全国的孵化器和大学科技园，集聚了全国 90% 以上的科技型创业期小企业。“十三五”期间，我国将进一步扩大孵化器的总体规模，扩大创业服务的受益群体范围，满足创业活动对孵化服务顾客的需求感知水平不断提升的需求，建立一批新的专业技术孵化器，为培育战略性新兴产业在人员培育和技术培育等方面提供源动力。据中研网行业经济分析报告的数据显示，2019 年，全国创业孵化载体达到 13206+3 家（“3”指香港 1 家国家级孵化器，澳门 2 家国家级众创空间），共计 1.6 亿 m^2。其中孵化器有 5206+1 家，众创空间有 8000+2 家。国家备案创业孵化载体 3559+3 家，其中孵化器有 1173+1 家，众创空间有 2386+2 家。国家备案专业化众创空间 73 家。2019 年，孵化器数量最多的五个地区分别是广东、江苏、浙江、山东、河北，其中广东地区孵化器有 1013 家。

这些机构不断孵化出极具创新意识的企业家，这些创业者经由孵化器，对潜在市场讯息具有敏感的嗅觉，经由知觉、思考、感觉迅速升华而促使新的业态得以产生。另一方面，随着行业规模的扩大，这些机构本身也逐步成为新型创业服务业的一种。中国创业服务业这种新型业态的出现，为培育企业家群体及其精神创造了条件。在促成产业衍生的诸多要件中，基于未来顾客需求、各具创意异质的企业群体，又是产业衍生的基础和起点，是产业衍生的微观基础。

1.5.1　知识网络的产业衍生要素识别

衍生即是从母体物质演变而产生新物质，或取代或分解。顾名思义，产业衍生则是取代原产业或者由原产业裂变出新产业的演变过程。产业衍生反映产业结构的变迁。厉无畏（2009）从商务活动创新角度解读了衍生产业的内涵，认为，产业衍生是产业价值创造系统创新的过程。一个产业的衍生是企业家创新精神的最高层次体现。企业家创新精神也就成为产业衍生的动力源。这个角度表明，“产业革命就是企业家革命”，只有企业家不断推出新技术、新产品、新服务、新运营模式等，不断满足市场需求，才能使创新成果从单一企业层面推广到中观产业层次，从而吸纳更多的企业进入，促使新产业衍生。产业衍生与产业创新是一对关联密切的概念，智库百科认为，产业创新是“某一项技术创新或形成一个新的产业，或对一个产业进行彻底改造。产业创新在许多情况下，并不是一个企业的创新行为或者结果，而是一个企业群体的创新集合”。由此，我们至少可以得到两点共识：其一，产业衍生是产业创新的一个层面，产业衍生是产业创新的一个表现形式，但却不是其必备条件；其二，产业衍生是与企业创新、技术创新密切相关的概念，这些都是不同层次的产业创新的反映。对产业衍生问题进行研究的还有经济学视角上的分工理论。斯密的劳动分工理论已经萌发了“持续引进新的分工而自我维持的经济增长”的观点。杨格的“迂回生产”和“社会收益递增”概念表明，随着分工的不断演进，专业化程度不断加深，分工链条会不断加长。杨小凯、黄有光（1999）指出，“分工演进是渐进的过程，而不是突变到极高的水平，它的演进如同物种进化和熵的不可逆转增大那样，显示出从简单到复杂的不可逆性”。而每一家企业“内生比较优势可能随分工的逐渐演进而演进，而且内生比较优势的演进是加速知识积累和生产率内生进展的动力”。

为此，笔者从企业间构建的多元知识网络视角解读产业衍生这一现实问题。与上述有关产业衍生的分析思路有所差异，在本研究中，我们所界定的产业衍生则仅指在既有产业发展的基础上，新产业如何萌生的，即新产业萌芽的基因如何穿破既有产业所构建的产业边界，而形成新产业衍生种子的动态过程。Rosenberg（1982）曾提出“知识平台”的概念，我们认为，产业创新的过程是一个产业技术“知识平台”相应提高的过程。产业衍生的过程就是产业技术这一新的“知识平台”产生的过程。知识多元链接模式把产业技术知识的生产方式由线性变为复杂动态的网络模式，其多方位资源交换的连接能形成具备多样化协作特性的知识网络，能创造、获取、整合多样化知识和技巧以创造复杂性技术。作为一种特殊的结构性潜入网络关系，知识网络具有产业技术创新与推广得以滋生的平台功效。知识网络具有如下几个促进产业衍生的基本要素：

1. 黏合平台：网络组织

任慧和金生（2011）指出，知识联盟组织往往是基于项目合作，能在单一的项目空间里把产业技术知识的生产方式由线性变为复杂动态的网络模式，多元技术的动态网络化连接既是企业间多样化协作的需要，也是创造复杂性技术的关键，它构成产业衍生的黏合平台。

2. 异质企业：网络节点

产业衍生源于产业技术创新，而产业技术创新又源自企业这一主体。Meagher 和 Rogers（2004）指出在异质企业之间所构建的网络结构、功能对企业群创新产生极大影响。而 Cowana et al.（2004）

还提出，异质知识的集聚必将成为培育新产业成长以及产业技术提升的土壤。每一个企业都是产业价值链上不同知识体系的集合体，不同的企业都在其产业价值链的某个环节上竞争。

3. 自组织机制：网络自适应

从系统论来看，Andrinani 和 Passiante（2002）认为，知识网络是复杂的自适应系统（self-adaptive system）。知识网络是基于知识，尤其是高级隐性知识的复杂网络关系，具有自然生态属性，它也如生物系统一般，具有系统复杂性和衍生性，知识经由系统反馈，会由无序到有序，由较低程度的有序向较高程度的有序转变。

4. 知识理性与分工：网络技术结构

知识理性是西蒙有限理性概念的延伸，它反映出理性异质性和有限性。知识理性是以知识分工为基础的。在知识理性条件下，主体行为模式则是适应的，追逐更优目标、惯例与创新策略以及动态竞争。这种基于有限技术知识理性的专业化的业务分工体系构成了知识网络内不同个体的动态竞合技术结构。

5. 外部环境：网络酵母

产业衍生是个系统工程，除上述条件外，还需经历产品与业务融合、市场融合等阶段，并且受政府制度、政策、关联技术发展程度以及外部市场的资源与需求状况等外部社会环境因素的影响。因此，创新推动力、市场需求拉动力、企业间竞争压力以及政府放松管制的支撑力等是推动产业衍生的催化酵母。

1.5.2　知识网络产业衍生内在机制

Wang 和 Fang（2011）指出，知识网络由网络结构和知识内容建构而成。知识网络是能通过知识网络关系本身的发展和进化而形成具有一定结构和功能的系统，它具有有机性和反馈性两个显著特征，可以在一定的条件下通过自身调节达到平衡状态。Liu Gang and Liu Qiang（2007）指出，知识在网络中存在正反馈循环，知识自催化循环以及组织间知识交叉循环，并在三个循环基础上进一步得出知识网络的超循环（hyper-cycle）架构，即知识网络中分处不同节点的知识会按照自组织规则实现其自组织过程，它是网络系统中知识的整体运动方向和规律。

正是基于知识网络的这些特征，结合上述五大要素，我们构建如下模型（见图 1-1），以进一步探讨知识网络在产业衍生过程中的作用传导机制。

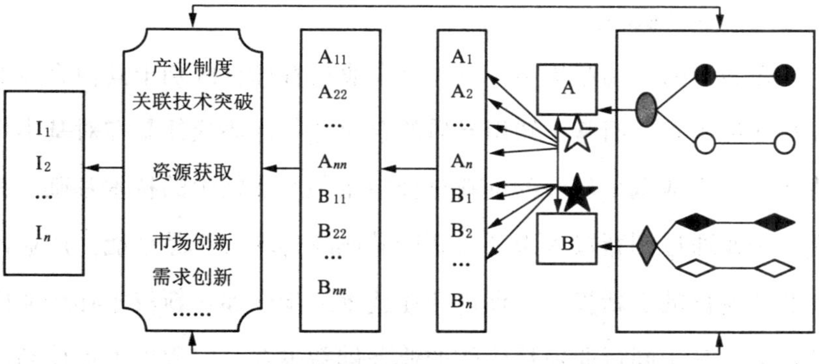

图 1-1　产业衍生的知识耦合机制

注：○●◍分别表示与 A 企业具有强业务关联、弱业务关联和关系结构洞的联盟外企业

◆◇◆分别表示与 B 企业具有的强业务关联、弱业务关联和关系结构洞的联盟外企业

☆★分别表示知识联盟后 A、B 企业获取的新产业知识

图 1-1 中，A 和 B 分别代表实施基于项目的两家知识联盟企业，它们在项目合作中具有异质的知识本源，可用于知识合作的投入，其投入旨在获取单靠自身力量无法获取的新产业知识。需要指出的是，这里的新产业知识不一定代表着新的产业技术，而是可能使新产业诞生的任何信息。这种新产业知识的获取水平与企业自身新产业洞察力有着密不可分的关联性，而新产业洞察力则是企业异质性的最直接特质。而这种异质性通过网络结构洞将其与业务直接关联和间接关联的知识元相结合，在其自身知识网络系统的自组织效应下，产生庞大的知识溢出，提升了知识网络节点（企业）的知识存量和学习能力。知识网络由多元的具有不同知识水平的异质体搭建而成，并且通过一系列的观摩及模仿，形成知识溢出与知识网络结构之间的互动机制。

在激烈的市场竞争中，每一个企业只有拥有区别于其他企业的优势才能生存。而基于知识异质的企业竞争优势往往是在对基本价值链的某个或多个环节的创新过程中累积产业衍生的技术基础。首先，企业通过创新投入来开发新产品或改善现有产品性能。产业内企业普遍性的创新投入会促进产业技术进步或加速新技术在产业内的扩散，基于同行业项目合作的业务创新也在一定程度上促使新产品的衍生。其次，企业竞争压力促进了产业细分和产业重构。在不断研发产业内新产品的同时，也会通过构建企业间合作网络，不断突破原有产业的界限，向相关产业延伸，使得产业进一步细化，甚至替代原有产业而衍生出新产业。企业间构建的知识网络中，每一个企业组织都可以被看作是网络中的一个知识个体（knowledge agent），而网络中企业间的关联则靠它们之间所拥有的知识的交互链接与渗透。这种复杂多元的知识网络关系是非线性动力学系统的神经网络（neural network），实现知识、信息的分布式存储和并行协同处理。反过来，各知识节点间的互动又大大影响经济中知识的增长。

当一种技术进入其生命周期的成熟阶段或者衰退阶段时，在它基础上的新技术迅速成长，逐步扩散和应用，或与之共存于同一产业中，推动产业技术水平提升；或替代前项技术成为新的产业技术，催生更为高级化和知识化的产业业态的出现。陈柳钦（2007）提出“具有共同的技术基础是产业融合的前提条件”，而产业衍生是“不同产业或同一产业内的不同业务在技术融合的基础上相互交叉，相互渗透，逐渐融为一体，成为新的产业属性或新兴产业形态的动态发展过程”。在企业技术进步、管制放松与管理创新的基础上，不同技术渗透与交叉，促使产业间的边界更趋于模糊化，产业结构愈加趋向软化，直至最终融合为一体。在产业边界和交叉处发生技术凝合，这种凝合力改变了原有产业产品的特征和市场需求。技术凝合力产生的前提是相异产业在某些技术层面具有共同性，在产品与业务融合、市场融合的基础上实现新产业的衍生。一项技术创新的开发替代了另外一种关联技术、工艺和产品，通过渗透扩散融合到其他产业之中，从而改变了原有产业产品或服务的技术路线，改变了原有产业的生产成本函数和市场需求特征，从而为产业衍生提供了源动力。

图1-1中，A_1，A_2，…，A_n和B_1，B_2，…，B_n代表分属A企业和B企业的不同的业务分工模块。知识网络是由具有不同业务分工的知识主体"为了获取必要的知识和信息，与其他相关知识体之间进行知识活动所形成的非线性联结机制"。在知识网络中，知识分工合作绩效的实现依赖于劳动分工和专业化程度。杨小凯、黄有光（1999）指出，"分工演进是渐进的过程，而不是突变到极高的水平，它的演进如同物种进化和熵的不可逆转增大那样，显示出从简单到复杂的不可逆性"。这也意味着，每一家企业的内生比较优势可能随分工的逐渐演进而演进，而且内生比较优势的演进是加速知识积累和生产率内生进展的动力。章帆（2010）提出，现代社会中的产业，尤其是知识技术密集型产业的分工具有超边际性质，本质上是"网络经济属性"。所以，汪斌、董赟（2005）把产业衍生看成产业经济"内在的动态均衡"，它也是"分工的网络效果"的体现。

持续的网络化分工累积，带来技术变迁和累积的动态内生比较优势效应。基于此，旧有的行业间、企业间的竞争模式演化为产业内外网络层面的合作竞争。现代高技术产业业务和技术的复杂化转变促使灵活多变的组织网络化形式逐渐占据了产业经济的主导地位。而知识合作效率的提高依赖于知识专门化前提下所进行的有效分工。这种基于知识分工的业务合作网络促使企业间业务组织形式的变迁，又进一步促进产业演进范式的变迁，使得产业内和产业间企业业务组织模式发生重大变化，网络关系构建的目的也由寻求社会资本为主向以追求更高层次的知识为主转变。当知识联盟所产生的新产业知识与这些业务板块相融合时，这些原本属于企业内部业务环节的性质就会发生转变，由 A_1，A_2，…，A_n 以及 B_1，B_2，…，B_n 转变为 A_{11}，A_{22}，…，A_{nn} 以及 B_{11}，B_{22}，…，B_{nn}，后者是企业在长期经验累积和知识储备的基础上，形成的新产业核心业务技术和功能板块。这些核心板块可以表现为知识、技能和加工技巧，并且各具独特的产生机制、选择程序和制度结构。作为一种虚拟创新系统（VIS），知识网络使得这些核心产业板块在无处不在的非线性创新中转变形态。

业务技术进步与应用创新这两个方向可以被看作既分立又统一，共同演变的一对双螺旋结构，二者是并驾齐驱的双轮。技术进步为应用创新提供了新的技术，而应用创新往往很快就会触及技术的极限，进而鞭策技术的进一步演进。宋刚、张楠（2009）认为，只有当技术和应用的激烈碰撞达到一定的融合程度时，才会诞生出新的行业发展热点。当外部经济、制度环境累积到一定程度，即产业衍生的外部生态环境具备了其进一步成长所必需的土壤和气候，那么依据路径依赖原理，产业技术发展和制度变迁的路径依赖决定了产业知识创新和市场应用，知识合作企业的产业洞察力决定了其具有市场领先的先发优势，而企业间群体行为会结构性嵌入到更广阔的知识关系网络中，这无疑加速了知识和技术的更新和自组织过程，从而使企业在专业化的知识和技术市场中占据某个领域的领先地位。

由此，当融合态知识在系统作用过程中实现了自组织，逐步形成了产业衍生的萌芽状态时，外部社会环境显得极其重要。一旦外部产业创新平台和制度设置、新产业发展的关联技术突破原有设置瓶颈，资源获取、市场创新和需求创新达到一定规模，那么一个围绕新产业知识技术的产业簇群就会产生，在上图中表现为I_1，I_2，…，I_n。比如，三网融合就不断催化产业簇群涌现。2010 年 1 月 13 日，国务院召开国务院常务会议，决定加快推进电信网、广播电视网和互联网三网融合，并明确提出了推进三网融合的阶段性目标。2010 年 7 月 1 日，国务院对外正式公布了第一批包括北京、上海、杭州在内的 12 个城市入围三网融合试点城市。三网融合并不意味着电信网、计算机网和有线电视网三大网络的物理合一，而主要是指高层业务应用的融合，它将会衍生更多新型产业生态链。信息技术与文化内容的交融，产生了数字多媒体软件等多元“内容产业”，而这些内容产业打破了先前这些“内容”所固有的边界，横跨通信、网络、娱乐、媒体及传统文化艺术的各个行业，进行了“除界域”的融合重铸过程，从而形成了数字电影、数字电视、数字报纸、数字刊物、数字艺术以及数字游戏等一大批新型文化产业形态。同时，信息技术的发展也催生了更多对创意产业的需求，作为内容依附的介质，信息技术成为创意转变为产业的技术与内容保证，反过来，创意产业又为信息技术服务提供了内容支撑，而且信息技术在对创意产业的渗透与改进中不断拓展其产业领域，又催生了众多新型业态、新产业、新思维和新的商业模式等。这种产业链条的链接还会随着新技术的不断衍生而不断地以横向、纵向延伸。

1.5.3 小结

产业衍生涌现现象一方面说明国内产业经济表现除了较为强劲的创新趋势，产业间的边界在日益模糊的同时，也给产业发展带来新的活力和动力；另一方面也说明，随着现代科技的快速更新，新技术革命的创新成果被越来越快速地融入现有产业中，并不断改变着国内产业经济结构和布局。

在实际新产业衍生过程中，政府政策制度和要素供给的变化等都是不可或缺的重要因素，有时甚至是决定性因素。在我国，政府的制度和政策支持是新兴产业尤其是高新技术产业得以衍生的直接因素，而产业生产要素供给因素的变迁也在催生着一批新兴产业不断衍生出来，如石油危机的出现，促使全球经济进入了节能和低耗能产业时代，也促使企业不断突破技术难题，引发了新能源产业的衍生甚至革命。

经济学家厉无畏提出，“簇群化、融合化和生态化是当今产业发展的主旋律”。而一个行业需达到一定规模，才能产生行业规模经济效应，即当一项新技术的网络外部性充分体现时，一个新行业才能诞生。知识网络催生的技术网络创新模式的规模涌现，使得由技术特征决定的行业规模经济性效应尤其明显，即行业平均成本达到最小处的产量规模相对于行业市场需求而言很小，这也意味着，应用与推广新创新成果的生产可能分散于多家厂商，从而逐步形成一个新的行业。可见，知识网络成了微观企业与中观行业的纽带，它也为进一步开展产业研究带来新的思考空间：比如，我们可将产业创新分析的重点放在新企业诞生源泉、新技术吸纳企业的能力、进入企业优势，以及产业衍生所必要的市场容量、新兴企业间的合作竞争关系、新衍生行业的市场运行绩效等相关问题上。

第2章　企业间知识创新网络的结构属性

伴随技术复杂化以及创新网络化的趋势，企业间构建的合作网络效率问题也逐渐成为大家研究的热点问题。而对如何增进网络效率的问题研究中，一个极其关键的考虑因素即为网络结构。网络结构分布的合理性，会通过网络运行效率影响网络组织的技术创新绩效。学界对高效率网络结构应该具备哪些特征以及如何测量网络结构效率等问题的研究由来已久。对这个问题的研究，始自社会网络分析理论分支，比如Burt（1992）提出，有效的网络应该是从优化网络结构开始，且网络优化应该遵循两个设计原则，其一是效率原则，即通过最优化网络中的非重复关系人的数量，最终优化每个关系人的结构洞产出；其二是有效原则，即区分初级关系人与次级关系人，以集中资源发展与初级关系人的关系。张首魁等（2006）则是从模块化理论角度，将创新网络结构看作模块间的比例，而有效的网络结构就是如何协调技术创新网络整体性与模块独立性的矛盾，如何在网络组织目标与节点模块目标之间持续辩证统一。

因此，研究如何设计或改进企业间知识乃至技术合作网络的结构及分布，是解决技术创新网络高效率运行的首要问题，也是难点问题。从现有的研究来看，有关网络结构的研究主要集中在网络结构如何以及多大程度上影响网络创新绩效等方面的研究上（陈伟等，2013；李随成等，2013；任胜钢等，2010）。高效能的网络结构必然伴随高效的网络整体运行状况，一定意义上说，网络结构效率反映整体网络运行状况及创新效率。如何定义企业间知识网络结构一定意义上决定着网络结构应使用什么测量指标以及用什么维度评价某种类型网络结构的效率。

帕累托效率认为，在不会使其他人情况变坏的前提下，如果一项经济活动不再有可能增进任何人的经济福利，则该项经济活动就被认为是有效率的。因而，从经济学角度看网络结构效率，就意味着，当网络中资源的共享程度不再能够促使网络整体创新绩效提升时，此时网络成员间的利益趋于稳定，网络结构效率达到最高，此时的效率可以测度网络创新能力。管理效率则是指在特定时间内，组织的各种投入与产出之间的比例关系。从管理学角度看，网络结构效率就是在一定时间内，各种知识信息等资源的投入与网络创新能力等产出之间的关系，即知识吸收转化能力问题。而网络结构的动态性就是经济学和管理学视角效率的整合，通过网络对外部环境适应能力及网络创新资源等的变动来体现结构的动态变化性。因而，基于已有的研究，本书拟从网络创新能力、知识吸收能力以及网络结构动态性这三个方面，分析技术合作网络的结构效率测量与评价问题。

本章的分析框架具体见图 2-1。

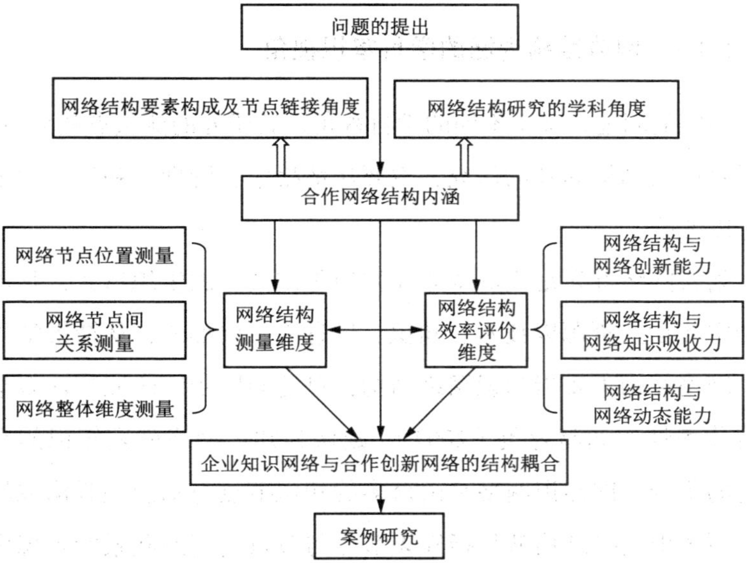

图 2-1　本章研究示意图

2.1　合作创新网络结构的含义

网络概念起源于 20 世纪六七十年代，最早的网络概念通常被描述为一种纤维线、金属线和其他类似物联结成的“网”的结构。随着网络组织理论的持续发展研究，网络内涵扩展到社会科学研究的范畴，它用来表现行为主体之间的关联网络结构。肖东平（2012，p.117）认为，结构既是一种观念形态，又是物质的一种运动形态，一般指组成整体的各部分的搭配和安排。对于不同的网络组织来说，网络节点的分布和联系不尽相同，其结构布局和运行模式自然不同。为更好地探求企业间知识链接网络结构，我们尝试从两个角度分别解读。

2.1.1 网络结构内涵的学科审视视角

不同的问题，基于不同的学科视角，其研究的侧重点就会不同。学界对网络结构问题的研究，主要从情报学、管理学和经济学维度上加以解读。

创新网络首先是成员企业间知识集结共享的组织形式，其创新活动中流动的资源以技术、知识、信息为主要形式，从情报学角度看，网络结构主要指知识网络结构，对此问题予以研究的众多学者中有代表性的如赵蓉英（2007），她认为知识网络就是知识的空间结构的集合，即知识网络是由众多的知识节点与知识关联构成的集合，而知识网络结构就是指知识节点与节点之间的联系所表现出来的拓扑结构，其可使得知识单元形态按照需要的因素、层次、结构和功能等组成有序知识系统。王涛、顾新（2011）认为，知识网络结构是以知识链为基本单元的立体的、复杂的网状形态。姜照华等（2004）从知识供应链的角度认为，知识网络结构是由若干单元（子系统）构成的相互之间进行知识交流、知识供应的网络化体系。文孝庭等（2009）认为知识网络结构就是由知识节点或知识元素和节点链接（知识关联）构成的。刘向、马费成等（2011）从知识网络结构与演化的角度来探讨知识网络结构的几种特征之上，比如小世界、无标度等。

从经济学的角度来看，结构主要是经济结构，即组成该经济整体的各部分的搭配和安排，故经济学上的以创新为目的的网络结构指构成网络的成员间知识资源的搭配和安排。如周志太（2013）就从经济学视角论证了，创新网络以创新主体双方或多方的共同利益为基础，促进创新要素整合放大和功效倍增，其结构就是指以知识共享或优势互补为前提，协调各资源要素特定属性之间的关系，即要素属性之间的匹配性协调，使要素间形成特定的排列组合关系，进而形成最佳组合的结构，从而支配系统向有序方向发展，强化系统的整体功能。

而从管理学角度认识，企业间建构知识网络旨在借助外部资源，增强企业的核心竞争优势，通过借外力的方式优化企业知识网络结构，对网络结构加以维护管理，比如对网络中知识共享程度、成员联系及网络中成员所处网络位置的管理活动。企业知识网络结构管理主要着重于对企业间技术、知识、成员联系等方面的管理。花磊（2014）认为知识可以在企业相互交流的过程中通过网络进行流动，因而创新网络结构就是对网络内知识重新组合过程的一个管理。林艳等（2009）以基于优势企业的集群创新网络为研究对象，发现该创新网络就是一个由核心创新子系统、辅助创新子系统以及支持创新子系统共同作用而成的网络结构，而该网络结构就是对其组成系统进行有机结合，调配管理，从而产生协同创新效应。

因而，从学科群角度来看，企业间知识网络结构通过整合网络要素，合理管派技术、知识、信息资源在企业间的流动，通过企业间的合作关系，来促进创新绩效的提高和网络整体演化，在一定程度上结合了经济学与管理学上对网络结构的学科认知。而知识在网络中的流动、分布、层次、形态乃至融合形态等特征又带有一点情报学色彩。从这个意义上讲，企业间知识网络结构研究是由若干学科组合叠加形成的有机联系体系。

2.1.2　网络结构的构成要素及其链接方式

不同的网络组织形式有不同的组成要素，即不同的组成结构。Hakasson（1993）认为网络结构是由行为主体、资源和网络联系这三大要素构成的。遵循这三大基本要素组成网络结构的网络建构理念，国内不少学者也持续深化研究，网络结构的组成要素开始凭依不同的网络组织形式有了不同的表述，如张永安（2010）认为集群创新网络拥有复杂的网络结构，集群内的政府部门、企业、研究机构、中介机构和金融组织等成员之间的复杂、动态、多样化的关系则由网络节点间的连线或边表示。刘凤朝（2012）则将节点属性、联系强度和网络中介位置作为网络结构的构成要素。陈伟等（2014）认为，集群企业网络结构是指集群网络内企业彼此交流与合作关系的结构模式。

而从网络结构要素的链接方式上看，曹丽莉（2008）提出集群网络结构是由节点间按照内部的运作机制和逻辑自然形成的，具有自我优化、自我修复、趋向有序性、趋向目标性的特征，不需要任何“控制”的力量来引导和规范。有的则对网络联系的要素链接有研究，如蒋军锋等（2007）认为在技术创新网络中，网络结构是用网络企业与其他企业发生联系数目的概率分布来表示的，企业数目的改变和其相互联系的增减决定了技术创新网络结构。孙国强（2002）认为网络组织结构就是各节点（企业）之间相对固定和比较稳定的有机联系，这种联系是保持网络组织整体性和具有一定功能的内在根据。也有学者对网络资源要素链接分布方式做研究，如李海东（2010）认为创新网络结构就是指创新价值链上的不同创新参与主体为了获得和分享创新资源而通过一系列契约联结而成的多维向量空间体系，这个多维向量空间体系体现了系统内不同节点之间的创新联结方式。

我们可以看出，创新网络结构就是构成创新网络的各个要素之间的正式和非正式的联结方式，并且基于这些要素之间不同的链接模式，使网络结构呈现出不同的特点。从要素构成及其链接的复杂性上看，企业知识网络是节点，节点联系及知识资源的高度协整，是各网络节点的组成关系及其分布，这些联结关系与链接模式构筑出整体差异化的知识关联网络结构。它既反映了网络各节点的链接方式，也决定了各成员的相互位置和相互关系，对组织资源的分布状况和整合深度，以及网络中各主体的行为方式和网络整体的行为动向产生影响。从静态上讲，网络结构决定了网络的静态竞争优势；从动态上讲，它构成了网络的动态能力。所以，优化企业间知识合作网络结构既要保障知识网络结构静态分布的合理性，又要动态考虑其运行效率与效果，不断实现结构分布的优化，促使网络各成员及整体技术创新水平提升。

2.2 企业间知识网络结构的效率评价维度

2.2.1 创新网络结构与网络创新力

网络创新能力与网络结构密切有关，一个具备较高效率的企业间合作网络结构通常拥有较高的知识创新能力。网络组织如果能够拥有一个较高的结构效率，那么其网络创新能力也会具有较强的潜力，整体网络效益也会有保障。如 Hamidreza（2011）认为合作网络结构对知识和创新会产生影响，并通过对呈现小世界结构特征的加拿大生物科学技术网络结构的研究，发现合作网络结构能够提高知识创造的能力，加快网络创新能力，进而提高整体创新生产率。Thomas（2003）从网络能力的视角研究网络结构对网络创新能力的影响，他认为，网络能力能够影响网络资源获取程度、人力资源管理层次、企业关系结构的整合以及企业文化的开放程度，从而提升网络的创新能力。Antonio（2007）则发现通过整合一个外部弱关系网络和一个核心内部强关系网络构建的双重网络体系结构可以使得企业获得动态的、持续的创新能力。Salma 和 Raffaele（2010）提出松散型和密集型的网络结构基于结构内关系资本会对合作网络的创新类型和创新绩效产生重要影响。密集型网络会造成焦点企业被“锁死”网络中，也会使网络成员为维持与其他企业的关系而损耗大量成本。松散型网络增强了对新机遇的鉴别力，并支持以前景模糊为特质的创新阶段的高效探索战略。稀疏型网络中成员为了有效地共同解决问题和新产品研发，会有针对性地改善网络间成员的知识分享和加快密集的交流。因此，这两种网络结构类型对应用性创新和探索性创新绩效的作用机制有所差异，实践中，这两种效应又往往是互补的、相互加强的。国内学者张永安等（2010）认为网络结构的变化会引起技术创新网络主体资源利用机制的改变，影响创新资源利用率，进而对创新能力产生影响。黄中伟（2004）从产业集群网络角度研究网络结构对创新机制和绩效影响问题，发现网络结构可以大大促进企业集体联合创新，使得集群创新率高速化和新产品乘数增加。集群网络保持了企业持续的创新动力，使集群内保持通畅的信息和知识流动渠道，促进了创新成果高速扩散。任胜钢（2010）认为网络位置的不同会影响企业触及与控制资源的数量与质量，从而造成企业创新绩效的差异。

2.2.2 创新网络结构与网络吸收转化力

网络吸收转化力被认为是企业从网络中识别、消化和开发知识，最后转化为创新的能力。一个高效率的网络结构能有效促进吸收转化能力的提升。Marco（2015）认为网络成员吸收外部知识的能力取决于他们在网络中所处的位置，企业跨度的结构洞越多，其吸收能力越强，创新能力也越强。外部知识对企业创新产生的利益是由企业所嵌入的内部网络结构而定的，尤其是当内部知识共享网络富有（缺少）结构洞时，外部知识对创新产生的正效应是显著增加（减少）的。Michael（2008）通过对德国300家企业和研究机构构建的创新网络的研究发现网络结构对知识的转化吸收有影响，而且在网络的初步发展阶段，网络间的强联系比弱联系更有利于知识的吸收转化。Shaw-Ching et al.（2005）建构了一个将网络的结构性质与其创新模仿倾向相关联的理论模型，利用网络集中度（network centrality）、网络约束（network constraint）、网络范围（network range）、网络密度（network density）、网络集中度变化（network centralization）以及网络根植（network embeddedness）

等6个关键网络结构属性衡量和检测合作创新的网络创新模仿倾向，也可以通过网络结构变量参数估算调控网络结构、实现网络结构治理目标。曹兴等（2010）也指出技术联盟网络联系强度越强，越有利于知识在联盟成员间的转移，进而增强网络的吸收转化能力。对于技术创新网络而言，网络的吸收转化速度制约着网络创新活动的发展速度，它能快速地促使知识传播、转化、吸收，促使创新活动的迅速开展，并获取较强的竞争优势。因此，企业间建构的知识合作与创新网络结构效率与其知识吸收转化能力直接关联。

2.2.3 创新网络结构与网络动态性

一个高效网络结构不会因为外部环境的多变而变得低效。网络的外部适应性越强，表明该知识合作网络的结构越趋于具有弹性与柔性化组织特征，越表现为结构的稳态发展，该网络也越有效率。另外，网络中知识、技术、人力、资金等创新资源的生成、流动和循环会导致创新活动的变动，使网络中各创新要素始终处于互动、整合、协同的动态调整中。网络结构动态性主要集中表现为外部环境适应能力和内部各主体协调能力。体现网络动态性与网络结构效率优化变迁的成功案例最具代表性的就是日本丰田汽车知识创新网络。丰田创新网络由不具规模，逐渐走向成熟，再到以丰田集团为中心的网络中开始内嵌多个小网络的复杂网络结构，在动态变迁中提升了其整体结构效率。对于网络内部各主体的协调能力，网络结构呈现周期变化，Henry（2008）对技术模块化发展规律开展研究，发现企业选择什么样的创新网络结构是由技术模块化发展的生命周期决定的。每个生命周期阶段，对信息知识需求与获取的途径与方法差异化很大，为了应对这种动态需求，企业在建构其对外知识网络时也必须有意识地改变其网络成员构成、关系密度、合作模式等结构属性。技术模块化拥有动态周期，通过研究模块化生命周期的四个主要阶段，以及每个阶段获取具体信息和知识需求的方法。研究发现，为了应对技术模块化过程为特质的在信息和知识需求上的改变，企业必须从其研发方式、关系密度、伙伴的类型和数量上改变其创新网络结构。而对于什么因素影响着网络结构的动态变迁和效率，Valkokari（2015）认为最主要的因素是网络成员间的复杂活动和相互作用。通过观察，关系成员增减及成员间的角色变更等网络结构特征决定网络动态性发展倾向与规律。网络结构动态性与网络关系、节点间联系、网络内创新资源变更、外部环境变化等方面密切相关。而且，灵活且稳健的网络结构体现企业在网络建构上的主动性和针对性、功能性与环境适应性，更能反映该网络结构的有效性。技术创新网络作为一个以技术创新为主要目的的组织形式，其对技术的要求比较高。技术创新网络的发展能否较好地适应内外部环境的变化，这关系到技术创新成果能否更好地适应市场变化，获取较大的创新收益。因而，对于技术创新网络的发展来说，其网络结构效率应该要适当权衡网络结构的动态性，这样的创新网络才能更好地适应外部技术的发展，才能创造出更具竞争优势的创新产品。

2.3 合作创新网络结构测度

网络结构具有许多不同的属性，其属性往往借助于各种测量指标呈现网络结构效率，充分挖掘这些特性能够更深入地观测跨组织知识网络对企业知识创新和技术创新产生的影响。综观国内外学者对网络结构的刻画，目前应用较为广泛的分析工具是社会网络分析法，其结构测度指标主要从以下三个层面加以测量：（1）企业节点位置测度；（2）企业节点间关系测度；（3）网络结构整体测度。通过对不同维度下网络结构测度指标对网络创新的影响来体现结构效率问题。

2.3.1 企业节点位置测度

企业节点作为技术创新网络中的最小单元，对其的测度能够充分体现网络的微观性。企业节点测度最典型的指标是节点度，节点度是指与该节点相关联的边的条数，也就是指网络中与某一企业有联系的其他企业数。一般节点度数越高，说明该企业拥有的外部关联和资源渠道就越广。另外，度分布在决定创新网络中某一节点与其他主体联结多寡的同时，也能决定该节点在网络中的位置及影响，其作用一般都可以与节点位置相联系。

位置维度主要是节点在网络中所处的位置，测度指标主要有中心度、结构洞等。位置中心度指标可以根据成员与其他成员联系的线条数来测度其处的中心度，反映的是企业在网络中的主导位置情况。一般高中心度的企业具有高的声望和权威，对网络有较强的控制力和影响力，可以使规模一样的网络具有更大的聚集效应，节点间合作更为紧密，网络更加完备。因此中心度指标被广泛地使用，诸如张晟剑等（2013）用中心度分析对企业技术创新合作网络进行了分析，认为当一个企业的间距中心度较高时，它在控制企业之间技术合作行为的权力较大。沈必扬等（2007）用网络中心度指标来研究网络结构因素对企业创新绩效的影响，发现置身于较高网络中心度的企业一般比置身于较低网络中心度的企业更可能拥有良好的创新绩效。所以，一个高效的网络结构往往拥有几个中心度高的企业，这些企业拥有更多的联结渠道，能够获取更多的信息知识资源并充分带动周围企业的发展，从而带动整体网络的创新水平。

节点位置的另一广泛使用的指标——结构洞，结构洞能够充分地解决冗余性关系问题。处于结构洞位置的企业，与网络中的其他企业间的联系是非冗余的。就目前的结构洞的研究，主要存在以下方面的争议。一种观点是网络结构洞为企业技术创新活动提供了激励作用，它扩大了企业可接触的信息的多样性。其中以 Burt（1992）提出的结构洞观点为主，认为节点处在网络中的关键位置，可以享有信息优势和控制优势。Macro（2015）认为企业在网络中占据的结构洞数与企业创新活动存在正相关关系，当占据的结构洞数量越多时，创新输出越多，网络结构效率越高。Jason（2010）也认为网络中企业占据的结构洞较多时，能通过控制信息的通道来获取更多的资源优势，有利于创新。另一种观点认为，网络结构洞的存在不利于网络创新，其使得企业信息的机会主义风险增加。McFayden

（2009）认为只有与处于网络结构洞较少的稀疏网络中的个体保持强连接才有利于企业的技术创新活动。Vineet（2011）认为网络结构洞的存在增加了网络的稀疏性，因此并不利于企业技术创新活动。这两种观点的不同也进而说明，在一个技术创新网络中，结构洞指标应该是随着网络创新活动发展的不同阶段而变化的，学者章丹等（2013）发现结构洞对不同类型创新活动影响是不同的。一般占据较多网络结构洞的企业能够拥有多样化的、非冗余的信息资源，有利于促进企业探索式技术创新活动，而当企业进行应用性技术创新时，企业更多地需要较少的网络结构洞来防止机会主义行为的发生。与此类似的是当创新网络处于探索式技术创新时，其结构洞数目应该增多，而在应用性技术创新时，结构洞数目则应减少，故结构洞数目在网络的各个发展阶段是不同的，都是根据具体的网络运行而定。当网络稳定后其结构洞应该在维持一定量的基础上，才会促使网络结构效率最优，从而有利于网络创新绩效的增长。

2.3.2　节点间关系测度

企业节点间的关系维度主要分析节点之间的关系密度，节点间的关系作为网络资源的传播渠道，对其的测度能够充分提高知识、技术等资源的传播流通速度，加速创新。关系维度最普遍的测度指标是强弱联系。Granovetter（1973）首先提出关系力量的概念，并将关系分为强和弱，强、弱关系在个体之间、组织之间以及个体与社会系统之间发挥着根本不同的作用。刘兰剑等（2009）认为节点之间的关系如果是重复性、相对固定、持续性的就是强关系，反之则为弱关系。从现有的文献来看，强关系有利于防止网络中知识共享中的机会主义行为，但是不利于网络的长期发展，一个网络的发展需要源源不断的新知识的融入、传播及再创造，而强关系的存在在一定程度上制约着知识资源，不利于异性知识的存在。Jennie 和 Mats（2009）主要采用社会网络分析方法，利用一家瑞典公司拥有贮存和捕捉创新理念的技术信息系统的调查数据，首先构建创新想法网络，其次标准化每个创新想法的中心度，最后展开研究创新想法质量与标准化中心度的相互关系，用以研究想法提供者网络连通性和创新理念质量之间的相互关系。来自个人或组织的所有的创新理念，一定程度水平的网络中心度和连通性对高质量创新理念有促进作用，而过度连通性会对高质量想法的产生带来负面的和减少的影响。Shaw-Ching et al.（2005）虽然没有对衡量网络结构重要指标的关系维度进行定量测度，但其界定的网络宽度、网络密度、网络集中度变异指数、网络根植度等网络结构关系指标为节点间关系维度衡量提供了新的分析角度和应用方向。

另外，使用较多的另一关系维度指标是平均最短路径，它是指在所有连同两节点的通路中，所经过的其他顶点最少的一条或几条路径，所有节点之间最短的路径平均值即为平均路径长度。它决定了信息和知识传递的速度和难易程度，可以用来衡量网络主体间各类资源整合的效率。Melissa（2007）认为最短路径长度则能够保证网络内异质性知识的流通并减少由于长路径而导致的知识歪曲风险。王发明等（2006）认为较短的平均距离可以使得有关市场及技术信息、知识可以在群内企业中得到迅速的传播，为隐性知识的传播和学习提供了较大的便利。所以，平均最短路径越短，则说明网络资源流通所经过的节点越少，信息失真风险越小，进而知识传播吸收速度越快，更能促进网络创新活动的开展。

2.3.3 网络整体结构测度

网络整体结构所进行的测量，通用的指标有网络规模、网络密度、聚类系数、网络嵌入性等。因其所考量的对象都是以整体网络布局为主，故而它们都反映了网络的疏密情况以及网络主体集团化程度。如网络规模指的是网络中行动者的数量、规模的大小会影响到行动者之间的关系。一般而言，网络的规模越大，节点之间交流的机会就越多，创新的机会也越多，创新能力也越强。但是，网络规模也不是越大越好，在网络发展期，规模是越大越好，容易形成规模效应，一旦网络发展到一定的阶段，大的网络规模反而不利于网络整体的发展，这时搭便车等机会主义行为开始频发，反而不利于网络创新，不利于网络资源的优化配置。网络密度反映了网络成员的联系程度，一般网络密度越高，成员间联系更紧密，信任度越高，越有利于创新知识和成果的迅速传播。学者 Xie Yongping 等（2011）就通过用网络密度等指标衡量网络结构，发现指数越高，网络结构越好。从拓扑学角度上看，高密度网络缩短了信息传递的平均路径，加快了信息流动，更有利于创新。与网络密度类似的是聚类系数，它不但能反映创新网络的联结密度，也能反映网络的连通性和传递性的指标。一般聚集程度高的创新网络，意味着联结密度高，主体节点之间的联系紧密。聚类系数指标的使用能够很好地衡量网络结构效率，学者们一般都使用该指标来反映网络结构对创新的影响。如 Melissa（2007）用网络结构聚类程度来说明企业创新能力，发现高聚类性有利于企业创新。高聚类系数可以提高网络间知识的传播能力，促使更多的信息更快地扩散。张永安（2010）发现聚集程度可以影响创新网络对创新资源的利用率，认为一个适度的聚集程度可以使得创新资源在整个网络范围内广泛流动，资源整合的范围会随着节点之间联结的增多而扩大，能使企业获得更多精练的、高质量的信息和默认知识，进而提升整体创新绩效。王发明等（2006）就以美国 128 公路区产业集群衰退为例，用聚类程度来反映集群网络结构运行效率，发现高聚类性有利于培养成员间的信任，但容易降低网络的开放性。另有一种观点是基于结构嵌入视角来测度网络结构效率问题的，在技术创新网络中，网络嵌入性是指某一个具体的企业和整体技术创新网络之间的嵌入性。结构嵌入可以导致企业更频繁地、更密集地去联合那些受到网络限制的网络成员，以信息价值作为激励，使得那些受限制的企业重新调整合作伙伴。结构嵌入可以使更多的企业参与到创新过程中去，导致技术创新网络中企业数目增多，使得技术创新网络的结构不断演变。蒋军锋等（2007）就从网络嵌入性视角出发，考察技术创新网络结构的变化，发现技术创新网络结构演变的不均衡性为技术创新提供了更多的机会。所以，网络整体层面的测量能够从宏观上更好地把控网络结构的发展。

从既有研究来看，创新网络结构因要素构成的不同、链接形式不同、学科视角的不同而形成不同的定义，但大体上，企业间知识网络结构就是研究网络组织内成员、成员关系、网络资源这三者间的结构分布。在创新网络结构效率研究方面，不同的学者根据不同的角度对结构效率有不同的见解，研究主要从网络创新能力、知识吸收转化能力以及网络外部适应性等方面研究技术创新网络结构对网络整体创新绩效的影响。测量上主要是根据测量时所选取的节点数，分别从节点与位置维度、节点间关系维度、整体维度进行划分，来研究各种测量指标在网络结构中的运用。所以，研究发现有效的网络结构能提高网络个体的吸收能力和整体网络创新水平。网络结构效率是考量一个网络高效运行的关键，而从现有的针对网络结构效率问题的研究上，我们可以看出高效的创新网络结构应该拥有极高的网络创新力、网络吸收转化力，而这种高效能的网络结构一般都具动态性，依靠结构的动态发展性来调配好网络各个发展时期的各成员间的关系，使得网络整体朝着高效能、高绩效发展，因此，我们可以认为技术创新网络的结构应该是松散耦合的、动态开放型。

针对知识网络测量的研究不仅局限在知识网络结构的测量，还涉及了其他一些方面。（1）有关知识网络促使知识空间流动的测量。这部分研究集中在地理学学科领域，其研究内容涉及知识在空间流动过程中的产生机制和发展趋势，Kobayashi et al.（1991）以知识密集型企业为单元研究了知识传播和交流的时空演进规律。汪涛等（2010）突破该领域仍然存在知识网络的地理空间尺度表达难题、知识网络非地理距离的定量计量以及知识网络演化机制实证的三个理论难点和技术瓶颈，衡量了知识网络的组织和结构特征，测度了基于社会网络关系的知识网络的地理距离、社会距离及其对知识网络运行的影响效应。（2）知识网络运行评估效果的测量。可持续发展国际协会（International Institute for Sustainable Development，IISD）早在 2001 年就颁布了《在管理中评估：知识网络的规划、控制与评估》（*Measuring While You Manage*：*Planning*，*Monitoring and Evaluation Knowledge Networks*）第一版，提出知识网络效率与效果评估的相关指标体系。国内学者安琳（2010）认为企业知识网络评估应以知识网络构建流程为导向，提出了涵盖预评估（pre-evaluation）、结构评估（structure evaluation）、活动评估（activity evaluation）和结果评估（outcome evaluation）四个模块的评估方案。而针对知识网络活动评估，安琳（2010）主要以显性与隐性知识外化和内化的转化活动为框架开展对相关指标的定量评估，结果评估则采用 RBM（Results Based Management）和 Outcome Mapping 两种评估工具相结合的方法评估企业知识网络运行效果（effectiveness）。任慧（2011）从知识联盟整体运行出发，对知识联盟运行绩效的评价指标进行了界定、筛选、测度，提出了知识联盟运行绩效衡量应更侧重知识 PC 诉求的结果绩效以及侧重评价合作延续性、技术地位变迁、满意度等过程绩效的二维评价准则。在专家访谈和业界调研的基础上，借助 AHP 方法，提出了衡量组织间知识联盟运行绩效的指标评价体系，测算出了各指标在评价体系中的权重。这些研究方法与研究视角都可以成为我们进一步深化研究的参考。

2.3.4 小结

本章从学科认知以及知识网络构成两大角度阐释企业间知识网络的内涵，并指出了其本质上与创新网络耦合的特征，又分别从网络结构测量、结构效率表现维度及二者的关联等加以探究，简略地分析了知识创新网络的结构属性与效率优化问题。我们对知识网络结构研究是基于本书的主题——知识网络及其风险演变而开展的，因此，从知识网络结构效率的表现形式上，本研究选取了三个主要方面来体现，可能在全面性上会略显欠缺。当然不同学者针对不同的研究任务和研究目的，对创新网络结构的关注点也会有所不同。

我们得出一些基本结论。其一，企业间知识网络尽管不同学者对其构成要素及要素链接方式的表达各有不同，各学科研究的侧重点也各有偏重，但大体上讲，知识创新网络是一种中间性组织，它包括网络成员、成员关系以及借助网络形式传递知识、信息、技术而构成的多维复杂结构体系。其二，对于什么样结构的知识创新网络才是有效率的这个问题，学界的声音各有不同，我们认为，网络结构要素构成的不同、链接形式不同、学科视角的不同而形成不同的定义，但大体可通过网络创新能力、知识吸收转化能力以及网络外部适应性等三个方面表现出来。网络结构效率是考量某种网络高效运行的关键，而从现有的针对网络结构效率问题的研究上，我们可以看出高效的创新网络结构应该拥有极高的网络创新力和网络吸收转化力，而这种高效能的网络结构一般都具动态性，依靠结构的动态发展性来调配好网络各个发展时期的各成员间的关系，促使网络整体高绩效发展，因此，知识创新网络的结构应该是松散耦合的、动态开放的。其三，一个优质的企业技术创新网络离不开高效率的治理机制。而在治理理论中，有关以结构嵌入为主线的创新网络治理视角的研究还在起步阶段。以结构视角发展网络治理理论，促进企业实践高效运行的研究极具现实意义。

对一个具体的知识创新网络来说，应从三个效率表现形式上选取不同测量指标以实际量化数据来考察一个高效创新网络结构的动态性，并设定一个高效网络结构指标，根据不同网络发展时期不同测量指标的最优变动范围。因此，应为技术创新网络结构的发展制订一套适宜优良的结构指标测度体系，明确每一指标的波动区间，并依实际波动情形，预测并调节网络结构变动趋势，实现对创新网络结构整体协调与全过程优化的过程目标，并达到知识与技术创新发展的业务目标，使之能够在网络运行中把控好各指标的波动范围，进而依据结构变动趋势，对网络结构加以整体协调与全程优化，使其适应知识与技术创新的发展要求。再者从网络结构视角来研究技术创新网络的发展，不仅能从微观网络成员视角考虑网络个体的结构分布安排，也能从宏观网络整体视角来研究网络局部或整体的发展。在提升技术创新绩效的基础上，也能合理地优化资源配置，减轻创新资源带来的不利因素，促进知识与技术创新网络高效运行。

2.4 企业知识网络与合作创新网络的结构耦合

知识与技术创新离不开两个网络：一个是研发人员的社会网络，另一个是由知识元素组成的知识网络（Granovetter，1985；Yayavaram & Ahuja，2008）。在以往有关创新网络的研究中，主要从两方面进行探讨，一是从社会经济学方面提出的社会网络在创造力根源方面的作用，另一个是探讨知识网络对创新的重要性。知识网络不同于社会网络，知识网络是由连接科学和技术核心知识的知识链组成的（Carnabuci & Bruggeman，2009；Yayavaram & Ahuja，2008）。这些知识元素在调研和实验的关键过程中进行组合和重构，进而促进创新。复杂组织系统中的创新过程往往是社会网络和知识网络交互作用的结果。

但是，在技术研发活动中，很多进行创新的有关人员并不清楚这两种网络的不同效应，因此，有必要区分两种类型对创新的相对功效开展辨析研究，在更大的知识网络范围内确认研发人员的知识元素，分析这些知识网络的结构特点，调查这些结构特征对研发人员的创新过程的影响机制。我们分别以丰田公司和苹果公司这两家在全球相关领域具有绝对领导地位的企业作为此问题的案例讨论对象，构建一个知识元素组成的知识网络和一个研发人员之间组成的社会网络。我们把研发人员的社会网络定义为研发人员的合作网络，研发人员之间的知识链接建立在两者之间的合作网络基础上。

2.4.1　知识网络和合作网络之间的解耦关系

研究人员在社会网络的位置很可能与他的知识元素在知识网络的位置不匹配。例如，一个没有社会网络的研发人员可能在知识网络中有非常丰富的知识元素的链接。知识元素在研发人员之间的分布是不均匀的：一个知识元素趋向于被多个研发人员所持有，同时一个研发人员经常持有多个知识元素。两个研发人员之间的合作可能包含一个或多个知识元素；两个知识元素可能通过研究人员之间的共享或通过研发人员之间的各种团体组织进行组合和重构。因此，研发人员之间的合作模式和知识元素之间的组合模式有很大不同。一个公司的知识系统，也就是知识元素之间的组合模式，通常是公司几代研发人员的多年积累，这个公司的知识系统通常优于当前的研发人员之间合作网络的交互作用。

企业的研发人员在进行发明创新的活动中经常要与其他研发人员进行合作，这种工作方式会逐渐形成研发人员的合作网络（Nerkar & Paruchuri, 2005）。这个合作网络与企业的知识网络之间是解耦关系，比如，一名研发人员在合作网络的位置和知识网络的位置通常相距甚远。因此，解耦这两种网络是符合常规规则，而不是特例。进一步说，一个公司的知识体系是由公司几代研发人员的积累得来的，通常优先于单个研发人员的知识体系。研发人员的知识元素在知识网络中的位置并不仅仅是由他的发明创造的活动决定的，更多的是由其他研发人员的共同努力决定的。这种历史性的因素使得知识网络和合作网络之间的区别更加明显。图 2-2 描述了两种网络的解耦属性。

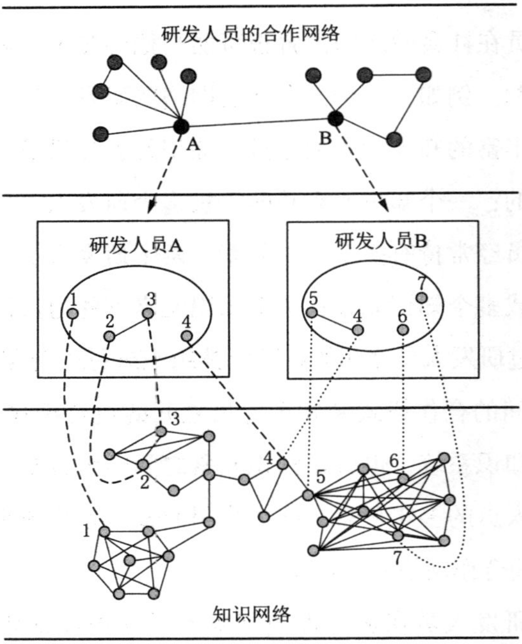

图 2-2 知识网络与合作网络之间的解耦属性

上图中最上面的部分代表了研发人员的合作网络，合作网络中的节点代表研发人员，节点之间的连线代表在发明创造的项目中两节点的优先合作连接。研发人员 A 和 B 的中心集中度、网络局限度等网络特性，可以根据连接节点的数量进行量化。图 2-2 的中间部分表示研发人员的知识元素组成的知识体系。研发人员的知识体系中的知识元素通过节点和链接与外界的知识网络进行连接和沟通。图中的研发人员 A 和 B 每人有四个知识元素。在研发创新的合作网络中，他们共享各自的知识元素。图 2-2 的底部表示公司的知识网络，每个节点代表一个知识元素，两个知识元素通过链接进行沟通。两个研发人员的知识体系中的每个知识元素都可以在知识网络中找到相应的位置。同样根据知识网络中的节点数量，可以量化研发人员 A 和 B 的知识元素的中心集中度、网络局限度等网络特性。

在这两个不同的网络中，这两个研发人员的相对位置是不同的。在合作网络中，研发人员 A 的中心集中度相对研发人员 B 更高，但网络的局限度相对研发人员 B 较低；与此相对的是，在知识网络中，研发人员 A 的知识元素相对于研发人员 B 来说，是较低的中心集中度和较高的网络局限度。这表明，知识网络和合作网络是可以被解耦的。

2.4.2　知识网络与合作网络的结构特性

知识网络的结构特性直接影响着知识元素之间的组合可能性和范围，知识网络的结构特性对充满利己主义的知识领域和潜在可能的知识元素之间的组合重构有重大的影响。利己主义的知识领域是指那些包含核心知识元素的领域，或者是那些已经在过去的发明创造中得到证明的知识元素之间的组合模式（Gianluca，2010；Podolny & Stuart，1995）。结构洞的特性，或者说是与核心知识元素相关的知识元素之间的失联程度，说明在利己主义的知识元素的共享领域，知识元素之间的组合机会还没有得到足够的关注，需要更深入的调查研究。中心集中度的特性，或者说是有多少知识元素与核心知识元素联系在一起，这种中心集中度直接影响其他知识元素的组合可能性。

具有相同结构特性的知识网络可能对应着不同的研究人员组成的合作网络。研究人员的知识网络中的知识元素的组合的结构特性影响着知识的共享机会和制约因素，同时研发人员的合作网络的结构特性关系到人与人之间的相互交流的机会和制约因素。研究人员的知识网络充满结构洞，同时具有不连续的合作网络接触机会，这样的研究人员在决策中具有信息优势和决断力（Burt，1992；Granovetter，1973，1974；Shipilov & Li，2008）。结构洞有利于研发人员获得自主权（Burt，2004）。不连续网络接触的研究人员束缚少，在进行创新观点的探索时更容易放开手脚，因为他们受行业内的意见领袖和普遍的认识机制的影响较小（Janis，1972）。进一步来说，研究人员在合作网络中具有较高的中央集中度，与其他很多的研究者有着紧密的联系，这样的研究人员可以更多地在网络中推行自己早前的研究成果，进而可以得到更多的专业领域的声望和地位。因此，研究人员更有兴趣保持现有知识元素的相关性。

1. 知识网络的结构洞

在公司的知识网络中，那些富含结构洞的知识元素被组合重构在一起，含藏在过去的创新发明中。利己主义的知识观点认为在富含结构洞的知识元素周围存在着大量的组合重构的机会（Podolny & Stuart，1995）。但是，研发人员在富于结构洞的知识领域进行创新，有利于创新的成功，但效率低下，这增加了探索创新的机会成本。抛开探索新的知识元素，利用现有知识元素之间的组合重构将消耗大量的时间、能量和注意力。研发人员可能会陷入能力陷阱，过度地开发自身的资源，而缺乏探索外部的知识资源的动机。相反，研发人员的知识体系缺乏结构洞的话，会减少知识元素组合重构的机会，最后变为只能囿于利用现有的知识领域。长期停留在知识匮乏的领域进行开发，使得研发人员缺乏激情，研发人员更愿意去探寻新的知识元素和新的组合重构的可能性。因为研发的动力通常源于问题和危机，核心研发人员通常会随着自身知识领域内的组合创新机会的减少而变得匮乏，这种状态会激发他们进行新的知识元素的探寻。从自身的知识领域转向其他研究者的知识领域，这个过程通常会引发企业内部的纠缠斗争和政治层面上的困难。因此，核心的研发人员更多的是把研究的方向和重点放在超出公司边界的知识领域。

而且，在自己核心的知识领域没有太多的结构洞，这也表示出核心的研发人员对于现有的知识领域中相关的知识元素有充分的理解和认知。这种状态也有利于核心研发人员进行新知识元素的探索，因为学习都是在原有的知识基础上积累形成的。所以，一个研发人员如果在自己的知识领域中存在较多的结构洞，表明这个研发人员缺乏探索新知识元素的能力。如图 2-2 所示，研发人员在公司的知识网络中的结构洞越多，越不利于研发人员探索公司外新的知识元素。

2. 合作网络中的结构洞

合作网络中具有较高的结构洞，表明研发人员与其他的研发人员的知识体系缺乏连接（Burt，1992，2004，2007），但这样的研发人员在获取新的知识元素方面却具有优势（Granovetter，1973，1974）。那些拥有较多结构洞的研究人员会拥有更为广阔的视野，这有利于帮助他们确认和获得更多的创新的机会。在合作网络中，拥有较多结构洞的研发人员，更容易在创新活动中取得自主权（Burt，1992，2004；Shipilov，2009）。而缺乏结构洞的研发人员，则因为稠密的联结网络趋向于具体化、趋同化的网络设置，具有鲜明的意见主导者，具有占统治地位的认知模式（Berger & Luckmann，1967；Emirbayer & Mische，1998；Sewell，1992）。意见领袖的影响和主流认知模式会降低研发人员探索新奇观点的愿望和效率（Janis，1972）。而且，成为联系紧密的团队成员，会使得研发人员养成认知懒惰，因为研发人员有可能会窃取别人的努力成果，从而降低其在研究和决策时的认知成本。相反，那些富有结构洞的研发人员与其他人员没有太多的连接，具体的同质的组织模式难以形成。总的来说，研发人员受具体的同质化的组织模式影响越小，从而可以在发明创造活动中获得更多的自主权。如图 2-3 所示，研发人员在公司的合作网络中拥有越多的结构洞，也就越容易探索出更多的新的知识元素。

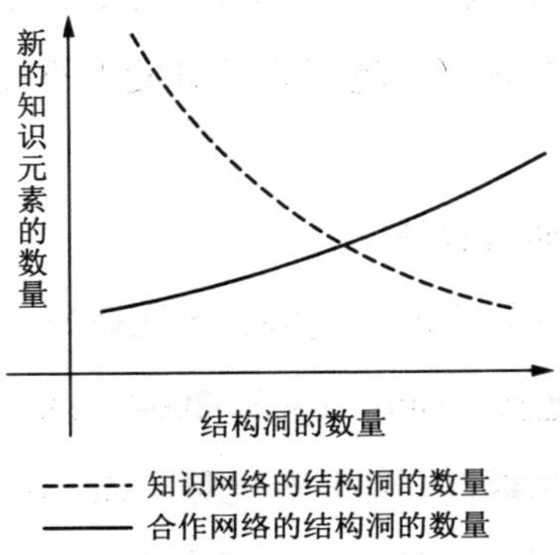

图 2-3　知识网络和合作网络的结构洞对创新的影响

3. 知识网络的中心集中度

知识网络体系的中心集中度是指知识元素连接点的数量和规模。中心集中度显示了与其他知识元素进行组合重构的潜在可能性。随着知识元素的中心集中度的增加，知识元素之间的组合重构的可能性也随之增加，其中的原因有以下几点。第一，知识组合重构增加了合作人员之间的信任，为未来的组合重构做了准备（Fleming，2001）。越多的知识元素与自己的核心知识元素相关，就越预示着核心知识元素作为组合重构的焦点是正确的。例如，有关基因的研究通常集中在少数几个流行的基因上，和这些基因相关的其他基因也更容易被发现和被讨论。第二，研发人员通过中心集中度这个媒介可以更好地理解知识元素，在与其他知识元素进行组合重构上积累更多的经验（Yayavaram & Ahuja，2008），这种流程路径和互补性资源可以进一步促进组合重构机会（Levitt & March，1988）。第三，通过中心集中度这个媒介联系起来的知识元素的主题架构可能与其他知识元素的主题架构有一定的相关性（Yayavaram & Ahuja，2008）。这些自然的亲密关系会促使研发人员在焦点知识元素的基础上探索与其他相关的知识元素进行组合重构的机会。因此，合作人员知识元素的中心集中度水平的提高有助于加强新知识元素的探索开发。

但是，当中心集中度的程度变得很高的时候，研发人员的知识元素的中心集中度对新知识元素的探索有负面消极作用。这里有一个知识元素组合重构的自然规律：当知识元素的中心集中度达到一定程度的时候，企业的知识体系中的科学技术或者商业价值已经被消耗殆尽，进一步的组合重构的机会将逐渐枯竭（Carnabuci & Bruggeman，2009）。在具有高度中心集中度的知识元素群中寻找更多的组合重构的机会符合边际报酬递减规律。如图 2-4 所示，研发人员的知识元素的中心集中度与其能与公司现存的知识元素进行组合重构的机会成倒 U 型关系。

4. 合作网络中的中心集中度

在合作网络中，处于中位置的人员可以很容易地得到创新相关的支持和资源，帮助他们拓展创新的机会。但是，相反的讨论也挑战着社会网络的中心性的效果。第一，中心性具有的信息便利性可能在很大程度上与社会网络中的结构洞有较强的相关性（Burt，1992）。当结构洞的水平降低到一定程度，信息的好处会变小。第二，公司中那些受尊敬的和享有特权的中心人员，由于优先性可以更容易地获得创新发明的机会。因此，他们缺乏在公司现有存量的知识库以外探索新机会的动力。同时，居于中心位置的人员更容易沉溺于当前流行的研究范式和认知模式，因此，很难接受那些与主流研究模式不相关的新的知识元素。相反，在合作网络中的那些外围人员在探索新知识的过程中不会有太多的局限。第三，具有中心性的人员通常是现存知识系统的专家，同时受到很多人的尊重，在与其他研发人员工作中具有权威性。在公司现有的知识体系中引入新的知识元素，容易导致公司的权威体系瓦解，威胁具有中心性的研发人员的地位。因此，他们更愿意保持当前的知识体系，而不愿意接纳新的知识元素。如图 2-4 所示，在公司的合作网络中人员的中心集中度越高，对于探索新的知识元素的动力就越低。

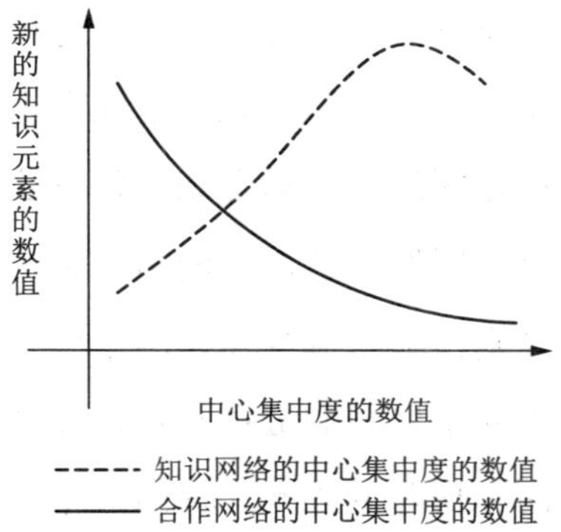

图 2-4　知识网络和合作网络的中心集中度对创新的影响

2.4.3　两种网络解耦作用下的创新类型

通过解耦这两个网络，可以更好地认识影响技术创新的因素。两种网络的结构属性的交错影响形成各自不同的创新类型。以下是以丰田创新网络与苹果创新网络为例，进一步分析这两种网络的解耦关系。

1. 丰田创新类型

丰田集团是一个以丰田总公司为中心的，下辖几百家供应商的大型网络系统。这个网络系统的目的是维持一个相互紧密联系、稳定关系的企业网络。丰田网络更强调知识网络的作用，通过各种方式加强了知识网络在丰田的知识创新——渐进型创新。例如，丰田汽车的大部分零部件都是由丰田网络中的供应商制造出来的，这种高度外部采购的模式，是日本汽车制造业的特点，这就要求丰田网络中的知识网络具有较低结构洞和较高的中心集中度，进而可以帮助丰田汽车在质量、效率及成本方面不断地进行改善，从而建立起丰田汽车在汽车行业的霸主地位。

这种渐进型的创新更多地体现在对生产过程的精益求精，这要求丰田网络中的知识网络中的知识元素之间有更紧密的联系，趋向于促使研发人员具有相同的工作理念和工作方法，在具体的汽车生产的过程中进行磨合，研发人员通过网络体系中的实践，不断总结出网络的整体行动准则，不断减少知识网络中存在的结构洞，不断加强知识网络中知识元素之间的链接数量，保证组织成员之间的协同性和组织性，进而实现降低成本，提高效率，提高质量。例如对于汽车零部件的开发，丰田公司提供了一般规格，丰田网络中的供应商在进行零部件开发时，要调整自身的知识体系与丰田总公司的知识体系相一致，进而生产出符合丰田网络的一般规格的零部件。丰田网络为了实现成本降低的要求，在车型的寿命期限内，对供应商都进行了统一的管理，要求其供应商在一种车型寿命期间内，报出相关零部件的常规成本，丰田总部与其供应商一起，通过紧密的合作，把各项成本降低至最低。并且通过这样紧密的合作，不断调整丰田网络的组织模式和组织文化，将成功的知识体系集团内部化和系统化，形成知识网络的中心。

丰田集团中许多具体的程序和制度对加大知识网络中的知识元素的中心集中度有重要的意义。丰田公司的价值分析系统以及产品价值工程体系，帮助企业在产品和工程改善方面使控制常规成本变成固定的常规程序。丰田集团还成立了丰田供应商协会，加强供应商之间知识元素的交流，把相关的知识元素的链接制度化。丰田集团还通过各种类型的知识元素的交流活动，加强核心知识元素的中心集中度，例如临时项目组队、工厂参观、专题研讨会、企业内部讲座和工作手册等，在知识网络中明示核心知识元素的中心地位。丰田还建立了客座工程师制度，派遣供应商的工程师进驻丰田工厂，体验整车组装生产的全过程，了解自身供应的零部件如何集成到汽车上，达到整体知识体系的调整和协调一致。

丰田知识网络的中心集中度还体现在人员互调，丰田总部会向它的供应商派出主场管理人员，协调和监督供应商的整体运行，确保集团整体的一致性。丰田退休的主管，通常会接受供应商的管理职位。丰田集团的工会与供应商之间建立工会联盟，借助工会之间的联系和交流，丰田集团的高层主管建立了密切的人际关系网。

为了长期确保丰田知识网络的中心集中度，丰田集团设计了一整套资产股权结构。对与其有紧密联系的供应商进行交叉持股，虽然这些股权比例小，对供应商不具有控制作用，但足以保证供应商的知识体系与总部协同一致。例如，20 世纪 80 年代的汽车企业调研显示，丰田对其 40% 的供应商进行了交叉持股，持股的平均值为 17%。通过这种交互嵌入的所有权关系，进一步加强了丰田知识网络的中心集中度，如图 2-5 所示。

综上，丰田网络通过各种手段（人员互调、共享历史、交叉持股、文化趋同、价值观修正），建立了一个低结构洞、高中心集中度的知识网络，从而促进了知识网络中的知识元素充分组合重构，帮助丰田集团在成本、质量和效率上取得竞争优势。然后，过高的中心集中度会使公司的知识体系中的科学技术或者商业价值消耗殆尽，进一步的组合重构的机会将逐渐枯竭，这也正是索尼、松下、日立等日本大企业衰落的原因所在。

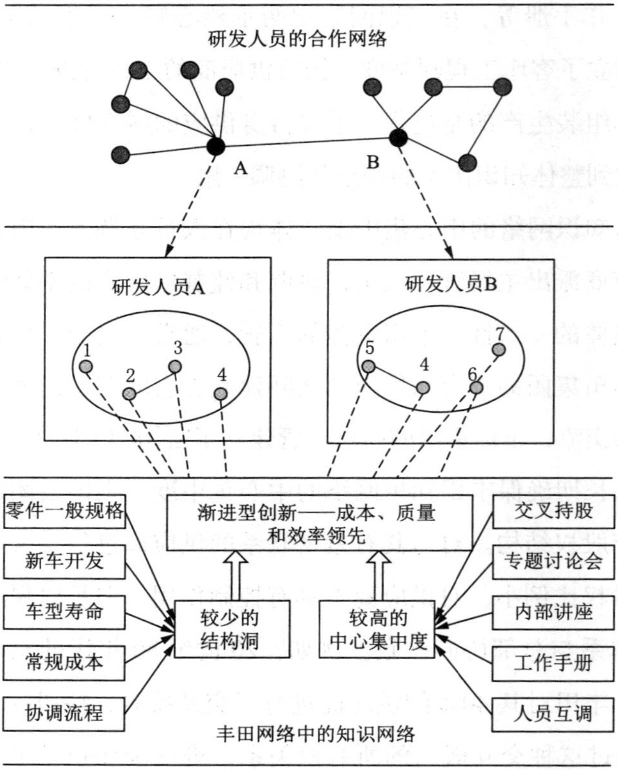

图 2-5　丰田网络中的知识网络特性对创新的影响

2. 苹果创新类型

苹果公司以其强大的知识创新能力称霸智能手机行业，这在很大程度上要归功于苹果公司在其网络体系中培育了强大的研发人员的合作网络，与丰田网络不同，苹果网络更注重研发人员的合作网络，苹果网络由苹果公司和与其相关的各种合作公司组成——硬件提供商、软件提供商、金融商、音乐公司、电影公司等，虽然这些公司之间的合作都依托于苹果公司，但苹果公司并不像丰田公司那样占据统治地位，苹果公司更像是合作团队的领导者，整合各自完全不同的知识资源，重新组合重构一个全新的知识系统或产品。

在苹果网络中，我们可以看到一个科学技术范围宽而广泛的网络，它涵盖了通信电子领域的所有知识领域，这些专业的知识元素由专业的研发人员所占有，高效的合作网络，促进了不同知识元素之间的组合重构，从而创造出全新的知识元素，创造出全新的技术和产品，与丰田网络的过程或渐进型创新完全不同。

苹果网络中的研发人员的合作网络具有较多的结构洞，这有助于从外界获取广泛的信息，在更大的范围内，进行多元化的思考，与丰田网络的特点完全不同。这种网络的组织形式松散而灵活，通过具体的组织形式（研发人员俱乐部、大众餐厅）使苹果公司的研发人员之间在观念上进行互动，在具有较多结构洞的网络中寻找组合重构的机会。

苹果网络与丰田网络不同，它是由不同行业、不同规模、数量众多的企业组合而成，它们之间的合作不太注重主次，很少涉及股权资产控制形式，这样保证了苹果网络中的合作网络保持较多数量的结构洞，从而增加了发明创新的机会。

苹果公司构建的这个合作网络，虽然是以苹果公司为中心，但是研发人员的合作网络的中心集中度较低，这是苹果公司有意为之。这样可以形成多元文化和多元行业的广泛网络系统，具有较强的流动性和充分的竞争环境，为新的知识元素的组合重构创造机会，并且还保证了那些具有市场潜能的新知识元素才会保留下来。苹果网络是个开放的网络，因为中心集中度低，所以排外性很小，各个成员之间在项目可行性、研究路径选择和决策性方面都有充分的自主权。通信电子行业的文化、理念及模式并不是苹果公司主导的，不是苹果公司从上向下的贯彻，而是在整个行业内自然发展起来的。

综上，苹果网络中的研发人员的合作网络具有较多的结构洞和较低的中心集中度，有利于苹果公司进行不同种类的知识元素的组合重构，有利于获得远距离知识元素以及在面对市场不确定性时具有灵活性，更有利于进行全新的技术和产品的探索，其影响作用机制见图 2-6。

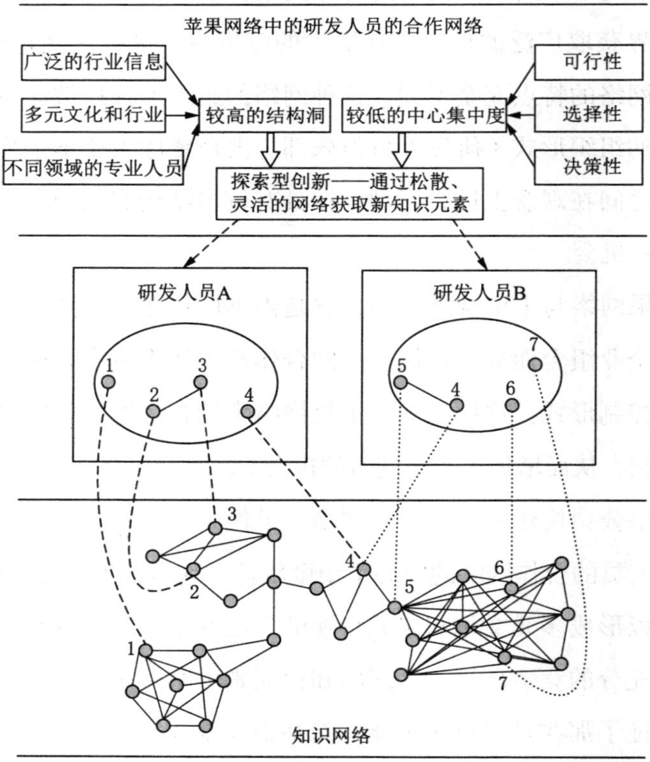

图 2-6　苹果网络中的研发人员的合作网络对创新的影响

由此看来，创新网络中，两种不同的网络（知识网络和合作网络）的不同网络结构特性（结构洞和中心集中度）会影响创新网络效率。较少结构洞和较高中心集中度的知识网络是丰田网络进行渐进型创新的关键所在；较多结构洞和较低中心集中度的研发人员的合作网络是苹果网络进行探索型创新的关键所在。所以企业在进行创新时，要根据自身所在的行业特点和区域特征，合理地构建知识网络和合作网络，才能充分发挥创新网络在企业创新上的作用。

2.5　案例研究：某 LED 集群创新网络结构评估

2.5.1　LED 集群发展状况

2004 年，国家半导体照明工程产业化基地正式落户某市高新区，吸引了众多 LED 企业加入合作创新的产业集群。得益于科技部和省科技厅、省信息产业厅的政策支持，某 LED 产业集群现已形成了以外延芯片研发为主的上游产业层，以器件封装为主的中游产业层，和以生产光源、灯具、LED 显示屏、手机背光源为主的下游产业层的完整产业链的生产模式。2009 年，科技部正式批准该 LED 集群所在城市为首批 21 个国家“十城万盏”半导体照明应用工程试点城市。随着智能化时代的全面到来，LED 产业的发展也面临巨大的发展空间。该市 LED 产业集群作为第一批国家级光电产业基地之一，同时也是国内具有 LED 全工序生产技术和实现 LED 芯片规模化生产的产业集群之一，该产业集群目前拥有国内外顶尖的技术团队，已有 17 种电子信息产品销售量居全国前 10 位。

表 2-1　某市 LED 创新网络内企业的产业链分工

序号	单位名称	研发生产概况
1	晶能光电有限公司	重点研发生产硅衬底 GaN 基半导体照明外延材料，年产能 30 亿粒；成功研制了有自主知识产权的硅衬底 GaN 蓝色发光二极管，申请发明专利 70 余项；与国外日亚公司的蓝宝石衬底和 CREE 公司的 SiC 衬底技术路线并列
2	联创光电科技股份有限公司	重点生产 LED 外延材料、芯片、器件封装、显示背光源及半导体照明器件，年产能达 20 万平方英寸液相 LED 外延片，120 亿粒芯片，16 亿只 LED 器件，6000 万只 LED 平面显示器件，5000 万片背光源
3	欣磊光电科技有限公司	重点从事全系列 LED 芯片的研发和生产，年产能达到 120 亿粒芯片
4	昌大光电科技有限公司	重点生产 LED 显示屏及 LED 应用产品的开发，计划年产能 1 万平方米
5	晶和照明有限公司	重点生产高效 LED 路灯，隧道灯及其他室内、特种照明产品，计划年产能达到 20 万盏
6	联创博雅科技有限公司	重点生产 LED 光电器件，其中 LED 装饰照明光源及灯具、车用光源和 LED 显示屏等实现产业化，年产能分别达到 20 万米、42 万只、6000 套和 5000 平方米
7	联创致光科技有限公司	重点生产超薄型手机彩屏用背光源，年产能 5000 万片

数据来源：根据某市 LED 产业规划（2009—2015 年）资料整理而得①。

① 市科技局．市 LED 产业发展规划［EB/OL］. 政府信息公开，2009-12-01，http：//xxgk.nc.gov.cn/bmgkxx/kjj/fzgh/fzgh/200912/t20091201_191082.htm。

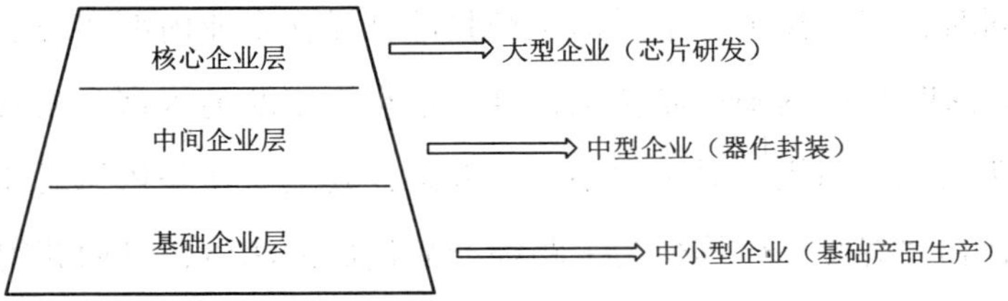

图 2-7　集群网络内企业联结的梯形结构模式

由此看出，该 LED 产业网络结构形成了一个以重点企业为主要依托，其他中小企业为辅导的核心网络层；某大学研究中心为研发支持，政府政策为支撑的支持网络层，以及 LED 集群的环境网络层，由这三个层次网络构建成“一个中心，众星捧月，多点扩散”的合作发展布局。其网络结构模型如下图：

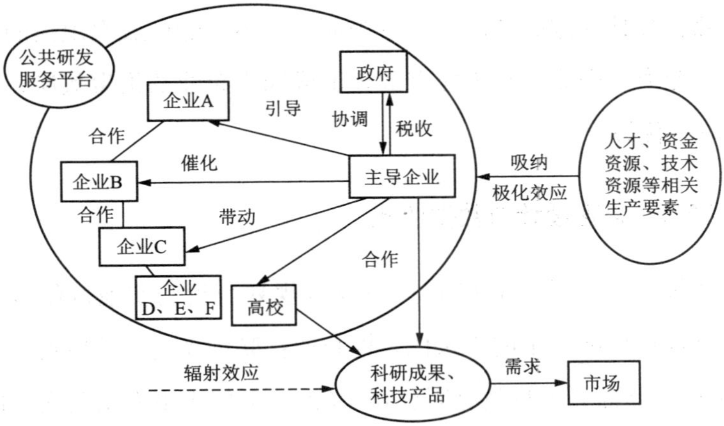

图 2-8　某 LED 创新网络结构模型

如上图，我们可以看出，该 LED 产业网络结构是一个由公共研发服务平台为主的研发结构。LED 产业集群创新网络结构基本完善，网络知识的静态积累达到了一定的程度。首先，在核心企业迅速发展的同时，核心技术、主要知识经验都已经在企业内部实现了静态积累，这时企业的知识储备也在合作过程中不断地丰富，尤其是内部隐性知识的积累。对于中小企业来讲，其主要还是依靠对新产品的仿制和“搭便车”等行为来跟随产品创新的潮流，进而获得知识的积累，缺乏自主创新能力。经过十多年的发展，其内部知识（包括共性知识、专利知识以及生产技能等隐性知识）逐渐得到了持续性的静态积累，形成了比较雄厚的知识基础。

然而，LED 产业发展也面临巨大的技术改革驱动，技术合作网络内部结构调整与新技术知识的链接成为提升网络整体创新绩效的迫切需要。比如，产业链的连续性和整合性还不全面，相关行业的协作配套能力也没有得到全面发挥，尤其是该市 LED 产业下游的照明光源、灯具等方面基础相对较为薄弱，还不能形成大规模的产业化生产能力，进而导致不能有效地形成同类企业的集聚效应，难以发挥竞争优势。

2.5.2 调查设计与数据收集

根据该集群所在市 LED 产业发展规划，我们实地调研位于该 LED 产业集群网络中的 7 家代表性企业：联创光电科技股份有限公司（E1）、欣磊光电科技有限公司（E2）、晶能光电有限公司（E3）、昌大光电科技有限公司（E4）、晶和照明有限公司（E5）、联创博雅科技有限公司（E6）、联创致光科技有限公司（E7）。支持网络节点选取了某大学教育部发光材料与器件工程研究中心（C1）及某市政府（D1）。

在选定研究对象并对企业节点进行分析后，进行访问提纲设计。访问提纲主要分为三个部分，即企业间的联系，企业与科研机构、与政府的联系。其中企业间的联系主要是从企业间是否存在创新合作，主要与哪些企业进行合作，是否经常进行技术交流以及交流的次数，企业之间通常通过什么途径沟通等问题来度量；企业与科研机构的联系主要是从企业是否经常与科研机构进行培训、咨询和项目开发等来度量；企业与政府的联系主要是从企业是否得到政府的相关服务支持等方面来度量。整理调研结果，对集群技术创新网络主体的联系通过程度赋值，赋予 1—5 的程度值，它们分别表示不联系、很少联系、有联系、联系较多和经常联系这 5 种联系程度。用这 5 个值来表达网络节点间的联系程度。然后把所得的联系程度值进行处理，一般认为企业选择“3”和“3”以上时就认为节点之间存在较为紧密的联系。

我们主要把选取的 9 点节点分为三类联系。通过对调研数据的整理后，转化成 3 个 0—1 矩阵，分别表示为矩阵 1（企业之间的联结矩阵）；矩阵 2（企业与科研机构的联结矩阵）；矩阵 3（企业与政府的联结矩阵）。以这三个矩阵为量化分析的基础，通过社会网络统计软件 Ucinet6.0 中自带的 Netdraw2.0 得出该 LED 产业集群的网络结构图，具体见下图 2-9。

在本章所有的网络图，E1—E7 分别代表了 LED 产业集群的 7 个主要企业，C1 代表了大学教育部发光材料与器件工程研究中心，D1 代表了某市政府。在图 2-9 中显示了集群创新网络的结构连接网络图。从网络统计软件 Ucinet6.0 中的 Netdraw2.0 分析来看，共有 29 个连接关系。平均每个节点有 3.22 个连接关系。

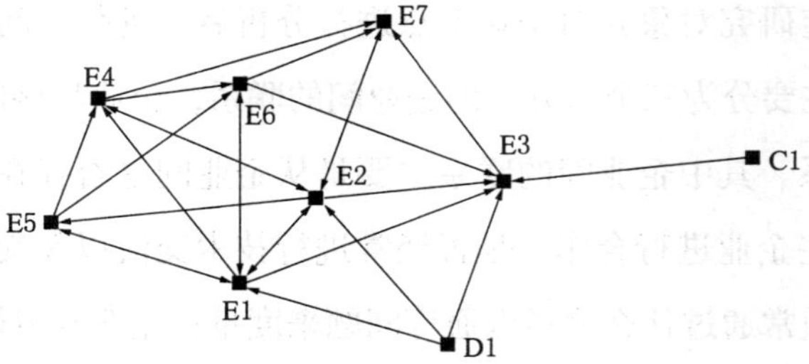

图 2-9　LED 技术创新网络全部节点的综合连接图

我们将访谈内容通过问卷的形式转换成二元关系矩阵，并由此得到四个网络：企业间的联结网络，企业与科研机构的联结网络，企业与政府间的联结网络，企业、科研机构及政府等节点的综合联结网络。利用社会网络分析法的软件 Ucinet6.0 分别对这些网络结构的测量值进行分析。这四个网络的网络密度、网络中心性、集聚系数、平均最短路径的计算结果见表 2-2。

表 2-2　某 LED 创新网络的主要结构测量值分析表

网　络	网络密度	集聚系数	网络中心性①	平均最短路径
企业间的联结网络	0.6667	0.767	26.67%	1.333
企业与科研机构的联结网络	0.1429	/②	/②	/②
企业与政府的联结网络	0.4286	/②	/②	/②
综合联结网络	0.5088	0.535	25.00%	1.568

数据来源：根据软件 Ucinet6.0 计算所得。

① 这里选取的是网络的点度中心度。
② 用来测量聚集系数，网络中心性和平均最短路径的网络数据必须是二元对称矩阵，故这些不能计算。

在社会网络分析法中，一些指标经常用来分析网络结构分布。如，网络密度是网络中节点间的实际连接对的数目与网络中所有可能连接对的比例。它是反映网络节点间关系联结强度的重要指标。网络聚类系数指标描述了知识网络的密度，它主要体现了网络的连通性、传递性和完备性以及节点知识流动覆盖的广度，是网络结构测量的有效指标之一。网络中心度，是测量节点在网络中的中心性位置指标，它反映了节点在网络结构中的位置或优势差异，中心度测量的是网络中各点的度数。我们研究的中心度指标是根据点度中心度来测度的，即衡量网络内某节点与其他节点间的联系情况，在社会网络分析中，网络中个体的中心度越高，则其所拥有的网络地位就越高，网络权力也就越大。

表 2-3　企业间网络的点度中心性描述统计

DESCRIPTIVE STATISTICS

		1 Degree	2 NrmDegree	3 Share
1	Mean	4.857	80.952	0.143
2	Std Dev	1.125	18.748	0.033
3	Sum	34.000	566.667	1.000
4	Variance	1.265	351.474	0.001
5	SSQ	174.000	48333.332	0.151
6	MCSSQ	8.857	2460.318	0.008
7	Euc Norm	13.191	219.848	0.388
8	Minimum	3.000	50.000	0.088
9	Maximum	6.000	100.000	0.176

Network Centralization = 26.67%
Heterogeneity = 15.05%.　Normalized = 0.89%

数据来源：根据软件 Ucinet6.0 计算所得。

由表 2-3 和表 2-4 来看，LED 创新网络与科研机构连接网络的

表 2-4 综合联结网络的点度中心性描述统计

DESCRIPTIVE STATISTICS

		1 Degree	2 NrmDegree	3 Share
1	Mean	4.444	55.556	0.111
2	Std Dev	1.571	19.642	0.039
3	Sum	40.000	500.000	1.000
4	Variance	2.469	385.802	0.002
5	SSQ	200.000	31250.000	0.125
6	MCSSQ	22.222	3472.222	0.014
7	Euc Norm	14.142	176.777	0.354
8	Minimum	1.000	12.500	0.025
9	Maximum	6.000	75.000	0.150

Network Centralization = 25.00%
Heterogeneity = 12.50%. Normalized = 1.56%

数据来源：根据软件 Ucinet6.0 计算所得。

密度值为 0.1429，企业与科研机构的联系还需进一步地加强，如进一步构建建立在诚信机制上的技术研发联盟，提升交流频次。而企业间的连接网络和综合连接网络的集聚系数分别为 0.767 和 0.535，表明网络结构连接渠道具有较好的联通性和传递性。企业间的联结网络和综合联结网络的中心性系数分别为 0.2667 和 0.25，也表明 LED 产业集群技术创新网络中的中心位置企业比较少。从调研和访谈中获悉，该集群网络中的龙头企业主要集中于联创光电，晶能光电和欣磊光电，其他企业主要是通过与这三个主导企业的联系来获得新技术和新产品。加入科研机构后，节点的异质性反而从 15.05% 下降为 12.50%，这说明网络链接方式与关系分布没有充分发挥作用，没能促进网络内异质性知识的沟通交流。此外，网络的中心度也出现了一定比例的下降。这表明网络中的网络节点从其他节点获取的信息、知识、技术等创新资源较少。同时，最小值也从原先的3下降到1，说明企业间网络中处于边缘企业从集群内其他的节点处获得的支持较少，或是与网络中心位置的企业联系路径较少。这些边缘企业大多是需要创新的企业，需要从科研机构引进更多的人才，需要政府的牵线搭桥和相关优惠政策的支持。

网络结构效率重要衡量指标主要为平均最短路径指标和结构洞指标。前者是测量网络中所有节点之间最短路径长度的平均值的指标，它是优化网络结构路径的有效指标。网络理论认为一个有效率的网络主要表现为网络中的节点可以通过最短的路径长度获得网络中的创新资源，这时的网络连接就是非冗余连接。网络结构洞则用来衡量两个关系人之间的非重复关系，它能够较好地避免关系冗余现象。如图2-10所示，网络中有H、J、K、M、N这五个节点，节点H、J、K三个节点间的连接是半开的三角形，H分别和J、K联系，而J、K两者互不联系，此时H的位置就成为结构洞位置。处于结构洞位置的H与J、K之间的关系是非重复的。而图2-10中H、M、N这三个节点构建成一个封闭的三角形。其中HN和HMN是不同路径的同一联系效果，它们之间存在关系的重复，同样HM和HNM也是如此。这时H所在的位置就不是结构洞位置，而是关系冗余点。

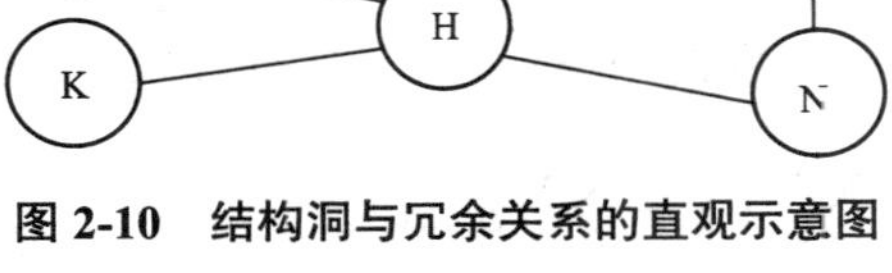

图2-10 结构洞与冗余关系的直观示意图

从计算结果来看，企业间联结网络与综合联结网络的平均最短路径长度分别为 1.333 和 1.568，这两个数值都处于较好的水平。对比这两个数值，加入科研机构和政府后的综合网络的平均最短路径明显比企业间连接网络的最短路径要长，这表明该 LED 产业集群内企业间的知识、信息等创新资源在网络内的传递效率较好，资源的失真比率较小。从表 2-5 中的最短路径长度上可以看出，加入科研机构与政府后，网络整体的最短路径长度值由 2 个变为了 3 个，这说明企业间与科研机构、政府间的联系间存在着创新资源传递路径变长，信息传递时效性变得滞后，不利于网络中创新活动的适时开展。

表 2-5 最短路径分布情况表

网络	最短路径长度	最短路径数目	百分比	平均最短路径长度
企业间联结网络	1	28	66.7%	1.333
	2	14	33.3%	
综合联结网络	1	44	61.1%	1.568
	2	25	34.7%	
	3	3	4.2%	

数据来源：根据软件 Ucinet6.0 计算所得。

通常情况下，结构洞指数多采用 Burt 的有效规模（Effective size）、效率（Efficiency）、限制度（Constraint）、等级度（Hierarch）四个指标加以衡量。现设网络节点 i，其有效规模的计算公式如下：

$$\sum_j \left(1 - \sum_q p_{iq} m_{iq}\right) \qquad q \neq i,\ j$$

其中，j 指与行动之 i 的所有相连点，q 是除了 i 或 j 之外的每个第三者。$p_{iq}\,m_{iq}$ 表示在行动者 i 与其他节点 j 之间的冗余度。其中 m_{iq} 表示 j 到 q 的关系的边际强度，它等于 j 到 q 的关系取值除以 j 到其他点关系中的最大值。

据此，表 2-6 计算了该网络的四种结构洞值，表中的 Dyadic Constraint 表示的是行动者受到其所在网络中其他成员的限制程度，一般值越大，表明所在列的行动者对该值所在行动者的限制力越大。对比表中的数值我们发现，E1，E2，E3 对网络中其他企业的限制力比其他企业的要大。这说明 E1，E2，E3 在网络中具有较大的影响力，有效规模值分别为 3.316，3.333，2.611，相比网络内的其他

表 2-6　某 LED 产业集群 7 家主要企业的结构洞分析情况

Dyadic Constraint

	E1	E2	E3	E4	E5	E6	E7
E1	0.00	0.19	0.11	0.07	0.05	0.08	0.04
E2	0.16	0.00	0.11	0.06	0.05	0.07	0.06
E3	0.17	0.20	0.00	0.04	0.04	0.06	0.09
E4	0.28	0.28	0.13	0.00	0.00	0.13	0.00
E5	0.38	0.38	0.22	0.00	0.00	0.00	0.00
E6	0.20	0.23	0.11	0.08	0.00	0.00	0.07
E7	0.16	0.28	0.24	0.00	0.00	0.12	0.00

Structural Hole Measures

	Degree	EffSize	Efficie	Constra	Hierarc	Ego Bet
E1	6.000	3.136	0.523	0.537	0.083	5.500
E2	6.000	3.333	0.556	0.511	0.057	6.667
E3	6.000	2.611	0.435	0.594	0.112	1.167
E4	4.000	1.167	0.292	0.818	0.048	0.000
E5	3.000	1.000	0.333	0.970	0.026	0.000
E6	5.000	1.643	0.329	0.696	0.068	0.667
E7	4.000	1.250	0.312	0.805	0.038	0.000

数据来源：根据软件 Ucinet6.0 计算所得。

企业节点来讲，这三个节点的值相对较大。一般有效规模数值越大，表示该点在网络中的行动越自由，受限制越低。这也表明 E1，E2，E3 代表的三家企业在集群网络中处于较好的结构位置，拥有结构洞优势。

根据网络结构测量指标值统计结果显示，该 LED 产业集群网络的网络密度和聚集系数较高，整体网络关系还是比较紧密，网络连通性和传递性较强。但是企业与科研机构的网络密度就相对较小，企业与科研结构的联系还是比较稀疏，不够紧密。网络中心性值还是较小，主要还是依靠联创光电和晶能光电为主要核心点，网络中其他节点从中心性企业中获得的知识、技术、信息等创新资源还是比较少，网络带动性不是很强。随后的最小路径长度也充分反映了该 LED 产业集群在技术创新网络的发展中，企业与科研机构的联系不是很密切，网络内企业没能充分地利用好科研机构带来的网络利益。应该说，该 LED 产业集群网络在企业间网络效应较为明显，而整体的网络发展还存在一些问题，没能充分利用网络化优势。

第3章　企业间知识网络的系统属性

3.1　知识网络系统的动态演化建模分析

什么样的网络对企业优势和创新绩效是最有效的问题学术界各执一词。有的学者认为，根植深的关系网络有利于企业获得外部核心资源，也有的认为，强关联网络对企业意味着更多的束缚（constraints），而结构洞间的弱桥链接却是企业增进新的竞争优势的关键，为此，企业必须脱离其高密度网络才能获得更有效的发展多样性信息源（Burt，1997）。之所以有这样相反的结论，是因为学界总把企业网络看作静态的。然而，伴随企业的成长，企业所需资源也会变迁，因此，企业所需资源动态性决定了企业构建的网络也必然动态演化，针对知识网络的研究也应向演化视角转变。然而，企业的知识网络是不断演进的，通过相关企业间的互动产生，联系在互动中不断扩展、重建。因此，随着知识网络的形成与扩展，网络中的主体、联系的方式与强弱也在不断变化。为此，对知识网络的研究，也从静态分析转变为知识网络演化的研究和分析上。

Beckmann（1995）最早对个体间知识合作生产行为作了静态经济分析。比如，他依 Cobb-Douglas 生产函数的形式构建了知识生产

函数 $Q = b_{ij} Y_{ij}^{\beta} X_{ji}^{\alpha}$，其中 Y 和 Z 分别代表知识主体投入到合作中的努力和时间，i 和 j 分别代表两个不同的个体。这个模型是相对静态地看待知识网络的合作学习行为以及知识生产效果，并没有将现实中的知识网络动力演化行为融入其分析中。

对知识网络演化方面的研究，主要集中在情报学领域。国内较早对知识网络进行研究的是中国科学院学者王铮教授，王铮等（2001）分别在《知识网络动态与政策控制（Ⅰ）——模型的建立》和《知识网络动态与政策控制（Ⅱ）——中国国家创新体系调控模拟》系列论文中指出，知识生产个体在社会上呈状分布，当知识在个体（即节点）间转移时，在物理形态上就形成了知识网络。这两篇文献从宏观视角对知识网络复杂性做了模型构建，提出神经网络逼近知识网络结构，从而展开了知识网络的动力学模型建构和动态行为分析，描述了科学知识网络节点状态的演化规律。比如，当知识网络是封闭状态时，知识网络的节点状态是前一期网络所有节点与其权值乘积之和经过活跃函数 Φ 的作用的结果。而当受到非节点自身知识获取因素外，外部环境的其他刺激 $\theta(t)$，如市场需求转变、新行业衍生、创新工程项目等，知识网络呈现其开放的特性时，知识网络节点状态不仅受到节点间的交互作用的影响，还受到来自网外因素的制约和影响，从而知识网络的演化机制也必然发生变迁，用公式（1）表示。

$$x_i(t+1) = \Phi\left(\sum_{i=1} \omega_{ij} x_j(t)\right) + \theta(t),\ i \in [1, \cdots, n] \qquad (1)$$

（1）中的 ω_{ij} 反映的是加在网络间联系的强度，即网络节点间相互作用的强度。其作用就是改变节点的状态，促使节点演化。从网络动力学来看，Pyka（1997）指出，在形式网络中，网络节点的转化遵循马尔代夫性，满足如公式（2）的指数变迁的特性，即网络节点状态变化率 p 是网络状态 X 的函数，其中 β，α 都是参数。

$$p = \alpha e^{\beta X} \tag{2}$$

遵循知识网络节点间相互作用强度的一般形式，王铮等（2001）提出了网络节点间相互作用强度 ω_{ij} 的表达公式（3），即

$$\omega_{ij} = \alpha_i e^{\beta_i (x_j - x_i)} \qquad j = 1, \cdots, i \tag{3}$$

α_i 表示节点 i 的知识生产能力的相对大小，β_i 则表示节点间作用力的大小，这两个参数都是规模参数，$x_j - x_i$ 表示两个节点间的广义距离，即两个节点知识生产能力差距。当知识网络受到外部环境的刺激而展示其开放性和动态性时，有（1）和（3）式，王铮等（2001）提出了表现高度非线性的知识网络动态演化规律的公式（4）：

$$x_i(t+1) = \alpha_i(t) \sum_{i=1} e^{\beta_i(t)(x_j(t) - x_i(t))} x_j(t) + \theta(t), \quad i \in [1, \cdots, n] \tag{4}$$

在王铮等（2001）模型建构的基础上，王露、王铮等（2002）从宏观视角，用最优化算法估计了中国学术界知识网络的 $\alpha_i(t)$ 和 β_i，参数，对全国科研教学知识网络最优投资政策作了模拟分析，针对 $\theta(t)$ 变量，提出了8种国家知识网络投资方式，进而研究确定国家创新体系构建中的国家对知识网络的最优投资政策的方法。

知识网络演化方面的研究突破传统的情报学视野，开始向更多维的学科视角发展。比如，西方演化经济地理学界开始涉足知识网络演化研究，他们从地理学角度探索知识网络空间结构及其演化。Glueckler 曾尝试运用达尔文进化论分析知识网络的空间演变规律，试图揭示知识网络结构变化与地理空间相互作用的动力机制。通过对知识网络的解析探讨知识流动空间过程产生的机制和发展的趋势，成为经济地理学的一个新的研究方向。网络结构能对其中的行为主体和区域产生影响，而且行为主体和区域在网络结构中的位置在一定程度上决定了它吸收和创造知识的能力。汪涛等（2011）以重庆维普期刊全文数据库中 2000—2009 年发表于生物技术领域的合著论文作者信息统计数据为数据源，从省级层面运用 Ucinet 和 ArcGIS 软件，实证探讨知识网络的空间结构特征及其演化规律，发现 2000—2009 年间，我国生物技术知识网络出现由等级式向扁平式转变的趋势，即网络节点的拓扑结构从萌芽阶段的一极少核，过渡到扩张阶段的一极多核，再向成熟阶段的多核心模式转变。知识交流的密集区在空间上相应地经历了由分散到集中到再分散的演化过程。

刘向、马费成等（2011）从结构的不均匀性、小世界特征和微观结构三个方面归纳了知识网络的拓扑结构研究，从不均匀结构的生成机理、小世界结构的形成过程及演化模型归纳，分析了知识网络的演化问题在研究文献知识引证网络结构的测度方法及其结构的动态演化，发现科学文献引证网络知识节点连接分布存在极大不均匀性，即“马太效应”（Matthew Effect）比较明显，且知识网络中节点的关联性符合短平均路径长度和高聚类系数的小世界特征，知识网络遵循知识的小世界分布原理。

应该说，在知识网络演化研究领域，学者们作了许多突破性的研究，然而，目前针对知识网络动态演化的研究更多是基于对无向知识网络的研究，较少考虑网络中边的方向性和加权特征。现实中，以一家企业为中心的知识网络往往是有向的，各节点间关系所赋的权重也有所差异，且节点包含状态属性，并且节点的状态和网络都是动态演化的，动态知识网络（Dynamic network）能更贴近知识网络发展实际，是今后该领域研究需要重点关注的课题之一。

3.2　知识网络系统的因子分解及其演化

在互联网经济时代，技术知识的存在形态和研发创新模式不断更新，企业间日益形成了用以支持新产品或新流程产生和发展的复杂交错关联结构，这种网络化创新模式是企业群体协同参与新产品的形成、开发、生产和销售过程，共同参与创新的开发与扩散的不可或缺的载体，甚至成为促进系统性创新的一种基本制度安排（Freeman，1991）。对于系统型技术创新，这种灵活动态的网络组织形式可以在资源配置与整合、内外环境变化响应、技术创新路径选择等方面展现出优于传统企业联盟模式的竞争优势。因此，越来越多的企业通过开放自身创新过程获得利益，比如，联想与Intel、OpenStack、SAP、VMware等这样的行业强者开展合作，在这样的合作网络内，他们有着共同的市场认知和价值取向地位平等，共同打造一个开放、扁平化的研发网络，即一个活跃的以响应用户需求为中心的“Open+ 联盟”。

技术创新网络涵盖从技术创新成果研发到市场推广的全链条流程，是一个复杂的动力系统，过程繁琐，需要融合多种过程创新才能实现整体网络效率提升。网络化创新加速了创新实现的进程，也推动了系统内因素、子系统的整合、交互与加速更迭。一定意义上来说，这种创新模式也成为复杂创新过程的管理手段（Tobias Buchmann et al.，2014）。在动态演化过程中，开放式创新模式内生风险以及演化进程中的动态风险也始终存在。我们以系统动力学为理论基点，分解动态技术创新网络节点和链接系统内在变动趋势，探求技术创新网络动态演化的规律和过程特征，这对高效动态技术创新网络治理理论和实践均有现实意义。

有关技术创新网络演进的研究是自有关创新网络内涵研究后的又一新兴学术领域，研究方兴未艾。张永安、付韬（2010）通过描述产业集群演进中基于焦点企业变化引起的与外围企业关系变化的阶段特征构造创新网络演进的理论模型。喻科（2010）以成员间的资源互补协调过程为出发点，探讨产学研合作创新网络沿着磨合期、协调期、规范期、发展期这一路径不断演化。刘晓燕、阮平南（2013）提出，技术创新网络往往沿着网络结构创生、扩张、稳定、衰退这几个阶段演进，最终以由合作创新而兴到网络管理不善而败的路径循环演化。孙冰、姚洪涛（2014）认为，创新网络演化是众多网络成员企业为适应不确定环境变化，而进行战略调整的涌现过程，对应面临的沙克尔环境、奈特环境、风险环境和确定环境，创新网络则经历形成、成长、成熟和衰退四阶段。胡俊峰、李恒毅、岳意定（2014）认为，技术扩散存在完全突破型、市场突破型、技术突破型三种不同类型，这些阶段的不断变迁呈现了创新网络的不同生存状态。Tong ming（2010）研究创新网络演化具有自组织性，经历孵化期、成长期、成熟期这三个阶段，通过自身网络实力的提高与完善，吸引其他成员不断加入合作的过程。Sharon Purchase 等人（2014）研究一系列资源约束的改变对创新网络发展轨迹产生的影响，将创新网络变化的轨迹划分为脆弱的创新网络、稳定的创新网络以及出色的创新网络。

还有大量文献对特定行业的创新网络演化展开案例研究，分析其具体的演化特征。王飞（2012）研究发现，在合作创新和集体学习两个维度的作用下，生物医药创新网络结构得以形成与拓展，而随着地理空间开放度和合作扁平度的变动，它也呈现出从企业内部创新网络、本地化创新网络向全球化创新网络过渡的阶段性变化特征。Amit Karna 等人（2011）研究了印度班加罗尔的信息技术集群创新网络在地理和组织距离层面的演化阶段。吕国庆等（2014）研究东营市石油装备制造业集群创新网络形成、结构特征和演化轨迹，研究发现，创新网络演化可以分为初始、裂变、集聚和重组四个阶段，而地理、关系、认知三方面邻近性是促使产业集群创新网络演化的主要路径影响因素。陈晓峰（2014）对江苏 39 个共建产业园区创新网络演进加以探讨，发现随着产业转移，共建产业园区内中小企业集群创新网络是以转移企业为核心节点所形成的复杂连接，并逐步促使网络经历萌芽期、成长期、巩固期与互动期4个阶段的演化成长路径。刘晓燕、邓颖（2014）则运用社会网络研究法，以集成电路专利合作网络演化为例，随着节点合作关系的变化，创新网络经历了创生阶段、扩张阶段、稳定阶段及衰退阶段。

可以看出，近年来有关技术创新网络演化研究的文献，主要结合产业转移理论、生命周期理论、战略管理理论等理论视角，以案例研究和社会网络分析法为主展开论述。目前仍然缺乏从系统动力学视角对这一主题的研究。基于此，笔者首先对技术创新网络系统加以因子分解，从其节点系统和节点间关系系统等子系统入手，再到整体网络演进分别加以研究，这对弥补以上提到的现有文献研究不足有着重要的研究价值和意义。

3.2.1 知识网络系统因子及其演化

知识网络是由网络节点和网络节点间的关联关系交互而成的空间网络布局。为了更好地呈现其动态演化过程，我们首先对技术创新网络系统予以分解，并分别对其特性加以论述。技术创新网络系统是由网络节点系统和网络关联系统两个层面的子系统按照一定的空间架构形成的动态系统，其中节点系统具有网络元节点和微节点的二维性特征。而连接这些节点的关联关系也构成一个反馈系统。对技术创新网络被解构后的子系统分析是由点到面分析技术创新网络系统性演化的前提。从节点与联结两个维度看，李维安（2007）提到，网络组织具有五个基本属性。（1）节点活性与层次性。所谓活性节点，指的是具有自主决策力、行动力的基本单元。就节点的层次性而言，指的是节点可以处于哪个层次，即节点分布层次跨度从个人到团队、部门、组织、地区、产业、国家，甚至全球。（2）相互依赖性。这种依赖性是由于网络成员基于自身需要和共同认可的集体目的而相互之间产生多重联结的必要条件。如果离开了相互依赖性，就没有必要产生节点之间的联结，也就没有必要称其为网络。（3）联结多元性。知识网络构成系统的实体之间的联结及其模式决定了系统的表现。因此，对于系统，关注的焦点应该是各种联结，并从整体上对其进行研究（Sherwood，2002；Jackson，2003）。（4）网络组织的运行是一个持续互动的、涌现的复杂过程。（5）中间性。网络组织的中间性不仅体现它是一种介于市场与公司之间的中间组织，而且体现在由此而衍生的中等强度的动机、命令控制、自治以及协调（Williamson，1991），它是一种基于自身目的和需要，在明确约定或默认的规则、机制以及不完备契约等条件下形成的一种行为主体间的社会互动系统。

1. 知识节点系统及其演化

知识网络是技术创新网络解耦后的重要组成部分之一，主要是由知识元或技术元为节点因素构成的网络。知识元是一种相对独立的知识单元，其本身也是知识。技术元是人们在认识和改造周围环境过程中所获得的处理、使用和制造有用物品的技能和知识，是更高级的知识。在这个意义上说，技术创新网络也可称为知识网络。知识元乃至技术元，存在差异性和互补性，网络中各个节点的技术和知识的积累、获取、分享等行为都有其内在和外在动力，它们会按着一定的网络规则空间演进。网络中各节点的技术和知识必然在技术创新网络中，技术、知识的强耦合，增进围绕核心创新目标技术契合度的同时，又形成了网络中节点的技术合作默契。网络知识节点的演进是知识增殖繁衍由简单形式向复杂形式演化的必然过程。

从横截面看，网络环境下知识节点的演化在时间和空间上都有了不同于单个企业组织或企业集群中知识演化的属性：知识元在网络系统中创新而入、淘汰而出。知识网络中知识元的量变和质变过程类似于生物繁衍的过程，见图3-1。创新平台与网络知识共享库就像是一个知识元菌的繁殖基地，也是一个知识熔池，在企业网络能力的作用下，基础知识元菌通过创新平台和知识库的发酵，经历实践环节，会给创新网络中的其他知识元节点冲击，其他网络内外知识节点传播与交互反馈会创造新的知识元菌，实现知识元的螺旋式增长。从系统整体的纵向来看知识网络系统中知识元节点的演化，知识节点是依附于企业节点而存在的，而企业的知识和技术是在不

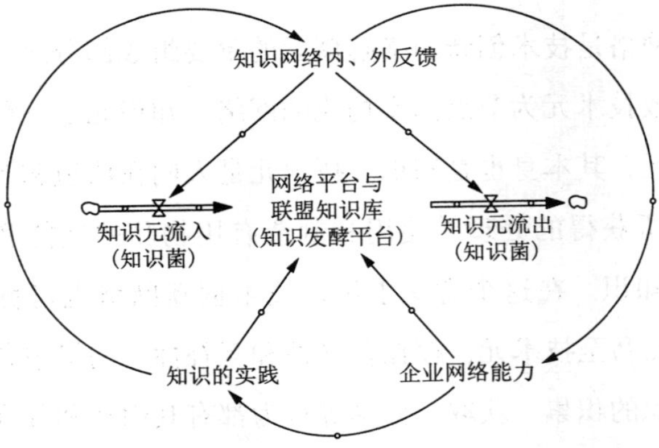

图3-1 知识元类生物演化系统流程图

断的内外交流和实践中产生和积累起来的。创新网络中知识、技术元的发展和知识网络的演化显然是网络环境下内外互动交流的结果，网络中的各节点的技术和知识通过交流不断呈现出循环提升的效果，整个知识网络在众多节点量变基础上的质变演化，体现了创新网络知识与技术存量和质量的螺旋式升级过程。

2. 节点企业能力因子及其演化

作为高一层次的节点系统，企业节点本身就是一个知识融合体。企业节点的演化主要表现为节点企业能力集的演化，主要包括企业基础知识研发能力、企业的知识运用能力、企业知识吸收能力以及企业的知识产权运用能力等。企业的这些网络能力承载着知识元节点系统的内外部循环，从而促进技术和知识在网络内企业节点间聚合、扩散，其协同流程可见图3-2。

企业各种能力的提升是知识元或技术元演化的表现形式，知识元或技术元的演化系统包含在企业节点演化的微观系统中。企业能力是知识元和技术元的集合组合后的交融形态，这种能力可以促使企业在各个方面应用环节中，不断调整复杂知识或技术的结构，而技术元或知识元结构的升级又进一步推动企业能力的升级。因此，在知识网络内外竞争压力下，基于知识元节点系统升级演进的企业能力系统是企业能力吸收和置换的转化阀，促进企业网络能力的更替与交换。能力的本质是知识，创新网络中企业能力的演化就是企业包含的技术元和知识元的演化，它们的演化促成网络中的企业能力循序演进。企业能力变化的内推力则是企业内部更微观的技术与知识提升系统。

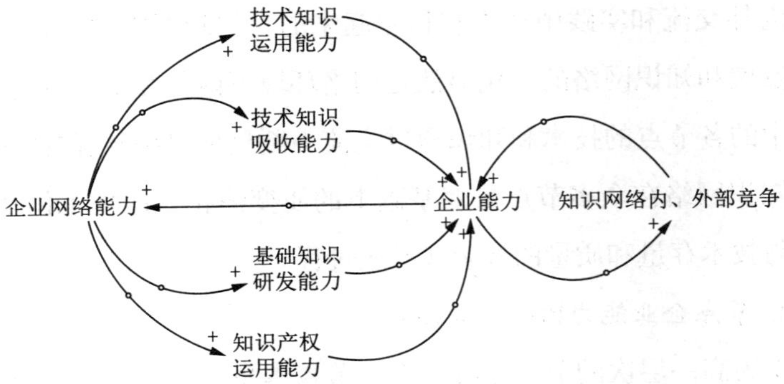

图 3-2　企业节点能力集协同图

从网络角度来看，知识网络解构后的知识元节点网络和企业节点网络分别在两个概念层面上共同构成并推进创新网络的演化，这两个层面的节点演化又通过节点间链接系统共同推动了网络演进。在创新网络节点间关联的演化中企业扮演着直观节点变化的角色，而知识元则是直观变化后的潜在因素。包含知识元的企业节点演化既会因为知识元网络的变化而产生变化，也会因为企业网络本身合作变化而改变知识元节点的演化。企业节点和知识元节点共同交互作用影响下的节点间的演化也必将推动节点间链接系统演进。

3. 网络关联因子及其演进

节点间的链接使得原本单独散落的小网络或各孤立的节点结成一个新的整体。但这样的联合必然不完全是恒定的，随着创新网络的整体演化节点间的关联和它们组成的局部网络必然会发生一系列的变化。节点间关联的演化在网络系统中是一个循环，节点间关联的改变从整体网络来说就是网络关联的变化。节点间链接是知识网络构网的主要方式，也是企业合作网络影响节点发展的重要方式。节点链接的形式和规模是技术创新网络演化的决定因素之一。创新网络动态复杂的演化过程正是基于知识网络中节点间关系始终处在动态交错的耦合变迁中。创新网络中的节点链接关系主要包含：

- 节点间的强弱关联，它反映节点间关联的密切程度；
- 节点链接关系的产生与中止，它反映创新网络节点关联关系的动态性；
- 节点链接的关联方向，它反映了创新网络的核心凝聚度。

具体演化路径如下：

➢ **网络关联的强弱演进**

节点链式关联推动着节点间链接的演化，也使整体网络的演化变得更具不确定性和多样性。节点间强弱关联的变化促使整体创新网络的演化，而强弱关联下的节点地位的变迁也成为关联演进中最常见的形式。图 3-3 中（1）—（3）反映了这一变迁内容，图中实线为节点间强联系，虚线为节点间弱联系。

（1）是知识网络的早期形态节点间关联图示，此时还未真正意义上形成有效率的网络，节点间耦合不强，所有节点加入和试探自身在网络中的适应能力和需求满足等磨合阶段内容。

（2）是知识网络节点间关联的成型状态，此时，知识网络中主体节点逐步体现，节点间的关联强度也围绕主体节点发生变化，强弱关系的演变凸显了主体节点的结构洞优势。

（3）是知识网络中节点间关联的稳定状态，此时，网络形成几个主体节点，它们通过深度的技术融合和知识耦合成为了知识网络中最核心网络。它们之间的关联关系几乎都由弱关联变更为强关联。网络失去了结构洞优势，失去了弱关联能带来新知识和技术的信息优势。

（1）早期形态　（2）中期（成型）形态　（3）后期（稳定）形态

图 3-3　知识网络关联强度演进形态

➢ **网络关联的增删演化**

节点链接关系的产生与中止，它反映创新网络节点关联关系的动态性。随着两层次节点系统的演进，以及网络发展的不同阶段的变迁，关联关系会经历从无到有、从有到无的演进轨迹。

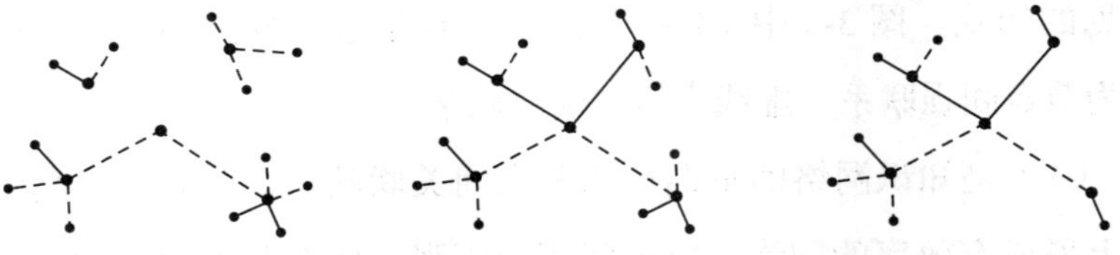

（1）组网阶段　（2）成熟阶段　（3）变革阶段

图 3-4　知识网络关联增删演变

图 3-4 中，（1）组网阶段，此时的网络集中度和密度不高，各个子网络大多处于弱联系或无主要联系状态。组网阶段的创新网络即使是正式节点间关联也没能完全建立，各个节点或原来已是小团体的网络逐渐寻求组成新网络，此时网络关联性并不明显，节点间

关联大多处于自己原来的子网络中，既存在节点间对内的弱关联，也存在网络间对外弱关联。

（2）成熟阶段，该阶段初步建构的网络关系在经历了一段时间磨合后，网络密度和集中度加强，子网络通过磨合建构了完整的知识网络，关联关系既包含弱联系也包含强联系，网络关联此时达到一个较强的水平并形成密集网状，但并非原来子网络中所有的节点都参与了创新网络中的活动，一些节点未参与，同样，有些子网络也会在创新网络演化过程中被淘汰和更新。创新网络中一些原来非正式加入的节点成为了正式节点，一些节点退出，一些节点加入，但几个主要节点将始终保持强关系和密集网状直至可能的衰退的到来。

（3）变革阶段，此时的网络集中度比成熟阶段低，关键节点在最后阶段仍然基本保持密集联系，但显然，一部分子网络和节点从创新网络中消失，网络关联度介于组网阶段和成熟阶段之间的一种相对稳态的网络结构，创新网络整体演化中，网络关联和关键节点关联的变革是通常会维持原有知识网络主要节点的稳定，变革的重点应放在关联关系的优化上。

网络关联的删减是网络局部变化的展现，在组网阶段，网络由原来的零散节点和小网络通过几个节点联系到一起。成熟阶段，网络内节点间链接变得极为丰富，一系列的合作实验性开展。变革阶段，网络节点间主要链接基本形成，通过原先的节点间的不断磨合，一个完整的网络形成，在下一次重大的突破性巨变之前，网络关联将会以围绕主体网络结构的外围变化为主，这也是网络关联增删中方向性的体现之一。创新网络中网络关联的变化主要是由三个事件的发生推动的。首先是企业间合作意愿，企业间在前期的商谈中互相了解各自的情况和要求，从而确定合作意向，进而建立联系，形成创新网络中的正式或非正式关联关系，但合作意愿终止，网络或节点关联也自然会终止。其次是企业能力演进，随着节点企业或子网络的企业群的企业能力的提升，网络关联也会发生变化，企业节点或子网络会寻求在创新网络中的角色变化或合作领域拓展，企业间的关联随之可能有新一轮洗牌。最后是知识与技术流的变化，创新网络中随着创新项目和核心知识技术研发的变化，网络中的知识与技术流也会发生变化并影响到网络关联的变化，一些企业节点或子网络企业群在创新中把握时机从而成为创新网络演进过程中的核心之一。企业节点网络关联的增删和知识元节点网络关联的增删和网络关联强弱变化一样，尽管一些知识元已经伴随某些企业先前的加入对网络造成了一些影响，但是出于专利保护、行业秘密等的规则的存在，有理由相信知识元网络关联的增删和企业节点网络关联的增删拥有一样的模型，对于那些知识元残留的影响可以在演化中忽略。

➢ **网络关联的方向演进**

网络关联方向性变化较为明显的情况一般出现在知识网络演化的关键节点，通常强网络能力和高网络影响力是网络中节点选择集中建立联系方向的风向标，核心节点一般在网络中承担着这一角色。网络关联的演化方向在组网前期不稳定，整个网络中的几个主节点或次节点之间的方向对标合作不仅是网络稳定的关键，也是网络整体演化的根基。网络关联的演化前期，各个子网络内节点以及子网络间的非正式关系相较网络关联的演化后期多，因而网络关联演化前期的方向不稳定，而后期随着正式关系的增加，方向性整体上趋于统一。如图 3-5 所示，建网前期，零散的小网络和节点间没有固定的组网方向，图中箭头指向为网络关联方向，建网前期的关联方向有单方向的网络间合作关联，也有双方向的网络关联，这两种关联方向在组网前期都有一定代表性。网络关联产生的关系中也存在着弱关联和强关联两种关联状态。建网后期，各个子网络的内部关系逐渐成熟，其中心部分逐渐明显，网络中的小中心围绕着大中心节点进行组网，网络关联方向演化的一致性在此阶段较为显著，关联方向此时最具代表性的是单向且一致的网络关联方向（如图 3-5 中箭头所示），创新网络的聚集状态显著。而企业节点的网络关联方向很显然与知识元节点的网络关联方向一致，当某一个企业节点逐渐演变为核心节点或关键节点时，对应的网络中心性或网络关联方向偏差很小，这往往意味着一些节点企业拥有对网络中知识、技术乃至节点间关联方向的双重掌控力。

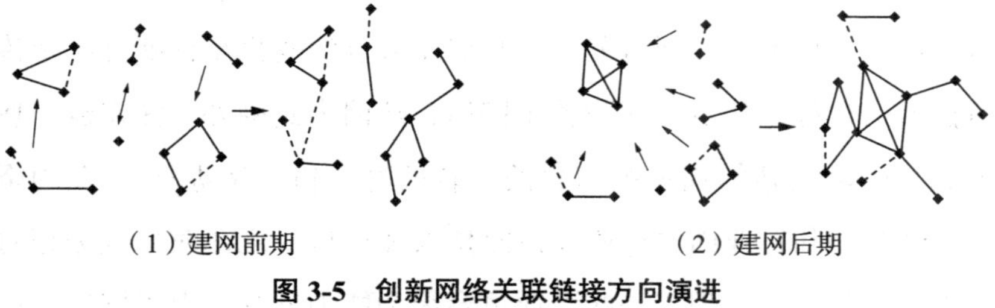

（1）建网前期　　　　（2）建网后期

图 3-5　创新网络关联链接方向演进

3.2.2　知识网络系统整体演化

在整个技术创新网络演化中，两层面的节点系统和节点关联系统遵循其自身的规律演进。知识网络演进是具有多元性、不确定性、涌现性等复杂特性的现象，系统动力学正是解决复杂性问题和不确定性问题的典型工具。自 1956 年被提出，系统动力学就被大量应用于社会科学研究中，它能够从系统整体角度出发，在系统内部寻找和研究相关影响因素，通过分析系统中的动态变化与因果关系，在非完备信息状态下求解复杂问题。

知识网络的节点由企业和知识构成，相互间通过资金链和知识链耦合。创新网络中各节点的相互影响是复杂的，其中任何一个节点出现了问题将不只影响与其直接相关的节点的发展，还会辐射整个网络。每个子系统的演化终将使整体网络系统沿着不确定轨道结构性进化。

如上论述，网络中节点主要由知识元和企业组成，而这两种不同类的节点在空间上又各自呈现出网状结构特征，我们绘制反映整体网络演进动力机制的系统流图，更直观地反映网络系统结构及其动态特征。图 3-6 中，在外部竞争与网络内知识势差的双重作用下，新知识、新技术流入网络节点，知识元节点的变化流程就是一个传播扩散的过程，从节点间到整个网络，从网内到网外。知识流、技术流是驱动复杂知识系统演化的“能量流”和“源动力”。在网络内、网络外和行业内、行业外按照技术知识自身规律演变成为相对平常普遍的技术知识，一些企业也会因为能力低落而退出网络，而新一轮的技术流、知识流、能力流以及节点关联流等则在系统中如同灌入系统的新鲜血液，不断循环。

按照节点企业在技术创新网络中参与合作方式的不同，我们把路径选择分为三种，“主导者”路径、“参与者”路径和“合作者”路径。选择“主导者”路径的企业是知识网络的组织者，对网络中的知识分配和应用、网络节点管理等创新网络运行中的内容和过程承担着管理和监督的责任，主导企业对创新网络的整体演化有主要的影响，“主导者”可以是技术上的主导，也可以是资本上的主导，其企业自身的企业能力演化往往决定着其他大多数节点企业能力演化走向，是创新网络中知识和技术的创造、吸收以及围绕创新网络目标的运筹者。选择“参与者”路径的企业在创新网络中大多扮演着诸如子创新计划的实施者、零配部件制造等配合整体创新网络推

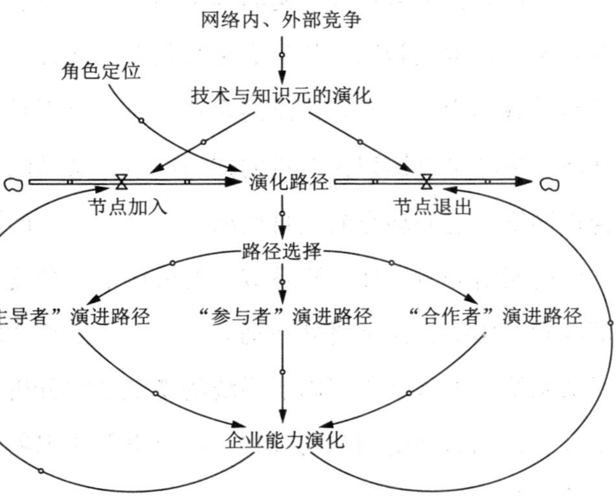

图 3-6　整体网络演进图

进演化的角色，它们是整体网络演化中不可缺少的技术流环节，还是具有较高可信任度的参与者，在创新网络中主要是知识和技术的吸收者和改造者，是配合整体创新网络目标实现的“助推器”。选择“合作者”路径的企业，是创新网络中地位仅次于网络组织者的参与企业或创新网络发起者，它们也是创新网络中对整体网络演进有着一定主导权的企业，是知识与技术的创造和吸收的主体，在有些创新网络中其地位与“主导者”路径的企业是一样的，也承担着整体创新网络中知识与技术交流的运筹管理。

在创新网络与网络外交流的活动中，这三种类型的创新网络参与者可以选择其中某一种角色定位介入。创新网络的演进路径遵循着技术与知识不断变化的规律，在路径选择问题上也保持着内在的一致性。

从微观处探索，网络系统结构的因子构成分为节点系统和节点间的关联系统。技术创新网络的节点系统具有二元性，它既是知识节点，又是承载知识、技术等信息的企业节点。也正是从这个角度上看，创新网络既是以知识为节点的知识网络，又是以企业为节点的技术合作网络，它的动态演进自然离不开这两个层面网络的结构分析。与任何网络分析一样，联系节点的链接本身会受到节点自身或者外部因素的影响，而始终处在动态变迁中，是整体网络系统演进中的反馈系统。本节基于三因子系统的微观透视分析，以系统动力流程整合整体创新网络的演化过程。这对重新认识创新网络具有一定的启发意义。

3.3 案例研究：知识网络延伸与浙江块状经济集群升级

2006年10月，商务部启动了我国服务外包“千百十”工程，鼓励我国服务外包行业在全国范围的聚集与业务整合，经过多年发展，作为在中国认证的11个服务外包产业发展基地中排名第一的大连高新区，已经成为大量服务外包行业中企业网络构建与知识黏合的核心，在大连高新产业集群转型升级和特色优势产业培育方面起着重要作用。而在这个过程中，大连高新技术产业聚集区中的创业中心不断孵化出一些新竞争体，比如2011年，经过创业中心孵化器出来的软件服务外包企业，占大连高新区软件和服务外包企业总数的49.8%。大连高新区是国内首个软件和服务外包千亿产业集群之一。

科技园已经成为培育我国新型产业集群的孵化器。大连软件产业集群创新发展不仅表现在它的创新能力和技术高端化发展的趋势，还凸显出其自我衍生能力的转变。这种集群升级的成功探索路径，使区域产业集群如何突破发展与演进，再次成为目前区域经济发展中很迫切的研究课题。

科技部副部长吴忠译在2010年中国区域经济年会上提出，“前沿技术领域群体突破，重大科技创新成果的涌现，研发创新尤其是原始性创新能力的提升成为产业突破发展和域际产业竞争的风向标，而所有这些发展趋势，既是产业集聚（群）发展背后的驱动因素，又是其发展的必然结果”。可见，它作为一种为创造竞争优势而形成的产业空间组织形式、产业集群所具有的群体竞争优势和集聚发展的规模效益是其他形式无法比拟的。然而，产业集群在发展演变过程中也可能变得孤立而内向，也可能出现格拉伯赫（1993）所提及的三种锁定状态①而使区域经济陷入衰退。针对提升区域产业集群竞争力的问题，国内外学者们基本从以下两个角度予以分析。

其一，基于全球专业化分工的价值链嵌入的集群演化。从专业化分工视角看待产业集群的演进，认为集群是一种特殊的经济系统，存在一个由量变积累到质变飞跃，由简单到复杂的动态演化过程。群内分工和专业化水平的不断上升，群内迂回市场链条的加长，集群会自发衍生出一些厂商到异地复制集群（汪斌、董赟，2005）。这也意味着，集群之间的竞争转化为区域经济间的竞争，资源追逐更有效的交易空间和交易效率，进而集群也就演化成与交易效率高低相对应的大中小集群构成的集群层级结构。而嵌入全球价值链体系更是传统产业集群演进的基本路径。全球产业价值链被碎片化分解后，其各个环节之间是有严格的价值等级体系的。占据不同价值环节的地方产业集群，也由此在全球形成了严格的空间等级体系（张辉，2005），因此，区域产业集群升级演进好坏一定程度上取决于集群在全球价值等级体系里能否占据高位。也就是说，以全球价值链分工为视角的升级路径表明，一个区域的竞争优势已经不再体现为

---

① 具体指功能性锁定（Funcfional Lock-ins）、认知锁定（Cognitive Lock-ins）和政治锁定（Political Lock-ins），即地方化的产业集群有可能被锁定到本地企业间的关系中，从而在功能上丧失活力；也有可能存在认知误区，而陷入周期性低迷的长期倾向；也有可能因为要保留区域产业集群乃至产业结构原有的制度组织，而影响到本地的内生潜力和创造力发挥的路径依赖。

某个特定产业或者特定产品，而是它的特定产业或产品以群体形态出现在该价值链的高环节或复杂工序的程度（文娉，2005）。

其二，基于社会网络嵌入的集群关系结构演进。通过社会网络关系的构筑，区域内企业获得了重要的关系资本，区域内关系纽带的协同作用和技术产品的交叉繁殖，促进区域集群演进。产业集群创新活动的效率在相当程度上决定于信息的广度与有效程度，而网络之于集群企业创新效率的意义就在于它是影响信息广度与有效程度的重要因素（林竞君，2004）。同时，集群的创新机制和绩效与产业集群的网络结构有着密切关联（黄中伟，2004）。这也意味着，集群网络结构的优化会促进集体联合创新高速化。而区域集群中正式或者非正式的网络关系的结构特征也会逐渐成为根植于一个区域的相对稳定的关系系统（胡宇辰，2005）。这个关系系统的结构优化会促使区域创新网络乃至国家创新网络的整体演进的“创新过程链”的形成和演化（马海涛等，2012）。在促使这种社会网络关系升级的过程中，区域内企业家联盟及其与内外企业家联盟的多元化网络关系的构建推动了集群向纵深方向演进（吕文栋、朱华晟，2005）。

研究表明，产业集群是由多个环节构成的竞争结构，不管是从全球产业链这一纵向价值链条来看，还是从区域嵌入的内部关系结构来看，集群演进的特征和根本在于价值利益分配，其网络化发展的发展模式决定了我们不能仅从单一价值链分析方法去思考，还要考虑促使基于“合作竞争”的集群竞争力提升的多项关联的产业技术网络延伸分析。

3.3.1　动态知识网络与区域产业集群竞争力提升

Johansson and Quigley（2004）称，“经济主体间网络的空间分散分布可能是对所有行为主体集聚一处的一种替代”，当一个区域还没有形成集聚效应时，可以采取构建知识网络的方式达到相同的知识创造效果。也就是说，知识网络可能在空间上还没有形成集聚气候的企业之间搭建。比如，Gordon and McCann’s（2000）就特别强调那些没有加入产业集聚区（或集群）的企业更应该致力于知识网络的构建，伦敦和英格兰的创新合作的空间分布状况与它们已构建的产业集群没有任何关联性，多维度知识网络的编织促成了区域创新平台的涌现。吴国林（2005）提出，区域创新平台构成最关键的是实现“相似产业所共享的研究开发、设计方法、工艺技术及关键制造技术等的整合”。对中观区域产业竞争力来说，知识网络的延伸就是将企业间、企业与其他机构间以及关联技术机构间的知识网络通过知识与业务流程相结合，以业务流程组织知识网络，这种制度安排和组织方式的变革能实现区域内产业内企业间、异质产业企业间以及区域间知识网络的再构建和知识链条的再黏合。

同时，我们也不能忽视，区域产业集群作为一种产业空间组织形式，其产业布局是根植于特定地域和社会网络关系，在创造聚集优势的同时，也易陷入知识“锁定”状态。

我们认为，产业集群持久的产业技术创新能力和优势的获取来自于不断变迁的知识网络链接形成的区域产业动态演化知识创新系统。知识网络关系的动态缠绕在区域产业集群竞争力提升的作用机制可见图 3-7。

图 3-7 中 α 表示产业集群的知识网络链接程度，T_i 表示区域产业技术升级潜力。曲线总体走势看，有两个拐点，将曲线分为三个区间，呈现“超 S 型”特征。横轴上的几个关键点 α_1、α_2、α_3（其中 α_3 小于 1）将知识网络分布划分为三个阶段：

[0，α_1]，为集群技术创新发展的第一阶段，此时，产业集群初步构建，网络的链接主体以行业内企业为主，知识类型差异化程度较低，链接的纽带除了企业间关系网络外，还有很大程度源自政府机构的行政推动，应该说，知识链接的层次和结构较为简单。然而，企业的自发或者政府推动作用的区域聚集使得同质知识体间知识转移和创造获得了初始的交流平台，导致即使是同质知识的聚集也同样带来极强的规模效应和创新效应，技术创新绩效明显，从曲线形状看，边际创新率表现为递增。

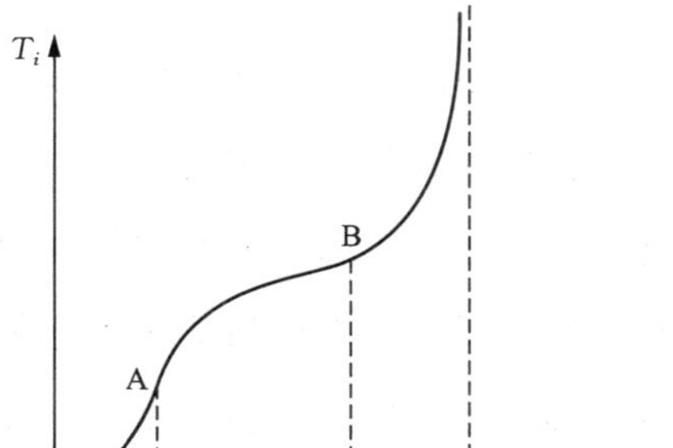

图 3-7　区域集群产业升级潜力与知识网络链接程度间的“超 S 型”关系模型

[α_1, α_2]，为集群技术创新发展的第二阶段，产业集群步入了成熟阶段，集群的规模效应发挥到最高，伴随产业集群的聚合力的提升，大量异质行业企业加入，群内网络链接主体也由单一的行业内企业演化为以行业内以及行业间企业间异质知识体为主，知识类型差异化程度逐渐提升，链接的纽带中政府推动力在减弱，而企业自发的技术突破和创新需求拉动动机占据主导地位，知识链接的层次和结构即由线性演化为多维关联，知识网络复杂化趋势增强。然而创新潜力也随着关系网络的域内根植性而变得增长乏力，甚至陷入锁定状态。从曲线形状看，边际创新率为递减。

[α_2, α_3]，为集群技术创新发展的第三阶段，产业集群步入了第三阶段，集群的创新潜力得到更充分的提升，产业集群突破传统的创新模式，群内企业构建的网络以知识网络为主，网络的形成源自区内产业技术集约化发展，参与产业集群合成创新的主体不仅仅是局部区域内的异质知识体，而且是包含产业内、产业间以及域内企业与域外知识体构建的多方位立体网络模式，合作组织形式也更为柔性化，知识网络的节点数目增多、节点质量增强、网络结构更柔性、层次更多元化。因此知识结构、网络层次以及差异化程度逐渐升级以及产业集群发展受到的外部冲击力逐步增强的同时，内部的聚合力也进一步提升，产业集群的发展在非均衡力量的作用下创新潜力被平稳地挖掘，突破了区域内创新能力锁定的掣肘，知识在更广泛的时间和空间上得到最优化的分布和重组，知识利用率提升很快，边际创新率递增，如图 3-7 所示。对应于点 α_3 的虚垂线是一条极限线，表明技术升级潜力可以无限接近它。知识网络连接程度小

于1是因为任何产业集群都不可能完全去除其区域根植性，从而保持其区域产业特征，保留其产业分布模式。

3.3.2　浙江块状经济体的知识网络延伸

作为区域产业集群的一种形式，块状经济体也反映出了该区域内产业集群及其产业分布在空间上具有分布不连续的特征，即经济变量在不同块状经济体之间间断和突变。依据知识和技术溢出遵循空间衰减规律（安虎森等，2010），块状经济体在初始阶段因为经济资源的空间积聚表现出来的规模经济、聚集经济和交易费用的节约效应被弱化，而创新能力的区位锁定效应占据上风，从而抑制了知识溢出的外部性效应功效。这意味着，块状经济体具有天然的非连续性和间断性特征，而且路径依赖，容易陷入区位黏性的发展模式，从而使产业技术创新陷入发展陷阱中，集群产业发展路径固化程度较高。

这种锁定风险在浙江省首批块状经济体中表现出来了，如台州医药产业集群，虽然大部分龙头企业都有自主研发中心，但研发大都注重产品产业化和工业改进研究，在新药创新研究方面较不足。同时，高端原料仍依赖从欧美日等国进口，生产产品主要以中低端为主。部分企业已经具备国际认可的生产制剂能力，但目前制剂产品仍然以国内市场为主，只有少数企业获得FDA国际注册认证的制剂生产资格。慈溪家电与义乌饰品产业集群内除两三家企业有创新能力之外，群内其他企业仍以简单模仿为主。集群企业创新能力的不足，导致了集群产品的严重低端化锁定，许多集群产业转型升级步伐缓慢。如绍兴纺织、萧山化纤产业集群很多企业拥有一流的技术设备，但缺乏与这些先进技术设备相配套的技术开发、应用、管理等软件设施，“一流设备、二流工艺、三流产品”的状况一度无法改变。义乌装饰品产业集群长期生产低端化产品，主要在于其技术创新能力不足，水钻的光泽度、硬度和切割技术等方面与世界一流品牌施华洛世奇相比存在明显劣势。浙江区域块状经济体内在的聚合力与外部非对称冲击力共同作用导致了块状经济体要想突破原有的发展软肋，必须寻求新的区域创新路径和突破口。

为挖掘其块状产业技术创新潜力，提升块状经济竞争力，浙江尝试构建多元化的知识网络，通过下列多种途径实现块状经济体知识网络结网路径的延伸，促进知识网络结构、层次、节点分布与质量的更新演化，以提升其导入新知识、新技术的工作效率。

1. 构建区块内产业技术联盟，增进域内知识网络间合作强度。基于共同的技术创新需求，浙江块状经济内部分企业联合建立合作研发实体，进行产业关键共性技术的研发，以集中更多创新资源攻克产业共性难题。有在既有企业自发形成的合作研发联盟，也有在政府推动下的技术联盟的大量涌现。2010 年，由企业主导成立了首批 15 个产业技术创新战略联盟（具体见表 3-1）。这些产业技术创新战略联盟将围绕其所在产业迫切需要解决的共性技术问题开展合作，大大提升了区块内知识体间知识网络合作强度，使区域产业创新能力得以快速发展。

表 3-1　2010 年浙江省 15 家产业技术创新战略联盟名录

名　　称	牵头单位	常设机构依托单位
浙江省电动汽车产业技术创新战略联盟	万向电动汽车有限公司	万向电动汽车有限公司
浙江省风电产业技术创新战略联盟	浙江运达风电股份有限公司	浙江运达风电股份有限公司
浙江省高性能产业用纺织材料技术创新战略联盟	浙江海利得新材料股份有限公司	浙江海宁经编生产力促进中心
浙江省低压电器产业技术创新战略联盟	浙江正泰电器股份有限公司	温州大学
浙江省氟材料产业技术创新战略联盟	巨化集团公司	巨化集团公司
浙江省纺织印染节能减排产业技术创新战略联盟	绍兴中纺院江南分院有限公司	绍兴中纺院江南分院有限公司
浙江省高分子产业技术创新战略联盟	华峰集团有限公司	瑞安市高分子材料研究院有限公司
浙江省制冷空调产业技术创新战略联盟	浙江盾安人工环境股份有限公司	浙江盾安人工环境股份有限公司
浙江省茶产业技术创新战略联盟	浙江省茶叶集团股份有限公司	浙江省茶叶集团股份有限公司
浙江省林木种苗与花卉产业技术创新战略联盟	浙江省花卉协会	浙江省花卉协会
浙江省瓜菜产业技术创新战略联盟	浙江勿忘农种业股份有限公司	浙江勿忘农种业科学研究院有限公司
浙江省船舶制造产业技术创新战略联盟	扬帆集团股份有限公司	浙江省海洋开发研究院
浙江省化学药制剂产业技术创新战略联盟	杭州华东医药集团有限公司	杭州华东医药集团有限公司
浙江省中药现代化产业技术创新战略联盟	正大青春宝药业有限公司	浙江省中药研究所有限公司
浙江省船用动力产业技术创新战略联盟	宁波中策动力机电集团有限公司	宁波中策动力机电集团有限公司

资料来源：由作者调研获得。

2. 引入高层次技术知识源，增加知识网络节点及节点知识质量与异质性

浙江省各区块产业集群内的企业通过柔性引进方式，聘请各自所需的高水平技术专家和国内外公认一流科研成果或一致认可的一流人才，带领企业内部研发人员从事高新技术产品的研究开发活动，与此同时，企业自身或者通过政府、社会中介组织等各种渠道找到适合本企业，且可以进行大规模生产的高新技术成果并将其进行量产。内外部高层次异质知识源的交叉融合大大增强了区块内企业间构建的知识网络对新技术、新知识的吸收能力和技术应用能力，使高新技术与企业资本迅速相结合，快速进入新能源、高端装备、生物制药等新兴高端产业和新兴产业市场。比如，浙江长兴蓄电池块状经济中的超威集团与清华大学、沈阳蓄电池研究所合作，建立了环保型蓄电池省级高新技术企业研究中心、省级博士后科研工作站，外部高层次知识源的引入使其在动力电池领域确立了行业技术领先地位，在风能、太阳能储能电池领域也取得了突破性进展，其新能源产品的各项技术指标和性能达到或超过世界同类产品。而义乌饰品块状经济龙头企业浙江新光饰品有限公司则分别与浙江大学材料化工学院联手组建"浙大材化新光研发中心"，与昆明理工大学组建"环保材料研究开发中心"，与云南省分析测试研究所合办"新材料饰品研究中心"，通过合作建立研发机构改变了其传统的发展模式。

3. 整合产业技术创新体系，提升产业知识平台。

熊彼特把产业创新看作是产业结构不断演化而突变的过程，是企业突破已有结构化的产业约束，改变现有产业结构或创造全新产

业的过程，是企业创新的最高层次。Rosenberg（1982）提出“知识平台”的概念，而产业创新的过程是一个产业技术“知识平台”相应提高的过程。浙江的网络化合作创新模式的涌现为其产业创新平台的提升提供了可鉴的路径，如台州医化块状经济以专业化研发体系为支撑、以国际合作带动开发的产业升级模式在海正药业和华海药业成功运行。海正药业建立了以国际市场为导向的立体型创新体系，创建了以国家级企业技术中心和博士后科研工作站为核心的自主创新平台，目前拥有 6 大研发部门、4 大研发中心、50 多个单元实验室，数年来年均 R&D（研发）投入占总销售额的 8% 以上。公司从国内“产学研”合作走向国际合作，联合日本、美国、意大利等发达国家的著名院校，建立了国际化的研发体系，逐渐从原料药的仿制和躲避工艺专利药的研发过渡到创新药的开发。

4. 寻求高层次项目合作，提升知识网络内链接黏合度。

通过引进外资高新项目，加强了区块经济体与外部技术应用项目的快速结合，尤其由政府或企业为主引进龙头型外资高新技术项目或企业，带动其他高新技术项目的落户，为当地企业提供示范带动效应。这样当地企业既可以借助有利条件向此类高新技术产品或技术发展，也可以为外资高新项目提供配套，从而提升当地产业集群内知识网络链接黏合度。如浙江平湖光机电块状经济的发展，由早期引入日本电产芝浦（浙江）有限公司，到后来的连带引入日本关东美辰电子株式会社和东京特殊电线株式会社相继投资，而外部高层次技术合作项目的引入，也促使国内其他区域的项目纷纷加入。

从浙江块状经济体产业创新发展的案例看，一方面，浙江区域企业家作为行为主体是区域产业集群创新发展不可忽视的重要力量，他们在对内对外寻求知识源的过程中发挥了黏合剂的作用，大多数的结网是以企业自发来进行的，企业家之间的关系网络联盟亦是浙江区域经济发展重要的社会资本，它是导致区域产业竞争势力强弱交替、并引发地区市场结构改变的关键要素。尤其不容忽视的是另一方面，即企业家群体在区域经济发展中，不仅要更专注他们之间基于社会网络的关系资本带来的区域竞争优势，还要发挥其在编织区域产业知识网络中的作用。

集群产业是企业网络化经济，因为，根植于特定区域的专业化分工后的集群中的企业，其行为往往深深嵌入到当地社会关系和初始制度环境中，而其独特的企业间网络关系就决定了一个区域产业集群的特质，使得网络锁定往往也成为了区域产业集群发展的潜在陷阱。因此，产业集群创新发展路径也就表现在如何优化集群企业所处的网络关系。

新知识、新技术的网络化链接把产业技术知识的生产方式由线性变为复杂动态的网络模式，其多方位资源交换的连接能形成具备多样化协作特性的知识网络，能创造、获取、整合多样化知识和技巧以创造复杂性技术的连接网络，降低了集群区域内创新产业诞生的“壁垒”。从这个意义上讲，产业创新过程就是新技术、新知识在特定的区域产业技术创新平台之上创造、产生、流动、应用的过程，集群企业知识网络构建路径的延伸是新产业衍生的催化剂。

区域产业技术创新平台构建是一项巨大的社会支出，其运行机制则是由政府政策支撑、多元资源投入推动的。因此，政府在区域产业集群竞争力提升中应从宏观角度制定区域倾向的产业发展政策。比如自 2009 年开始，我国政府相继推出的“辽宁沿海经济带发展规划”“长江三角洲区域发展规划”“京津冀都市圈发展规划”“成渝经济区发展规划”等一系列区域发展规划及政策性文件就是区域产业集群竞争力快速提升的一个强心剂。除此之外，在培育区域创新体系时，更应培育区域产业集群企业内在的创新发展能力，比如为群内企业延伸产业集群知识网络链接的触角，提供更好的孵化平台和政策鼓励，构建更广泛的产业技术创新平台，促使更多新兴的产业技术尤其是原创性技术的开发、应用和产业化。

我们总结区域产业集群竞争力提升路径的传统分析方法和思路的基础上，从知识黏合和知识网络搭建视角切入，构建了区域集群竞争力与知识网络链接程度之间的“超 S 型”关系模型，探讨了区域产业集群产业升级能力提升的知识网络构建一般路径，并案例分析了浙江块状经济体在突破地域“锁定”状况过程中对知识网络构建的各种尝试。研究对目前国内普遍存在的区域产业集群转型具有重要的启示意义。

第 4 章　知识网络风险演化与场景化案例研究

如第 2 章所述，我们不难发现，知识网络概念往往与企业竞争优势、企业技术创新、企业战略管理、企业知识管理等联系在一起。近年来针对知识网络的研究文献，似乎向学界提出了一个鲜明的观点，即知识网络与企业外部资源获取的结合，必将推动企业综合竞争优势的提升，是企业获取外部知识资源最为重要的途径。企业知识网络是促进企业提升技术创新能力的必备正能量。

然而，综观对其正面功用的研究文献，我们不得不思考企业间构建知识网络的发展路径与运行模式：是一味借快速构建知识网络之力，加速提升技术自身创新速率；还是慎重对待企业知识网络，毕竟以知识获取为标的构建的知识网络有可能潜伏着各种困境与风险。有关这方面的争论已然成为学界必然要关注的话题，即围绕着知识网络负面功效的困惑和质疑声始终存在。比如，Esteban et al.（2002）就提出这种矛盾观点：一方面，企业为应对外部和内部发展压力，应加速外部网络构建步伐；另一方面，网络组织过速发展，会引发时间压缩经济效应，网络化的组织应遵循循序渐进的发展模式。因此，企业在加速建设其外部知识网络的同时，必然也面对其潜在的不良效应，这是由企业知识网络依其自身构成特点决定的，比如，知识转移尤其是高新技术的研发所设计的高层次科技人员间隐性知识的高难度转移，更依赖基于高度信任的合作关系，然而信任需要时间推演逐步累积或由特定事件偶然促成，不能一蹴而就。因此，对知识网络负面效应乃至引发的风险倾向的关注似乎也成为技术创新网络研究中不可或缺的重要内容。学界和业界对企业间知识网络的正面功用方面的研究文献很多，对外构建基于知识关联的知识联盟，从而形成多个知识点交互作用的知识网络成为技术创新系统中受到关注的主流思想。因此，我们又不得不思考企业间构建知识网络面临什么风险的问题。

本章拟分五节，分别从静态视角和动态系统视角理论审视企业间知识网络的风险存在形式，并针对复杂技术网络化布局、专利联盟运行、媒介内容产业生产态势以及智能手机产业的专利竞合等四个应用场景，以专题案例分析的方式，透视企业间知识网络构建实践中的风险演化趋势与困境。

4.1　静态审视知识网络的风险

4.1.1　网络结构与网络风险

企业知识网络在形成的同时，也存在滋生危险与不确定性的可能性，由此产生的潜在负面影响，甚至成为导致企业知识网络衰退的风险。网络结构是人们之间及市场内部完全严格地相互勾连起来的体系（Burt，1992：p.6），结构中的行为主体间对资源获取机会的竞争受无处不在的社会关系自由选择支配，在此情形下，竞争是不完全的。与纯粹的完全竞争和支配性格局下的不完全竞争结构不同，竞争的不完全性是由于主体获得不对等竞争机会引致的，由此产生的风险则指的是鉴于行为主体缺乏对客观事物运行规律的认识或对所处关系结构未能掌握足够的信息而使该个体产生损失的可能性。Tichy（1998）在弗农“产品生命周期”理论基础上提出了集群的“结构性风险”，他认为“结构性风险”是源于集群不能随生产制造范式的变迁而迅速做出相应调整，以至于原有产业或产品簇出现永久性衰退乃至整个集群的没落。在前面的章节中，我们已经详细解读了企业间知识网络的含义和功能，对其结构属性和系统属性也做了较为系统的分析。从结构视角看，知识网络具有二元性，它既是知识节点经过多层多重多元链接建构起来的知识拓扑网络，也是企业节点建构起来的社会网络，这两种网络都具有结构性的特征，当它们以非对等、非均衡方式演化时，节点或链接关系上的变动可能引起网络出现结构性风险，本节梳理了三个层面的结构性风险。

1. 结构僵化风险

在知识网络成立之初，基于共享知识，共同创新的目的，企业间知识流动性加快，节点进退较为灵活，动态性强。然而，随着创新活动的深入进行，网络开放性开始逐渐变小，排他程度逐渐增加，随之而来的网络结构僵化问题日益凸显。Markusen（1996）曾指出，越成功的集群网络，越倾向于发展成一个封闭的系统，并逐步丧失市场应变能力，集群败落的潜在风险不断积聚，集群竞争力不断下降，直至消亡。结构僵化风险主要指的是由于知识网络自身结构的局限性所导致的组织僵化问题，其表现形式包括路径依赖，网络动态性不足，创新受阻等。路径依赖（Path-Dependence）类似于物理学中的惯性概念，由制度经济学家 North 提出，指人类社会中的技术演进或制度变迁一旦选择某一路径（无论是“好”还是“坏”），就会使初始选择产生自我强化机制，使选择这条路径的主体加强对它的依赖性。初始选择对于事物的发展方向具有决定性的作用，方向错误，如同南辕北辙，且容易陷入被锁定的无效率状态中。Grabber（2006）通过对德国鲁尔地区钢铁业集群的研究，发现网络的路径依赖会导致产业集群出现功能锁定、认知锁定和政治性锁定现象。与企业间知识网络初期阶段开放性相比，随着网络内强关联占绝主导地位，网络内知识交流逐渐成为网络关系互动的主要形式，网络连接的触角无法接触或较少机会接触到新的技术元或知识元，整体知识网络的创新活力受到抑制，造成过重的网络锁定现象。蔡宁等（2003）就从集群的网络属性出发，认为相互依赖的网络在集群形成阶段是力量的源泉，但由于环境动荡可能使产业集群僵化，失去弹性的源泉，集群中的企业与非集群中的竞争对手相比，对外界动荡的环境反应能力变得迟缓。源于网络的自闭性结构与关系演化的“路径依赖”会导致群体盲思。

此外，作为模块化的复杂知识组织系统，节点企业与节点技术（知识）往往通过复杂的分工，多模块重构的方式发生关联，这种知识创造和共享过程体现了知识网络的动态“work”属性，尤其当合作企业旨在进行复杂技术开发时，这种模块化关系在分解与对接、产权关系归属以及合作关系处理上都可能产生摩擦。孙国强等（2013）就从模块化网络组织角度入手，发现网络组织中模块化水平会对网络结构风险产生影响。模块化网络组织的复杂性体现在系统中的子模块的分解过程，过细的模块分工，使得各种成本费用持续上升，增加了各模块的协调成本，不利于创新。对于模块化建构的企业间知识网络而言，模块化分解应在合理的限度内，保证模块间结构的衔接连续性，规避结构僵化风险。

知识网络是模块化结构系统，以模块形式参与平台体系整体建构时，参与企业就可以发挥认知协同效应。基于信息传播规律，拥有不同组织记忆存储水平的企业自身知识更新以及企业间信息交流与合作几率降低，就会增加企业思维定式和单循环学习模式形成的可能性（Berthon et al. 2001）。对于结构化的知识网络组织来讲，这种组织知识通常以"集体知识"（Collective Memory）的方式呈现出来。如同企业的组织记忆通过政策、程序或惯例存储下来容易限制企业的动态能力一样，结构化的网络组织也可能因为节点记忆老化，或节点进退受限，或节点链接固化等因素，出现过度依赖既有思维定式的结构僵化现象，因此，增强网络结构的动态性是保持企业间知识网络活力的必要条件之一。

2. 网络对外连接关系受限的风险

网络关系是网络拓扑结构中节点间系列关系，常用衡量网络节点联系紧密程度的网络密度（Dotsika & Watkins，2017）、衡量网络中围绕某一个节点建构关联关系密集程度的网络聚集系数（Latapy，2008）以及衡量网络中节点间相互联系强弱强度的合作强度等指标标识。企业间知识网络中网络关系的链接规模反映了知识转移、传递的强度，却很难衡量知识创新的程度，比如知识、信息或者技术很可能以非对称方式发生在群落中小部分成员企业之间，也可能仅仅知识融合创新的过程局限于某一区域，而整体知识网络却缺乏外部对接的可延展性，从而形成了网络结构在关系对接上的风险倾向。王国红等（2015）对区域协同创新网络做了研究，他们把协同创新网络分为 3 种类型：核心协同网络、辅助协同网络以及外部协同网络，前二者发生在区域内部，是知识网络系统中具有相对独立性的体现，而后者则体现为该区域对外联系的关系网络。辅助协同网络主要为处于核心协同网络中的企业提供创新辅助环境和条件，如果二者之间供需对接不匹配，也会造成服务模式老化现象。而外部协同网络则发挥为区域创新网络提供新关联、新知识、新资源的功能，如果协同网络中的核心企业疏于外部联系，或者与外部连接断裂，长期来看，也会造成区域内知识锁定风险，不利于创新的可持续性。

另一方面，当知识网络中的成员企业间存在较低的合作强度时，“抱团”合作不仅不能建立信任关系，反而会因需要维持不必要的合作关系而耗费过多精力和成本（李海林等，2022），从而损害协同网络的创新积极性和创新绩效；当合作强度较高时，较长的平均路径长度说明创新主体间需要经过多个第三方才能建立合作关系，既影响信息交流速度又影响耗费过多资源成本，同样也不利于创新。因此，越短的平均路径长度越能说明协同主体可以快速地交流信息，且不会消耗过多资源（李海林等，2022）。尤其对于复杂协同创新网络而言，网络内异质因素较多，增加成员企业间的合作强度，既增强了知识节点间融合创生绩效，也增加了企业间的信任程度，克服网络不确定因素，在促进复杂技术创新绩效的同时，也能提升协同创新网络抵抗外部随机因素的合力。

网络关系分布引致风险主要是指知识网络中知识节点间的冗余

性造成的低效问题。一个网络中知识节点间的冗余程度越高，就说明该网络存在的结构洞就越少，其网络知识异质化程度越低，一定程度上削弱了网络的创新作用。企业通常会通过扩大网络规模来扩展企业节点的关系网络，然而网络带来的利益并不是随着规模的扩大与多样化增加而呈现线性增长。“多样化的网络相比同质化的网络能够带来更大的收益（Burt，2002，p.17）”，如果只增加网络规模而忽略网络的多样化，网络的功能就会被弱化，增加网络规模，关键是增加非重复性关系的数量。实际上，增加密集网络中的非重复性节点是提升网络效率的关键路径。处在结构洞两端的行为人向网络贡献的利益是可累加的，非重叠的。

影响企业探索式创新的因素中合作网络是最重要的因素之一，合作网络更是企业获取异质资源的重要途径。知识合作网络中拥有较大异质资源的企业间通过结构洞建立关联，跨越结构洞的企业能够在两个个体进行信息交流的过程中获取到大量的非冗余信息。结构洞不仅能提升企业的知识获取能力，又能加大企业的知识深度和宽度。此外，占据结构洞的企业可以控制信息流动的速率及内容，更有机会和能力处理非冗余关系。丰田集团利用其在与供应商建构的合作网络中的核心地位，从初期到中期的发展过程，利用结构洞优势，把成员间的联结关系由弱逐步加强，联结关系逐步深化。结构洞优势显现的同时，不仅提高了供应商间的创新发展，也给丰田自身带来了巨大的竞争优势，使其二者实现双赢。Jason（2010）也认为网络中企业占据的结构洞较多时，能通过控制信息的通道来获取更多的资源优势，有利于创新。尤其对于处于与外部知识节点联系密切的网络节点来说，结构洞能更好地发挥信息优势和控制优势，能够及时向网络内企业传递新知识、新技术，使整个网络结构充满活力，推进整体网络创新进程。

4.1.2 网络节点非对称性行为与网络风险

知识网络中的企业在合作过程中，由于各种原因会产生不对称性，这些不对称性引发了企业的非对称行为，主要原因有以下三点：第一，由于知识网络中的企业能力不对称引发的非对称合作关系；第二，网络权力的非对称演化引发的非对称合作行为；第三，行为理论认为，行为主体的行为取决于其对行为和环境的认知。在合作过程中，由于信息不对称以及有限理性等原因，企业不可能完全了解合作对方采取的行为对策，也无法对对方的行为作出相应的反应，双方的行为是非对称的合作行为。以下从两方面分析这种非不对称合作行为产生风险的机理。

1. 知识节点不对称与共享风险演化

合作企业拥有的差异化的知识基础是影响企业合作知识网络创新发展方向的重要因素。合作企业内各种知识元素（包括信息、关键技术和技巧等）或者是企业内个体所拥有的知识集合，是知识元素重新组合的载体，即是创新活动的起点。企业间合作构建知识网络的主要目的是通过共享各自拥有的差异化知识，提升企业的学习和创新能力，从而促进网络新知识的产生。网络创新效率受到企业学习吸收能力、学习意愿、知识基础等多种因素的影响，而其中知识网络风险管理因素也是不可忽视的重要一环。

如果知识网络中合作方没有采取合理及时的风险管理措施，网络中企业合作往往会在这些因素的相互作用下，衍生多种形式的合作共享风险。企业合作过程中，基于知识基础上的企业市场洞察力以及吸收能力会存在巨大差异，这为知识合作网络中企业非对称性攫取对方知识埋下伏笔。合作中，显性知识比较容易被吸收，而隐性知识由于高度个人化、难以形式化和模块化等特点，难以被吸收，然而隐性知识在企业竞争优势累积过程中的贡献更大，如果洞察力以及吸收能力较弱、学习意愿不强，则很难吸收隐性知识；相反，学习吸收能力较强的企业与学习吸收能力较弱的企业合作，前者很容易就吸收了后者的隐性知识，后者吸收前者的隐性知识却非常困难，从而产生知识的不对称性吸收，造成企业之间的知识共享困难以及知识共享不足，乃至失败。

同时，在知识网络合作中，一方面，企业之间的知识基础应具有共通性，这可以保障他们在吸收和利用对方的知识上拥有可以链接的能力；另一方面，技术合作又必须满足企业之间存在足够的知识基础差异性，以保证企业间的知识网络具有更大的多样性和合作张力。过度相似的知识网络会束缚企业的心智模式，导致集体思维僵化，创新难以产生。而合作主体知识吸收能力上的过度差异也会造成知识共享失败。因此，把控网络合作企业知识基础的均衡至关重要。

其次，企业拥有的知识元素和企业对自身已有技术知识的熟悉程度的差异，会导致企业知识编码能力以及知识接收能力产生巨大差异，这也使企业知识学习、吸收、重构、内化和创造的效率因为知识基础的薄弱而大幅降低。企业编码能力薄弱会导致它传递出的网络知识的完整性或破坏原有内容，引发网络知识破损风险。除企业自身能力因素外，合作网络中的企业机会主义动机也是导致企业私自篡改自有知识，甚至隐藏知识，导致知识破损。而且，随着在网络节点传递深度和广度上的加强，起始的知识破损程度会进一步加重。加之知识具有模糊性、黏着性、泄漏性、分布性以及专业性等特性（冯进路，2007），知识瑕疵很难被网络其他成员知晓，比如网络传递的技术机密、专利是否享有知识产权？对专利技术的成熟程度、技术机密的先进性作虚假陈述？技术、知识转移中一些合作必需的背景技术是不是被刻意隐瞒，借此控制合作研发及其利益分享？获得的知识乃至被告知拥有知识产权专利技术还侵犯了他人的知识产权？等等。

另外，企业知识基础的不对称也会使拥有某项核心技术的企业宁愿垄断技术，确保自身竞争优势不被过度模仿，而造成了企业对知识的垄断风险，这大大降低了知识网络内知识共享与创新绩效。甚至出于机会主义动机的考虑，一旦发现有与自身拥有的核心技术相关的知识在网络中传递，为了维持自己的竞争优势，企业会选择扼杀其他企业向它的核心技术方向创新的可能性，中断知识网络信息传播渠道。知识基础深厚、创新能力强的企业垄断自己的知识，知识基础浅薄、创新能力弱的企业找不到强大的合作伙伴，破损的知识充斥于网络之中，导致整个知识网络创新效率的低下。在技术创新网络中，整个创新链已经突破了单个企业的边界，技术创新的过程是多个行为主体如顾客、供应商、竞争者、中介机构、大学、研究机构、投资银行、政府部门等的参与和投入的结果。知识网络中的任何一方以自有知识投入于合作技术池、知识池、产权池，它们之间彼此影响、交互融合，改变了技术创新方式、研发过程、速度和结果，甚至改变了技术产权的归属与双方权益的重新配置方式和地位。

2. 企业节点行为不对称与网络风险演化

企业是经济人、契约人和社会人的集合体，个体知识有限性决定了企业认识决策的不完全性。随着知识合作的网络动态变化，成员企业的行为是引发集体合作风险的重要因素。出于个体有限理性，单个企业在获得、储存、处理知识方面的能力是有限的。因此，在知识合作过程中，合作企业也会提供一些合同规约的技术机密、专利技术等。这就涉及契约不完备风险，正式构建的知识网络往往有订立合作契约的要求，以规定合作双方的责任、义务、成果产权归属以及利益分配等。然而，任何一个企业不可能考虑到合作前、过程中乃至合作后的方方面面，在此基础上所订立的合作契约是不完备的。而初始偏差会导致风险传递连锁反应，彭正银和杨琪帆（2012）也指出，知识网络中，某个企业或者某些企业初始时刻的微小偏差或不确定性（即风险），依附于各种传导载体，通过利益链、合作以及嵌入关系等形式传递和扩散到网络的各个节点和面，由此导致知识网络发展目标发生偏离甚至失败的一系列过程。由此，风险传导受到风险因子、风险传导载体、风险传导路径、风险接受者以及风险阈值等多种因素的影响。

在知识网络中，风险传播最重要的载体是知识，而企业作为更高层次的风险因子，是发出风险的重要载体。知识网络中节点企业具有嵌入关系、合作关系，知识载体承载着风险通过企业之间的关系传播，由知识和企业节点构建的物理网络形成知识网络的风险传导路径，风险在网络节点传播停留，风险在节点间的交互作用，是风险加剧演化的重要催化器。

通常情况下，知识网络节点企业所能承受的风险的最大值也是其风险从量变到质变的临界点，节点企业可以抵御一定的风险，只有当节点风险超过临界点时，才会转化为危机在网络中传导。知识网络中的节点企业既是风险源也是风险接受者，受到外部环境和风险内在加速效应的影响，风险概率和程度会双双提升。首先，科技更新加速的科技发展背景下，技术生命周期越来越短，一项“新”技术一旦在知识网络中传播开来，并得到广泛认可，会被其他企业快速吸收和应用，而如果这种“新”技术是大型复杂技术发展研发的掣肘，那么这就等于加速了风险的传导，当更优秀的替代技术产生之后，会瞬间对整个网络造成毁灭性的打击。其次，风险就如同“病毒”，会破坏企业的自身免疫系统，借助知识网络载体，加速传播。企业本身是一个自组织系统，具有自适应、自调节、风险集中释放等特点，拥有免疫能力。然而，一旦加入知识网络合作中，风险就像是追逐企业的“病毒”，可以借助网络节点间的强关联链接路径，在企业节点之间快速传播。最后，基于知识变异特性的考虑，作为知识网络风险的最主要传导载体，它的破损、黏滞、非对称分布、模糊型等会在知识演化中变异，加速信息传播风险。合作网络中的个体，在合作过程中追求的是私人利益的最大化，而作为中间性组织，知识网络合作追求的是集体利益的最大化。然而个体理性与集体理性往往是矛盾的，个体理性与集体理性之间的矛盾引起企业行为的不对称性，是造成知识网络不稳定的根本原因。

随着知识网络合作进程的推进，合作方的实力以及在网络中的相对地位均可能发生改变，网络权力也可能发生逆转。与此同时，由于知识的难以度量属性和风险发生的不确定性，企业制定的利益分配契约很难实现公平分配，从而可能引起基于利益分配的合作风险。处于网络核心位置的企业在合作中更具有网络权力，它更拥有结构动态优势，因此它可以影响甚至决定双方的利益分配以及合作细节，通过订立有利于自身利益的合作契约，使合作利益分配不均衡；其次，拥有网络核心技术的企业由于自身能力和在网络中权力的优势，吸收知识的速度更快，一旦合作目的达成，其合作意愿将会减弱，知识合作的延续性也随之消退。反过来，这种非对称性又会影响企业合作过程中的行为，在合作博弈的过程中，非对称性会促使拥有优势的企业更易控制处于弱势中的企业，网络整体信任度下降。合作一方为了自己的利益，极易采取损人利己的行为，比如学习对方关键知识，而不共享自己的知识或者隐瞒、篡改自己的知识，毁约或者不按照约定履行自己的责任等。因此，从这方面看，知识网络需要合理的行为治理，防范合作博弈风险。

4.1.3 本节小结

知识网络在发展的同时也伴随着一定的风险。结构僵化，对接关系受限风险以及企业利己动机造成的风险都在一定程度上制约着网络的发展。无论是静态概念的“锁定效应”、动态的“路径依赖”，还是“结构性风险”，都使我们不得不去寻求知识网络结构的“适应性”，即通过网络的动态演进去适应内外部环境的变化。所以通过知识网络风险管理来提高网络对环境的应变能力和知识获取、共享、应用与创新能力，从而提升其核心竞争力。然而，网络风险管理不是一成不变的，而是随着网络的动态发展变化。虽然企业知识网络演化过程中所遇到的风险无法消除，但是企业可以根据网络的发展情况和所处环境采取积极的策略以尽可能地规避、弱化演化风险。

如构建开放式、柔性化组织结构，实现知识信息更有效的传递，通过柔性化组织结构在节点之间开展相互关联和联结竞争，实现组织内节点的动态调整制度化、机制化，不仅凭借单一的投入产出，打破节点间的相互独立和联结的稳定，使企业可以有更多的可能与外部进行信息交流，既避免路径依赖造成的锁定效应，又能在一定程度上阻止利己动机的出现。也可以建立一个动态半开放式的知识网络体系，在保持网络动态性的同时，促进新技术、新知识的有效传递，使得网络内企业更好地投入新知识的浪潮中，制止利己动机的萌发。从这个意义上讲，网络风险管理是个动态的管理过程。

4.2　动态审视知识网络系统风险

通过对知识网络内涵研究的阶段性整理，任慧（2013）认为，知识网络概念界定的研究在学界可以分为两类，即情报学视野下的信息分布网络结构导向的研究，以及以管理学为主的结合多交叉学科对企业知识网络的研究。尽管知识网络内涵研究也呈现出多样性的表象，但有关企业间知识网络理论和实践的研究方兴未艾。企业间建立知识网络联盟既是当今行业不断飞速发展下企业寻求生存之道的必然结果，也是外部激烈竞争倒逼行业内企业“抱团取暖”从而实现优势互补的现实需求。本质上看，企业间的技术交流与合作是知识在不同介质间的融汇创新，大大缩短了技术创新周期。对于当今专业化的复杂技术创新趋势不断加强的背景下，扁平化和开放式的网络组织治理模式为知识创新的效率提升提供了灵活性的制度基础。

然而，如同任何事物都有其两面性一样，负面的因素也随着事物的发展而不断显著。知识网络对知识创新效应的影响除了被广泛称道的创新“正效应”以外，也存在着亟待解决的“负效应”问题。知识网络组织系统是以知识共享与创新为目标，各成员组织的资源在系统内传递和转化、相互耦合的开放式系统，是具有一定规模和秩序的系统性组织，由于整体系统的存在而产生的系统性的风险自然无可避免，例如，高度系统性的技术创新往往会对固有的协作系统表现出依赖性。在知识网络动态演化的过程中，知识系统演化进程的变异或轨道偏离都会加速企业知识网络的系统风险发生。作为需要不断动态演进的网络系统，知识网络从生成开始到稳定，以及所形成的动态多层次性网络结构，到再次演进时的路径选择，在发展的每一个阶段，知识网络都存在诱发整体网络系统性风险的可能性，因此需要分别加以探究，从而挖掘内在的风险诱因。

4.2.1 网络知识系统多层次性引发的风险

层次性是众多研究者认同的企业知识系统所具有的特点之一，而且不论从哪种角度表述层次性，都强调是非直线型的一种网络结构。整个企业知识网络的知识系统的层次性与企业内知识系统一样，有着自我相似的多层次结构的特征，不同层次的知识在知识网络中扮演的角色有所不同，所能引发的风险表象也各有差异。技术创新联盟中的成员拥有的知识分为基础知识和独特知识，而这些不同特质的知识形态构建的多元知识系统的交错链接会构成整体企业知识网络系统的多层次性。但就层次的性质来说，知识网络系统的层次可以归为核心知识层与外围知识层两大类，外围知识层围裹着核心知识层共同构成了网络中的知识系统。层次的不同性质决定了它们在知识网络系统中的功能差异，因而就有出于各自的缺失或低效所引发的风险和对网络造成的威胁程度及诱因，有必要分别解构分析。

在知识网络系统中，核心知识层由知识网络中能够做到最贴近目标技术创新的企业提供，这些企业可以是知识网络的核心技术节点企业，也可以是有专长知识能力的非核心节点企业，这一层面知识的缺失或失败应用引发的系统性风险，可以引致整个企业知识网络的崩溃或中断其动态演进，并造成网络知识系统的再定位和重组。例如，曾在 IT 市场及其全产业链形成垄断之势的微软与英特尔两大集团组成的 Wintel 联盟，一度将行业巨头 IBM 逼入绝境，但随着行业技术的发展，作为联盟主导者的微软未能及时采取革新的态度对待技术、商业和服务，在行业趋势的把握上出现了被动的局面，核心知识层出现缺失，致使 Wintel 联盟面临发展的羁绊，而微软和英特尔在一些关键业务上的分道扬镳致使联盟的合作中断，被外界质疑为联盟的崩溃。

这也表明，知识创新网络中核心节点的缺失或低能，极有引发以下几种重要风险和威胁的可能。首先，核心企业节点通常是网络组织的构建者和组织者，其重要性不言而喻，对整个网络影响是方方面面的，这一点上表现最明显的是给网络带来“连锁故障”风险。如 Wintel 联盟的案例所示，网络中的若干核心节点间合作的矛盾或故障，一般是直接导致网络内其他企业节点随之产生相应故障风险的重要因素，最严重的则是造成“树倒猢狲散”的局面。其次，知识研发（关系）锁定风险创造了知识网络的创新惰性（惯性思维），网络中的其他企业节点按照核心企业制定的创新逻辑或技术标准实行自己的活动时，难免会产生“惰性”而不再进一步拥有积极性去改善创新知识。这样的知识研发（关系）锁定为知识网络带来的威胁可能需要一段时间来揭开，但造成“积重难返”的结局并非毫无可能。比如，整个创新网络中一般知识层的弱化，会使得核心企业主导的知识创新进展变得越来越“事倍功半”，从而导致知识创新的搁浅或放弃。最后，信任风险也是亟需关注的可由核心节点造成的知识网络系统崩溃的关键原因，如同现代的大型企业中小股东与具有控股能力的大股东关系类似，大股东利用其地位制造“信息不对称”，从而在风险来临时，将风险更多或全部“转嫁”给中小股东。在知识创新网络系统中，核心知识层对其他企业节点在一些问题或信息上的披露不当会引起网络内产生信任危机，致使整个网络的运行受到来自内部的威胁。

企业知识网络系统中的外围知识层相较于核心知识层来说，看似没有那样“鹤立鸡群”般的突出，但这些外围知识层潜在的群体“规模效应”风险却有着无可辩驳的威胁性，同样能让企业间知识网络的演进效率下降、停滞、瓦解或偏离技术创新轨道。一定程度上，外围群体知识层的偏离所产生的负效应不亚于核心知识层缺失或失败应用给知识系统带来的风险。成立于 1982 年的美国微电子与计算机技术公司（MCC），是早期为应对日本在微电子以及计算机领域的威胁而结成的知识网络同盟，曾经规模盛极一时，与诸多大学和科研机构等单位都有合作关系。因为行业技术和环境的变革而集团未能很好地找到新的模式，导致众多的在外围知识层面的节点中小企业率先流失或降低在网络内的“贡献度”，逐渐将合作关系中心偏向网络外部。这样的状况至少对整个知识创新网络造成如下三点威胁和风险。其一，联盟网络内部不少节点企业将“注意力”转移到了外部，这更符合当时技术研发效率和创新成果产生的实际需求下企业的选择。企业注意力的转移使得整个联盟的知识网络“聚合度”降低，这很不利于网络创新的进行和持续发展，知识网络面临结构问题带来的项目创新失败和停滞的风险。其二，知识外溢的不确定性风险进一步加强，企业节点在与网络外界的“过度”合作中，极有可能将网络内的一些知识直接或间接地“透露”给外部企业，知识网络整体协作的潜在可靠性威胁伴随着网络内更多企业节点“过度”参与外部合作，以及合作程度的加深而不断强化。其三，企业节点与网络外部的“无规制”合作让不少网络内成员容易产生“身在曹营心在汉”的思维或行动指导，由网络外合作的“信息不对称”导致联盟网络无法监督合作的具体情况，从而导致节点企业在知识合作创新方面采取投机心理对待联盟网络。比如，网络内节点企业在长期与外部合作中达成一些与网络外合作伙伴的专属协议，这些协议造成节点企业创新力量和重点知识技术研发外移，因此该节点对创新网络的价值与贡献“大打折扣”。显然，如果网络内这样做的企业节点越来越多，整体创新网络瓦解的风险就会与日俱增，最终引起知识网络从内部解散。事实证明，美国微电子与计算机技术公司这一技术联盟未能“下功夫”顺应时势地推出新的存在模式，因而最终在2004年正式解散。

着眼于知识网络中知识系统的层次性考量企业间知识网络动态演变过程，考察网络风险与发展威胁的内部根源，能更为清楚地认识到外围知识层与核心知识层内企业的缺失与低效状态下，分别可能导致的几种重要风险或威胁给整体知识网络系统带来的后果，从而让风险或威胁在“事前”或“事中”得到的治理可以“对症下药”。

4.2.2 系统演化的路径依赖引发的风险

路径依赖意指现在的经济结果是对以前结果的进化路径的依存，通俗一点说，人们现在所处的位置是历史选择的结果。就创新而言，路径创新并非一无是处，遵循路径的渐进式创新为一些研发项目带来了不断补充与完美创新的过程，对充分挖掘某个项目的可创新潜力很有价值。路径依赖的产生并不能成为对路径创新可产生价值的否定，但在动态的创新过程中避免路径依赖的负影响是必要的。系统性组织演进的“路径依赖”现象及其风险早已引起了学界的一定关注，相关研究是一个较为活跃的领域。知识网络是企业网络联盟的重要组成部分，企业网络演进过程中的“路径依赖”问题从知识网络方面寻找依据的探索却不够充分，不能与其重要性匹配。知识系统与知识网络的演化往往可以互为因果，而每一次演进都是对原来状态的革命或创新，这样的“飞跃”需要知识网络系统内的“行为人”和它们组成的联盟，有着不断自我突破和敢于冒险的“企业家精神”以及拥有“自组织”秩序和信仰。然而，知识网络中的企业节点在创新路径选择的过程中，可能会因为遵循“理性经济人假设”而“循规蹈矩”地接受现状，逃避创新风险，从而产生在自身知识演进道路上的“路径依赖”情况，当这样的状况发生在整个知识网络的知识系统时，路径依赖所引发的风险将是系统性的连锁反应。知识在知识系统中的组合并非随机的，各个知识元的“基因”决定了它们间的耦合关系，即知识元的“基因”的内在契合与相似性让不同的企业节点在知识网络中产生联系，知识系统的动态演化因此呈现出了复杂的规律性。知识网络系统的类似基因调控的网络生长模式，使得其很自然地让整个知识网络的发展路径和网络内节点间交融变得具有稳定性，而这种稳定性就是“路径依赖”风险的主要原因之一。事实上，由网络组织的企业集群联盟构成的知识网络在演化过程中的“路径依赖”现象是网络内生的风险。在企业网络集群不断寻求技术创新、知识的融汇革新的过程中，风险的内生性扮演着十分关键的影响因素角色。集群创新网络成长初期，由增长性所引发的资源风险，成长为中后期由择优性、脆弱性所导致的“技术锁定”“文化根植性”“结构脆弱性”等风险。由于知识网络的内生性“路径依赖”所导致的风险既有各个节点的原因，也是继而引发的整体网络“叠加效应”所共同促成的。就单个企业节点来说，节点能力的变化与其自身“基础设施”有着直接关联，节点企业的技术人才、研发设备、项目资金等“软硬件”在企划中的安排决定了企业的下一步知识与技术创新的走向和路径，而其中不少企业，无论其规模大小都会可能出现被动（例如，专利丛林、企业文化等问题），或主动（例如，风险规避、市场利润等问题）陷入知识革新发展的“路径依赖”。这样看来，知识网络演进过程中，整个网络或节点引发的系统演化路径依赖问题都是可能存在的，且可以说是互为因果式的，整体网络或系统发展的路径可以影响节点的同时，由各个节点催生的路径依赖问题同样可以扩散到整个知识网络系统，而演化“行为”本身也是路径依赖的风险诱因之一，路径依赖的演化过程存在对知识系统成长的长期威胁。

综上所述，知识网络系统演化的路径依赖所产生的风险及其诱因主要可以被归结为两个方面。一方面，知识创新技术路线锁定是整个知识网络系统演化路径依赖问题可造成的对整个网络及其节点发展最直观的威胁，知识网络在演进过程中遵循固有的技术路线或发展模式，会引致整个网络中节点不得不按照整体状态定位和探索自身的知识创新，这严重制约了知识与技术创新的活力，新的知识创新项目建设效率低下，或根本无法意识到需要发展适应新变化的知识创新，引起网络系统创新动力和能力下降或失效的风险。如果网络内原本重要的一些节点的合作意向变化或离去，也有可能造成整个知识系统的路径依赖问题的诱发，即知识创新的停滞或失败风险的爆发。为了突破合作制约，企业需要以革新方式另辟蹊径，例如，华为最早做数据卡，威胁到高通的基带解决方案，而高通为了竞争的需要，通过扶持中兴来制衡华为，极大地制约了华为的相关商业计划。华为为了不陷入高通为其“定制”的“路径依赖”创新陷阱，成立了海思做芯片研发以克服由高通在这方面带来的掣肘。

另一方面，知识系统演化的路径依赖会造成知识创新项目始终按照固定套路进行和计划，网络系统结构相对固化，演化“行为”本身受到威胁，比如，知识网络发展的“渐进式创新模式”更依赖若干节点的持续贡献，从而网络内节点关联调整不灵活产生系统整体固化风险，使整体知识网络系统演进带处于“非效率”状态，而非每次演进期望看到的“效率”状态。知识网络系统内部结构固化产生威胁对系统“健康”演进的制约影响到网络系统的长远生存和整体效率。例如，我国的汽车轻量化技术创新战略联盟是一个集大学、科研单位和企业等诸多重量级单位为一体的，致力于目标产品轻量化的技术创新联盟，然而，有着强大背景和资源的技术创新联盟，其组织结构问题却是一个“困局”。联盟的组织体系在各个部门之间认可不足，联盟在不对其直接指导的那个部门中认可度较低。如果让这样的结构长期在网络联盟发展中固化，显然对知识网络系统演化的长期发展来说是存在巨大非效率风险诱因的，固定的网络系统结构必然不能最好地适应知识创新的多样性要求。

总的来说，企业节点间关联在知识创新问题上对路径的依赖可能是整个知识系统网络演化路径依赖问题产生的源头，企业网络系统中的关键节点或一般节点的故障或失灵也可以是网络系统“路径依赖”问题的开端。这样的系统演化的“路径依赖”需要各节点和节点间有效的协同整合、分别作用才可能达成对此类风险从节点到结构进行风险规避，进而使整体知识网络系统演化不陷入路径依赖的风险。

4.2.3 系统稳定二维性引发的风险

知识网络系统是一个开放的复杂系统，其高阶有序演化进程是具有耗散结构性质的渐进式演化。知识网络的演化需要不断在稳定和非稳定知识系统间切换，从而能持续创造“新生”动力，推动知识系统升级运行。稳定性是动态系统的基本特性，是各种控制系统正常运行的前提条件。知识网络系统的演进和发展需要突破每个阶段的原有稳定结构，建立适合变化的新状态，而变化的知识网络状态使得其演化很自然地会存在诸多问题（例如，运行效率、网络能力降低等），这些风险是由知识网络系统在稳定与非稳定之间切换时造成的，系统状况的每一次调整即是整体知识网络新的不确定状态的开端。

在知识网络系统的演化过程中，网络内节点间关联复杂，系统内部节点间关联受内外部的影响处于不断变化的状态，稳定的网络内关系和结构不断被对外部状态的新适应打破整体网络的平衡而失去平衡，而这样的整体网络的不平衡、不稳定状态是由外部环境刺激下的网络内部响应导致的，因而企业知识网络系统是一个典型的耗散结构。耗散结构理论指出，一个远离平衡的开放系统，通过不断与外界交换物质和能量，在外界条件达到一定阈值时，就可能从原先的无序状态转变为一种在时空或功能上的有序状态，即耗散结构。利用耗散结构理论诠释知识网络演化可以直观地反映知识系统演化复杂的一般状况，肖冬平等人（2009）认为，在知识网络中，熵流可以分为正熵流和负熵流。简单地来说，正熵流是那些不利于知识网络演化的因素，负熵流是对知识网络演化有利的因素。正是知识网络动态演化的耗散结构特性，决定了其稳定和不稳定状态之间变化所产生的系统性风险。开放的非平衡状态下知识网络的演化需要不断地引入对知识网络演进有利的因素，从而抑制系统内部随着节点关联锁定、网络结构固化等无法抑制的不利于演化因素增加带来的网络“健康”演化和运行的阻碍，使得网络可以不断越过内部状态变化的“阈值”而产生新的状态。

依据耗散结构理论，知识系统需要不断地偏离稳态来实现整体系统的发展，因为来自稳定状态下的运行风险状况会导致整体网络运行机制的固化，从而失去活力。例如，企业集群创新联盟可能会演化为相对封闭的“自稳性”系统，导致集群内企业创新动力不足，出现思维锁定、知识流动渠道锁定等问题。稳定状态下的网络结构问题与运行机制有着密切关联，事实上，通常是网络结构出现问题造成系统运行机制的效率降低，从而致使整体网络系统创新响应能力降低。例如，索尼集团早期优势项目（如，手机、PC 等领域）通过与其他各个领域的企业达成单项技术或业务合作的协议开拓市场获得成功，然而，随着电子消费品行业趋势的发展，索尼在这些项目类别的产品创新始终未能超越对手而引领行业，且未能及时给出行之有效的策略应对颓势。面对持续亏损，索尼不得不采取全部或部分退出一些领域的发展策略（例如，出售 PC 业务、剥离电视业务等），通过出售资产和重新部署自己的战略合作意向至优势部门（例如，游戏及网络服务业务、影视等）谋求生机。知识系统稳定或均衡状态下的知识创新响应滞后风险是由网络结构固化，内部创新运行路径不灵活导致的，稳定性超过一定限度而没有随之适时改变的知识网络系统，在对符合生存新要求和预期的知识创新开拓方面会产生一定的滞后风险。

知识网络系统的非稳定状态由始终处于变化中的创新合作关系构建造成的，频繁或长期处于一种非均衡状态的整体网络结构，将无法形成有效力量突破更多的创新，且可能产生系统崩溃的风险。非稳定的网络结构使得其运行机制不能形成系统化的流程，非常有可能造成效率损失，即看似完整和庞大的知识网络系统中存在着影响系统运行的“节点弱关联”风险，整个知识系统面临无法真正聚焦创新项目的严重威胁。例如，在非稳定状态下，整个创新联盟为寻求新的契机而寻找合作伙伴时，如果其知识网络系统频繁地更换企业节点，容易引起对整体网络系统创新目标的反复修改，从而无法聚焦创新项目，使得网络创新活动中止或停滞。

知识网络系统稳定二维性在稳定与非稳定间变化，从而引发的动态风险就是网络结构适应性风险。在知识网络系统的演进过程中，网络内节点需要不断适应新的结构变化带来的网络内知识创新合作模式，这样，某些企业节点极有可能基于其自身原因无法适应新的结构而产生问题，而变成知识系统运行的潜在故障。

事实证明，任何稳定的企业知识系统网络都无法逃避被撼动的命运，只有对不断远离获得利润的稳态状况进行持续调整才是知识系统演进的主要动力来源。知识网络系统在稳定与不稳定状态下交替演进，通过负熵流的引入不断远离稳定的均衡状态，从而实现整个知识网络系统的升级演化。而这样的过程性的风险可以通过相应的动态机制加以治理。从系统的“无序”到“有序”状态是知识系统耗散结构的重要过程，而要实现这个过程的良性循环就需要知识网络系统能够实现这种动态变化本身的“稳定性”，即一个稳定的耗散结构具有抗干扰的能力，外界因素引起系统波动会被结构本身所吸收。

4.2.4 系统生成规则加速网络化风险

知识系统中进行的知识活动包括知识的获取、创造、转移、扩散、整合、应用、评价、交易及保护等。这些纷繁复杂的活动交织在知识系统的常规运行过程中无法避免地会产生一定的风险，从而威胁整个知识网络的安全与效率。知识网络演化的动态系统风险被知识系统的“生成规则”所束缚，动态系统的运行被既有的规则导向制约而影响网络运行效率，从而加速整个网络系统的动态风险。企业技术创新网络的平台构建，在形式上表现为企业与其他创新主体的正式或非正式关系的结合。企业技术网络的节点间合作关系是其知识网络系统生成的前提条件。组网之初的节点间正式或非正式的合作关系决定了整个知识系统的创建模式，而该模式可能会成为整个知识网络系统在企业创新网络演化过程中的知识系统“生成规则”。生成规则可能在构建知识网络最初的那一刻就被确定，知识网络的节点间正式或非正式的早期合作都会受到初次构网时的“惯性”影响，在其后的网络演进过程中，对组网早期“规则”的改变往往会让整个网络付出“改朝换代”般的代价，生成规则的“和平演变”需要一个较长的过程才不会对知识网络系统的演进形成冲击。

正式合作关系是主体之间建立于契约、协议、制度的约束或高度信任基础之上的关系，而非正式的合作不受法规或制度约束。节点间基于契约或制度等约束关系的合作是节点间正式关联的象征，占主导地位的正式合作节点关系群通常是被有秩序管理的，知识网络中主体间的正式合作关系形成了整个网络的秩序规则状态，而非基于契约或制度等约束关系的合作则是非正式的节点间关联，对于很多网络建构系统而言，往往节点间非正式合作引领着网络的整体构建，知识网络中的这些关联构成了整个网络的随机生成规则。知识网络系统的“生成规则”在节点间正式与非正式合作关系的组成下，形成了秩序规则和随机规则这两种状态。秩序规则引导下的知识网络系统结构因为有组织有管理而井然有序，其结构生成按照一定模式搭建，结构上有层次性，节点间关联较强，组织关系严密有序，这与具备此类特性的正式网络的有序拓扑形式是基本一致的，如图 4-1。随机规则引导下的知识网络系统结构则相较之秩序规则下形成的结构为无规则状态，松散结构和无标度是非正式网络的两个重要特性，也是具备这些特征的随机生成规则网络的结构状态，节点间联系非秩序分布，整体网络拓扑聚合度相对秩序规则下的结构较低，如图 4-2。

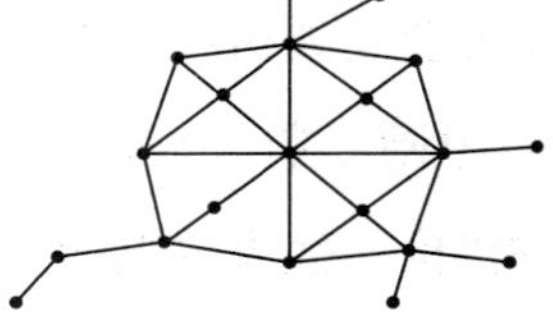

图 4-1

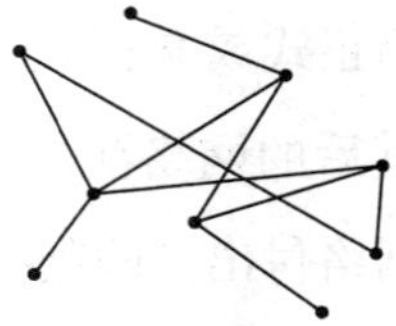

图 4-2

当网络生成规则处于随机状态时，如图 4-2 所示，网络内结构较为松散，任何企业节点间可以自由地以交易的方式交流知识、技术，而网络的开放自由式的结构让知识网络看起来更像是一个“互动平台”，这样的组网秩序有利于网络的“突破式”发展，但随机生成规则让整个知识系统的每一次演进都充满巨大的变革风险和知识创新的不确定性，网络牢固程度较差，节点间的知识合作联系“脆弱”。随机规则下的网络状态加速了知识创新成功不确定性风险和网络内合作关系稳定性风险。显然，一个网络结构聚合度、规制程度不够强的网络关系，其不确定性风险和合作关系的稳定性都是可能受到威胁的。例如，一旦某些节点因为网络内“束缚”阻碍其获取更大收益，其低违约成本的“叛逃”行为将使得整个创新网络可能顷刻瓦解，从而整体知识创新项目不复存在。海尔的开放式创新平台整合了海尔合作的技术供应商、专家和研发机构，还有新注册的国内外技术研发人员和机构等，这样的平台本着合作共赢的局面而开展创新合作，实现研发 O2O 的客户需求与制造商响应新机制。在这个平台，客户可以提出创新需求，平台上的所有“创新者”们提出方案，由海尔的专家团队考察评估后给予评价，从而筛选出最有价值的合作伙伴进行目标项目的研发。这样的不依赖于一个或若干个“创新者”智慧的模式，充分实现了网络创新的效率。知识网络的随机生成有着效率优势的同时对目标项目的实现来说也有着一定潜在风险，比如，一旦关键“创新者”出现对交易谈判条件的不满，优质的创新将可能“告吹”。而有序地严密组织有序生成规则的知识网络存在这样的问题的概率相对较小。

当网络生成规则处于秩序状态时，知识网络演化的稳定性相较于随机状态大大增加，但其节点企业间关联的灵活性将随之降低，节点间基于有效规制下的信任机制互相沟通，企业创新网络内知识网络系统得到充分的认可，整个知识网络系统在渐进式创新上因其稳定的结构模式而颇有优势，但正式的系统生成规则将为整个知识网络带来结构固化、路径依赖等的稳定性产生风险。秩序规则引导下的网络生成模式加速了整体知识系统的序贯创新风险和各个节点创新惰性风险的产生。在一个网络聚合度高、内部规制约束相对严格的知识网络内，任何不在大环境下“循规蹈矩”的知识创新都将很难得到充分关注和潜力挖掘。例如，规整的网络状态下，整个知识系统的序贯创新（Sequential Innovation）“节奏”将很难被打破，而正是这样的节奏，让网络内的大部分节点主动或被动地接受了既有的知识分配和使用的模式，整个系统无形中滋生了创新惰性，长此以往就会弥漫着这样的氛围而威胁到知识系统的发展与生存。2013 年，中国汽车工程学会组织汽车制造企业、软硬件厂商、科研院所、移动运营商等共计 29 家单位，共同建立“车联网产业技术创新联盟”，整合了国内处于较前水平的技术能力和设施为提升中国汽车产业创新能力提供动力，其众多官方背景机构的成员会为联盟演进升级提供便利，也可能会成为产生“路径依赖”等因“技术锁定”问题的诱因。在协议的基础上开放合作，这样便于在网络内共享创新成果，但存在因某个企业节点的技术创新路线问题而导致的整体创新失败、知识系统重构等的风险。

总之，在节点间多数正式或非正式关联的主导下，单一的知识网络和知识系统的生成规则在一定程度上加速了网络风险的生成，使得网络系统在开端时便陷入一定的结构制约，而这些制约在后期治理过程中极为困难或需要付出很大代价，因为在随机与秩序规则之间变换的成本和风险是未知的。系统生成规则的风险对知识网络来说并不能“一蹴而就”，是一个“自适应”和“相机抉择”相结合的风险治理过程。随着互联网的日益发达，以及大数据时代的来临，开放式创新网络已然成为必然趋势，知识网络系统从交流模式开放向组成模式开放又进了一步，未来的合作创新将呈现以随机生成规则的知识网络为创新主流，并由秩序生成规则的知识网络系统配合形成合力，推动知识网络的演化。

4.3　场景一：复杂技术网络化布局的三维风险

现代产业技术部件涉及的专业领域不断扩大，对任务复杂性要求不断提高，一项技术创新成果需要大量符合不同专业要求的部件投入才能完成，协调成为复杂技术形成的首要条件。任务复杂性增大了参与主体之间行为的依赖性，也引发了它们之间协调的必要性。一定意义上，协调和信息共享是完成复杂任务的重要保障。为此，在时间压迫模式下，企业往往以网络治理作为协调模式，将拥有不同专业技能的业务单元协整，共同完成新技术的创造研发。考虑市场的时间性，日本高效率的汽车技术发展即是采取序次协调（sequential coordination）的网络治理模式，使日本企业在与欧美企业竞争中拥有管理优势，大大缩小了研发和生产时间和成本。

然而，复杂技术如同一个多元技术网络系统，是由众多类型和层次不一的技术共同协调和融合而成。技术网络系统中的每一个技术构件都是重要参与者，并为实现网络整体功能的有效运行而承担其特定任务。然而，即使在一个较完善的技术网络系统中，各构件间的交互也不能保证网络系统按预先计划实现整体目标，它们可能按各自具体目标分别行事。事实上，动态的技术网络系统始终存在冲突与张力，即熊彼特竞争始终存在其中。实际上，在一个网络化的技术创新链条中，很难正确评估到底是因为哪一部件或环节存在问题，或各构件协作上是否良好，这无疑增加了决策难度。也因此，这样的网络化动态创新系统往往又不能由任何一个特定参与者指引或集中管理。

网络化技术创新模式的本质在于系统耦合和产品创新，其复杂的运行主要受参与其中的知识宽度和技巧、所涉及新知识的多少以及所涉及投入元件的数量等因素的影响。正是基于此，尽管这种模式是复杂技术创新不可缺少的优势路径，这种模式自身也存在固有的系统性风险，然而它潜在的风险也的确是不容忽视的一股力量。为此，本节从纵向、横向以及结构三个维度系统挖掘技术网络化创新模式的隐性风险。

4.3.1　纵向维度：技术网络节点间的迭代传递风险

一项复杂技术，往往处在复杂产品系统的关键环节，并与其他技术子系统各组件以层次链方式集成。复杂技术的创新需要组件链上每一个技术提供商的技术创新，并需要它们之间良好的技术协作与配合。然而，复杂技术创新网络所涵盖的各环节技术，却随时间的变化呈非线性的变化，其发展轨迹难以预测。许多实际的网络具有加速增长特征。在观测的生长期内，这些网络的平均度是随时间增加的，即节点链接的数量比节点的数量增长更快，这种现象一般被称为加速增长。复杂技术研发网络也体现“加速网络属性”，伴随节点衍生的加速，网络也呈现更强的复杂性。霍布德（1998）发现，复杂系统特有的复杂性就是使风险存在于整个技术生产过程中。每一个技术环节之间存在着难以确定和控制的联系，若某一环节发生风险，则容易引发相关环节也出现风险，并且很快扩散至整个系统中去。因此，关键网络节点往往是复杂技术网络的定时炸弹，一旦引发，就会以链式传递风险，也使风险具有系统性。比如半导体技术，它的发展就是遵循着摩尔定律快速向复杂化方向演进。除本身复杂化的演化趋势外，其研发风险也因为资本密集投入转变为超高沉没成本的可能性增加而进一步加强。比如半导体技术中的极紫外光刻（EUVL）技术，是一种全新的复杂技术体系，也可以说是颠覆式创新的技术体系，它更符合后光微影时代产品对高端技术的需求。在整个半导体行业发展中占据极关键地位，自 EUVL 技术于 2001 年出现至今，SEMATECH（美国半导体行业战略技术联盟）和以 Intel 为首的半导体制造商仍不断增加着对该关键技术的投资力度。然而，目前 EUVL 技术仍处在中试阶段，真正推向市场的时期一再拖延，甚至面临研发投资回报极大不确定的风险（Lange，2013）。一旦该项技术研发受挫，则整个半导体行业的发展轨迹也会受到巨大的负面影响。

新产品的开发通常要经过设计、样机试制、工业性试验、改进定型和批量生产几个阶段。随着研发产品技术复杂性和系统性的增强，加之信息的不完全性，很难在设计阶段从整体完美规划产品系统，这无疑增加了设计错误可能引发的迭代风险。迭代风险的系统性具体可以从三个方面来展现。其一，复杂技术系统的迭代风险来自于网络中技术节点间关系的复杂性。在复杂技术系统制造网络中，每一个节点都存在因机会主义行为动机而发生道德风险和逆向选择的倾向，从而可能提供虚假信息、泄露重要技术，甚至不顾技术发展的系统性，而舍弃某一模块环节技术的研发和供应，从而使技术创新网络的系统创新性优势不复存在。这与技术创新网络中关键、共性技术的公共性和外溢性有关（陆立军、郑小碧，2009）。其二，复杂技术系统风险的系统性还表现为网络成员能力的不匹配，复杂系统网络合作创新旨在获取协同效应，但是，在实际操作过程中，各个部件提供商的技术创新，并不能确保所拥有的资源与能力与整体系统的需要完全互补。相反，部件供应商与系统集成商或者部件供应商之间由于文化、惯例等方面的差异，也会无法有效地进行资源的整合。如若网络中某关键部件研发环节中，一个企业的技术能力不足，缺乏继续开发的能力，出现难以解决的技术困难，最终会导致整个复杂技术系统技术创新的失败。其三，这种系统不确定还体现在它对产业中观网络的影响上。随着复杂技术创新网络规模在广度、深度上的日益延伸，产业内及产业间的技术关系越发复杂和难以量化。产业间技术渗透和技术融合趋势加深，技术创新并非创新要素的简单叠加或聚合，而是一项极为复杂、深奥的系统工程，且这种复杂性随着当代技术进步和专业分工系统深化不断增长。复杂技术创新往往是系统性创新，而一旦发生风险，则也是系统性的。即一项复杂技术研发过程一旦出现脱节，则它一定程度上可能成为关乎一个行业乃至几个行业发展的瓶颈。

4.3.2　横向维度：产权过度分离加剧了复杂技术创新风险

如果上述分析是纵向维度看待复杂技术网络的风险属性的话，我们也试图打开网络，从横向维度辨识复杂技术创新网络的风险属性。复杂技术研发网络过度分离的产权又进一步加剧了复杂技术创新抑制风险。一项复杂技术，往往是多项复杂技术的创新集成，因此，我们不能以传统的单一思维去考虑它的创新特性和创新成果的隶属。复杂技术创新离不开网络化创新形式，它包容产权隶属错综复杂的网络化技术。因此，复杂技术网络化布局必然与知识产权如影随形，复杂技术研发会出现专利过度片段化和专利重叠化现象越演越烈。复杂技术网络化合作模式基于技术产权的利益分配。在知识产权战略的实施过程中，为了自身利益，越来越多的技术创新型企业把申请专利作为战略工具，甚至不惜布下专利地雷战，迎战其他企业的专利布局，一定意义上说，专利申请已非仅是旨在保护智力成果的产权形式。然而，从另一个角度看，复杂技术往往是镶嵌到高度集成的技术网络系统中。在技术网络化或者模块化的研发进程中，技术的复杂性在加速演进，但其发展方向不确定性也在进一步增强。在这样的背景下，技术产权分布的现实却是过度明晰地分布在不同的企业手中。而一项复杂技术的研发必然需要网络化的技术布局，这无疑高筑了单一技术部件投入的壁垒。产权被低效率利用，这在一定程度上制约着复杂技术研发活动的开展。研发成本增加，研发过程涉及的范围也在日益扩大，加之，专利权使用费与专利联盟问题的存在，研发者的商业利益越来越不像以前那样容易得到满足，对技术本质的恐惧与对风险的规避，使多数企业对研发活动进行调整或经费限制（刘友华，2011）。日趋复杂化的技术网络对创新的促进作用渐渐开始减弱，甚至出现创新抑制现象。杜晓君等（2011）从专利联盟序贯创新效应上，发现专利联盟在形成前有激励研发投资的作用，但形成后因为垄断力量使得创新受到抑制。

网络化的技术创新模式使技术可以以法律保护的形式，进入其他企业的产品中，从而形成以产品为纽带的技术共生体。知识产权战略实施，促使从事技术研发的企业更加关注这种无形资产对于企业竞争优势的作用。应该说，从微观领域来看，知识产权作为技术的法律保障，明晰了创新者的所有者身份的同时，也能有效行使其权利，一定意义上满足了企业知识产权结构的优化。但从中观层面上来看，如果产权所有者不能充分行使自己的权利，那么即使产权的归属明确，产权也不能起到应有的激励与约束作用。从法学上来讲，界定产权主要是在制度上形成产权的排他性，从经济学上来讲，界定产权主要是保证产权的可交易性。然而，从近年来复杂技术创新实践来看，复杂技术创新对技术共生性的需求愈加强烈，这一趋势除了日益增加的技术交易费用外，其最大的威胁之一在于，一旦专利诉讼启动，企业生产的灵活性就会终止（Reitzig，2004），那么，网络化创新的研发优势和管理优势也就不复存在，甚至成为掣肘技术进一步发展的主要障碍。

网络化组织形式中的关系是互动导向的，而且是针对网络整体构架而言的，即在网络构架之内不同节点间的互动合作与协同进化。复杂技术网络化布局是以众多拥有知识产权的技术作为网络节点的结构嵌入，它可以被看作是群体间双边合约相互连接的扩展。这意味着网络节点间不仅具有双边关系，而且与第三方甚至更多方之间都有着技术元的关联性。这种错综复杂的技术网络布局使得技术产权群体间进行直接或间接的连接，并形成以系统为特征的关联结构。技术节点及其相互关联结构构成网络布局的基本构成要素，不同的关联方式形成形式各异的网络结构，而节点之间并非简单的静态联结，而是存在着动态的复杂互动过程，互动的结果又产生了协同。要素间的互动是系统产生创新的推动力量，互动的结果产生协调效应。一旦集体效用不能有效规约，缺乏有效的治理机制，合作者的不同利益所引起的激励问题，将会扭曲网络化节点的合作行为。为此，学者们在探讨网络治理问题时，一般都是从网络的成员、资源配置形态、规则的渐进调适以及价值规范整合等方面切入（张康之，2010），旨在实现对规则的渐进修正与调适。应该说，缺失一个专业和有效的网络管理中心，很难起到对网络中各节点单位的基础性复杂技术的有效管理。但鉴于因松散的网络组织形式，在实践中难以形成有效的技术集成管理中心（Orchestration center），其涉及的风险及其有效管理仍然是目前该领域研究一个难点，也是一个亟待解决的问题。早期的 SEMATECH 就曾经历管理缺失，协调不当，险些崩裂。

4.3.3 结构维度：技术成果结构失衡阻碍产业技术创新升级

伴随产权明晰原则的实施，复杂技术对于创新成果的引用自然形成网络化的布局，这里面就涉及一个技术成果知识产权结构的问题。这里所提及的技术成果产权结构与企业产权结构是完全不同的概念，企业产权结构必然会随着内外部环境的变化而发生变迁，以寻找更有激励效应的产权安排。企业产权结构的变迁就是通过调节企业利益相关者之间的责、权、利关系，以合理调整企业内外部各种要素的配置，使其发挥最大限度的效用。而这里的技术成果知识产权的结构是指，在复杂技术网络化研发模式下，以产权形式形成的渐进式创新与根本性创新所占比例。从结构性上来看，目前我国复杂技术创新所需要的技术产权在分布上存在失衡现象，即偏重较低层次的渐进式创新，体现较高层次的突破性创新却不足，仍然是以外围技术和外观设计的渐进式创新为主，核心技术的突破式创新的数量还比较少。以国内有效专利构成结构来看，实用新型和外观设计专利各占到国内有效专利总量的 49.5% 和 34.8%，而创造水平及科技含量较高的发明专利比重相对较低，只有 15.7%。而国外在华有效专利则是以发明专利为主，其占到国外有效专利总量的 79.9%，外观设计专利占 17.3%，实用新型专利所占比重仅有 2.8%。与过度细化的技术产权分布相关联，这种低端集聚的产权簇群现象，又进一步加剧了我国技术创新成果的专利丛林羁绊，这对产业技术创新升级带来更大阻力。技术创新受到了诸多因素的阻碍，其中渐进式创新在与根本性创新密集交互引用的网络化运行中，也暴露出负面效应。技术创新层次失衡在微观和中观层次上都有重要影响，对于企业来说，失衡的技术层次会引发颠覆式毁灭。如诺基亚败在苹果公司的足以改变行业竞争格局的突破性创新成果上。而对于一个行业来说，失衡的技术创新结构不但不会促进行业发展，反而会阻碍行业技术创新与发展。比如，当外围技术簇群涌现时，过多的外围技术产权构成一种更大创新的掣肘。而独尊突破性创新的产权导向也会因为失去网络经济效应而产生另一种“孤掌难鸣”的市场风险，如苹果公司排他性的系统平台设计是否能最终战胜免费开放的安卓系统平台，也是一个悬念。

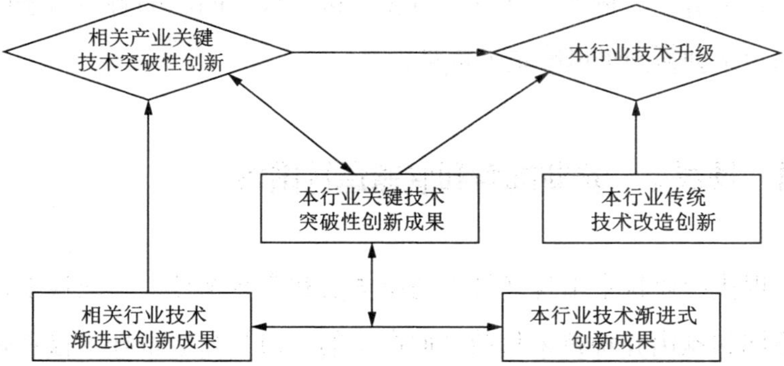

图 4-3　产业升级对渐进式创新与突破性技术创新需求的关系图

产业升级所必需的复杂技术创新从大的方面看，它包括研发出崭新的高新技术和对传统技术的复杂性创新。而在研发本行业关键技术突破性创新必须依赖相关产业以及本行业关键技术突破性创新，本行业关键技术突破性创新需要大量的渐进式创新作为基础，鉴于技术的共生性特征，这种渐进式技术创新成果的累积来自行业内乃至行业间。它们之间相互依存关系可以通过图 4-3 呈现。技术网络化发展是现代高新产业创新演化的助推器，然而，该怎样对待突破性创新和渐进性创新，技术创新网络又该如何选择突破性技术创新和渐进性技术创新这两条技术轨道，这是企业也是行业面临的实际问题。而对于政府而言，如何基于本土创新层次，设计更优产权制度，实现突破性创新与渐进式创新间的平衡也是今后制度创新的重要任务。产权结构是否平衡，一定程度上反映出创新网络中资源配置效率和分配效率的高低（傅家骥，1998：161–162）。因此，面临如此错综复杂的网络化技术，复杂技术的合作创新效率也被提上一个令人深思的高度。如何提升合作创新效率？怎样配置好合作中利益产权的分配？因此，从这个意义上讲，这些问题的解决对于降低复杂技术创新网络风险至关重要。

4.4 场景二：企业间专利联盟运行困境

现代产业技术本身又具有高渗透性和高复杂性，一项技术往往是不同领域内几种技术相结合而产生的。而其高复杂性不仅意味着技术的复杂性，还意味着技术产业化变得更复杂。技术演化特征既是网络合作化技术创新模式出现的原因，也是它进一步发展的结果。这种模式使得原有的单个企业间的竞争关系已经演变为企业团队间的竞争关系，处于创新合作团队内部的企业间的关系，也随即变为一种前期技术合作，后期开展市场竞争的关系，如多家美国电子信息企业组成的微电子开发体（MCC）即是这种网络化合作技术创新行为主体。这种企业创新行为模式面临如何界定创新合作中产生的新的知识产权归属和分配的问题。网络化的创新模式必然产生网络化的知识产权，而与网络化产权相对应的是产权共享冲突。另一方面，一项复杂技术应用可能需要引用多个权利人拥有的大量专利，这意味着企业在创新活动中将面对更高的引用他人专利的可能性。因此，出于进行交叉许可协议谈判或以反诉应对侵权诉讼的目的，许多企业也去申请尽量多的专利，从而形成严重的专利丛林问题，专利运行呈现网络化运作态势。

针对此，各国政府应如何有效实施与规制专利运行再次成为国内外学界关注的热点。事实上，自 20 世纪 80 年代，国外不少学者对专利功能、专利运行问题以及专利池等问题展开大量研究。实践中，专利联盟引发出了不少问题。

伴随当今产业融合趋势，行业间技术专利交错化引用率均大幅增加，这在增加专利使用频率，提升新产品研发效率的同时，也使得专利这一工具在具体的实施过程中又经历了诸多的发展瓶颈，专利技术网络化运行的瓶颈主要体现在以下两个悖论上。

4.4.1　专利池功能悖论

在现代产业中，一件复杂的产品往往涉及非常密集的专利技术，容易造成“专利丛林”，这使得众多专利间互相形成障碍的危险性增加，甚至层层阻隔了新产品的研发与推广。自 20 世纪 90 年代，Heller and Eisenberg（1998）、Shapiro（2001）等一批国外学者提出了专利丛林造成的抑制技术扩散的“公地悲剧”问题，也引发了针对专利丛林这一困扰产业发展的重要因素的研究浪潮。学界认为，组建专利池这一组织形式，是解决此类问题应诉诸的主要方式。专利池是技术联盟的最高形态，是以专利作为标的的知识产权集合体。为此，理论界围绕专利集中制度以及专利池运行规制的研究开始大量涌现。而其中针对专利池的功能研究，一直是学界研究和争论的热点之一。专利池或者专利集中策略将一个特定的并具有竞争优势的细分技术领域中的专利尽可能集中，采取合同、收购、信托等方式，以专利联盟或专利经营公司形式打包经营。专利池成员可以共享系列专利，并有权打包许可给其他非池内企业。专利池可以降低诉讼风险，增强企业研发投资动机（Gilbert，2004），降低许可交易费用，池内企业也可以阻止组织“双重边际”或减弱权利金堆垒效应而促使新技术被快速采纳。因此，政府产业规制者通常把专利池作为鼓励创新的一种方式。

然而，专利池在为其成员带来诸多好处的同时，也增加了池外其他企业参与行业竞争的许可费和交易成本，甚至会抑制企业进一步创新技术的动机。Ryan and Petra（2012）的实证研究表明，专利池一旦成立，行业专利申请率会下降 16%，而其主要原因来自专利池内的专利技术是体现竞争性的替代技术。由此，管理不善的专利池会阻碍创新，因为它会减弱创新者的竞争动机。如果专利池中的技术是替代性的竞争关系，专利池还有可能变为“串谋”工具，此时，它更像一个为应对现行专利制度而产生的政策工具。

反观专利池，其运行困惑有三。第一，专利池容易形成垄断，抑制竞争。专利池为池内企业提供便利和收益的同时，却阻碍了池外企业与之平等竞争，尤其当池中的专利互可替代时，掌握此类专利的原本互为竞争者实际上成了合谋者，专利联盟还被用作隐蔽的手段，形成具有一定的市场势力的价格卡特尔联盟，从而削弱了原有的竞争甚至形成垄断。第二，大多数专利池运营不良。近年来，我国纷纷构建的专利池，就因为技术水平或制度方面的不足，还处在尝试、探索的初级阶段，很多专利池中的上下游技术匹配不合理，下游专利技术多，而上游专利技术偏少，这样组成的联盟毫无作用。第三，专利池中的利益分配越来越不可解。我们看到，当今技术标准组织中更多是核心技术专利的提供方和产品市场参与方的分离，联盟各方利益诉求分离，促使专利池的政策和利益分配难以达成一致，固有专利池的游戏规则已经遇到了难以克服的困难。

4.4.2　开放式创新与网络化专利保护悖论

1. 现代技术演进离不开开放式创新模式的激励

以互联网为基础的网络经济是知识经济的一种具体形态，它呈现出有别于传统经济发展的显著特征，比如它具有自我膨胀性特征，而这一特征建立在信息增长的摩尔定律、梅特卡夫定律、吉尔德定律以及马太定律等基础之上。信息、知识和技术的自我膨胀性满足网络经济价值收益最大化发展趋势的需要。现代技术是以网络经济式发展为特征的，其发展需要更开放的网络化创新模式，比如近年来对微软构成威胁的 Linux 自由软件，其创新模式就是软件代码开源。Linux 操作系统软件以开放程式码发展，保持开放是其王牌，公司也由此拥有了大批自由软件工程师。伴随 Red Hat 和 VA Linux 的先后上市，这些提供开放式创新服务的知识和技术提供者均获得了巨额收益。Linux 模式是网络时代的产物，它真正体现了网络经济的开放式创新精神。可以说，现代技术演进与发展离不开企业间这种开放式创新行为。以专利制度为核心的知识产权制度建立的最初目的是激励创新、维护公平竞争和增进社会福利。

2. 网络化专利运行引致产权分离过度

网络化的创新模式下的合作技术成果形式具有可分性，然而产权分离过度，造成了成果形式的丛林化分布模式。在全球专利数量日益增长的今天，专利制度与对创新的激励作用已不是绝对的正相关，知识产权的非理性扩张、知识产权的滥用行为等已经使得专利制度异化，这种异化的知识产权制度不再维护公平和促进创新与技术进步。反过来，它甚至成为束缚、限制甚至压制弱势知识产权主体的有效工具。从专利申请到专利诉讼，专利制度扮演着弱激励和强分化的角色。Gilbert et. al（1982）认为强知识产权保护下的垄断使得创新者决定让专利休眠或不再进一步创新。梁心新、徐慧（2013）认为知识产权的内涵与外延不断扩张、权利人对垄断利益任意滥用，致使知识产权已逐渐呈现异化的态势。因此，洪结银（2008）认为在知识产权领域，严格的个体私有产权制度不一定是最有效率的安排。

现代技术的复杂性特征是“不能被单个专家所完全、彻底地理解，以跨越时间和空间将细节传达给其他专家的工艺或产品”（Roycroft & Kash，1999），这使其专利呈现“密集”（dense）和“交叠”（overlapping）状态。专利实施过程中，产生了专利技术的片段化及重叠化现象、专利过度集中现象、专利体系失衡以及专利与标准的结合引发的系列问题。知识产权的不完美边界的存在，使得一项技术可以同时被多家企业申请专利，专利被分属在不同的主体手中，这些专利有可能被用作诉讼威胁或阻碍新产品、新技术推向市场的工具。因此，合作创新的知识产权分配和使用是技术产权要解决的一个关键问题，专利等知识产权的分配和使用大多数伴有利益关系，不能有效界定创新合作中产生的新知识产权归属和分配是不能很好地处理开放创新模式内在矛盾的症结。而在此情况下，大多数国家的政府或企业的行为模式，往往是选择资助或更为积极地申请专利，实现以专利制胜的竞争目标，这无疑又进一步激化了技术创新激励模式与技术创新成果保护过度之间的矛盾。

4.5　场景三：媒介内容生产趋势与生产困境

拉斯韦尔对传播过程五大经典划分中的“内容”部分，早已经进入大众传播研究领域当中。自 1997 年的“北美产业分类标准 NAICS”中代表内容产业的代码“51”被列名，包含出版业（包括软件出版）、电影和录音业、广播和传播业、信息服务和数据处理服务业的内容产业群迅猛发展。美国传媒大亨雷石东认为，任何传媒的基础是内容，内容可以创造品牌，可以成就未来，可以给人们的生活带来有价值的信息。如果用一个词汇来形容内容对传媒的重要，那么内容就是国王。这使“内容为王”也成为我国媒介内容产业经营者的价值理念与行动趋向。

纵观我国新闻传媒经营管理演变进程，从回避新闻内容活动的经济价值，到重视新闻内容并自觉运用，以至于最后将其纳入核心战略思维，媒介“内容”的地位历经三级跳，这充分说明内容在现时媒介中的重要地位。以至于，“内容”已然超出大众传播传统的内容研究范围，成为盖茨所说的思想、体验及产品。正如李彬教授在《再致“中国符号学论坛”公开信》一文中所界定的，符号学“可扩大为有关‘意义、文本、通信’的生产制度和读解制度的结构性研究”，强调对内容的研究应进一步拓展至对内容生产加以规制的制度层面。

在社会整体呈媒介化演变中，媒介内容与个体思维、意识及社会认知间的关系愈发紧密，媒介内容生产对公众需求的适应性与社会需要意义重大。在当前的媒介内容生产体系中，内容多为静态化、标准化的大规模制作过程，其本质是内容创造为辅、内容及其服务模式再加工为主的内容 OEM 活动。比如，作为我国曾经引进国外电视节目模式最成功的案例之一，《中国好声音》节目制作、运营、标识同荷兰原版节目完全一致，这种精确的翻版和复制浪潮虽然让媒介内容制作越来越规范，但原创精神却渐趋式微。尤在知识经济时代，计算机、网络、通信技术的广泛应用，全球经济一体化趋势下新国际竞争形式的发展，从根本上改变了社会的标准信息需求，给传统标准信息服务模式带来了新的挑战。尤其是在新媒体传播技术对内容的创作、收集、存储和传输产生革命性影响的条件下，媒介内容生产与服务模式被彻底扭转了。在风险社会语境下，作为社会内容建构系统的媒介日益与风险社会成叠加状态，媒介内容生产成为重要的风险节点。面对新媒体内容生产的现实隐患，媒介内容处理的范式转移与机制重构已迫在眉睫。因此，如何对以数据、信息、知识和智慧为主要形式的内容运动过程有效组织的现实重要性以及人们对内容与内容形成的组织间关系缺乏理解，这驱使学界寻求新的理论指导，对这一重大问题加以系统性分析和全面解释。本节对新媒体形势下媒介内容相关问题的思考，亦即希冀对该话题有所启示。

4.5.1　内容管理理念下媒介内容生产特征

当前媒介内容的储存呈数字化、海量化趋向，技术的进步使内容转换日益便捷，而搜索引擎的发展则使媒介内容加速传播，媒介内容生产不断涌现一些新特征。同时，内容、网络、终端平台化发展趋势明显，形成与媒介产业链其他环节的融合。面对传播生态的改变，如何在内容积累、流动过程中实现价值最大化成为媒介内容生产的主要目的。强调对组织各种有用知识系统化管理的知识管理理论，成为新媒介内容生产者面对现实环境、提高自身应变与创新的策略选择。目前，我国各大媒介集团已经普遍使用了企业知识管理系统，对本集团内的信息加以有效存储，同时能够实现高效的知识流转、共享、发现，甚至实现跨媒介间的内容合作，尽管当前的内容合作更多是浅层次的合作，但媒体传播生态突变之下的内容生产模式转变，在内容生产模式上已经由单一线型生产模式转化为立体网络化的非线性生产模式。这种非线性内容生产模式与知识螺旋增长 SECI 理论模型推崇的知识循环转化过程相类似，如图 4-4 所示。

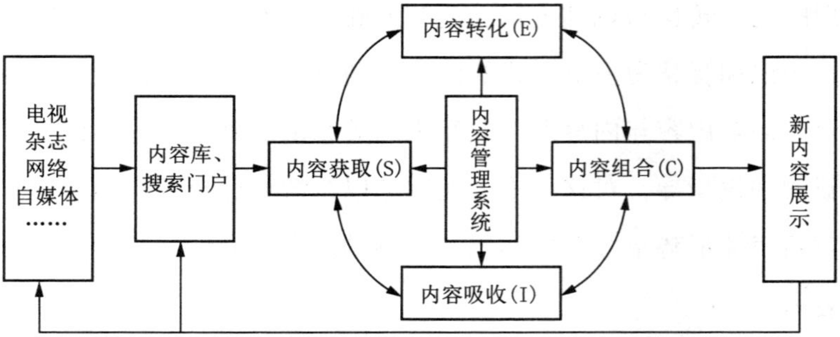

图 4-4　基于 SECI 模型的媒介内容生产“海量、便捷”模式

这种模式是新媒体通过内容收录、组织编辑、内容存储和门户发布为主要过程的内容生成模式。通过网络搜索热点对传统媒体、网络媒体、平面媒体及自媒体等内容进行扫描与收录，不同内容来源也为新媒介内容生产提供了丰富的信息源。新媒介从业者通过对网络与社会热点观察把握，初步判断内容的传播价值并形成自身新闻敏感，进行内部平台的分享与上报，确定选题（S），内容编辑将用新媒介技术把思想、理念与政策等，通过文字、图片或音视频等形式表达出来，转化为组织报道计划（E 社会化）；对这些新的内容形式加以重新整合，使之变成媒介的专题式、组合式报道并形成模块化内容，输入内容管理系统成为组织永久的内容存储（C）；通过对“汇总组合”新内容的运用，新媒介从业者在不断学习与反思的过程中提升自身理念，即在显性知识形象化和具体化中实现显性知识到隐性知识的转化过程（I）；在个人对内容有更多感触后，又可将思想通过组织网络内平台再分享，最终转化为媒介的组织价值观（S）。在循环往复的内容流动中，实现了内容的增长与创新。基于内容管理理念的媒介组织，往往通过开发与利用内容分享的网络平台推动内容分享、再加工，从而促成内容规模化生产。在数字化时代下，新媒介组织以新技术为手段，在获得广泛内容素材后，新媒介组织往往会对相关内容进行编辑与转换，生成符合自身定位的新内容形式。丰富内容生成需要归档整理等，内容管理系统作为中央储存器，可将内容集中储存并实现群组管理、版本控制等不同功能。通过对系统中的内容进行分门别类的存储与内容属性的管理，加工后的信息内容进入运营平台即门户。门户是新媒介内容最终的展现渠道与平台，门户使内容得以发布、播控与实现公众对内容的分享。新媒介通过对不同内容源的内容进行搬运，即把内容汇聚到新媒介并构成门户海量信息进行展示。SECI 模型主导下的当前媒介内容生产，呈现如下三个典型特征：

1. 科技因素助推媒介内容整合趋势

在数字融合（Digital Convergence）时代，媒介传播的文字、声音、图像、图片等各种原属不同的“原子”，经由数字技术的融合，纷纷变身为一串串由“0”和“1”重新编码的“比特流”，广播、电视、报纸、期刊、手机、互联网等各种媒介形态内容有了统一数字编码的基础，实现了以互联网为基础的“大数据时代”的真正到来。大数据已经撼动了世界的方方面面，从商业科技到医疗、政府、教育、经济、人文以及社会的其他各个领域。信息网络扩张遵循吉尔德定律（Gilder's Law，又称胜利者浪费定律），即最为成功的商业运作模式是价格最低的资源将会被尽可能地消耗，以此来保存最昂贵的资源。目前 5G 传输速度为 1 GB/ 秒，而来自德国的技术专家团队公布的最新数据可达每秒 14 GB。这一事实表明，带宽的增加早已不存在什么技术上的障碍，而只取决于用户的需求。需求日渐强烈，带宽也会相应增加，而上网的费用自然也会下降。媒介内容生产模式在大数据时代迎来了新的变革，借助社交媒体和新兴信息技术，近年来，科技因素越来越成为内容生产所依赖的手段，内容生产开始大量融入科技基因。技术已经改变了内容生产的流程和创意的模式，成为内容聚合生产工具，强大信息解码与编码媒介技术投入到媒介内容生产中，比如，美国公共广播电台（NPR）的安迪·卡文对埃及和利比亚事件就在华盛顿特区办公室使用 Twitter 进行新闻报道，虽然他没有亲身到现场，但卡文选择、验证和重新组织来自数百个 Twitter 消息发布者的内容，他收听这些真正身处事发地点的人（或了解情况的人）的消息，然后对这些内容进行筛选后进行报道，这样做已经改变了新闻报道的方式。而半岛电视台也通过 Storify 软件自动地拉取、筛选消息，并梳理出适当的故事线，通过它做出精彩的电视新闻报道节目。科技因素加速了信息的流通以及媒介组织内容共享和提供能力，为信息、内容和知识共享提供了各种“吧”环境，当人与知识的关系愈加交织与渗透时，新知识的涌现则逐渐成为常态，从而催化了内容爆发式增长，呈现内容生产上的规模经济。同时，数字化技术推动了媒介内容生产和服务的标准化，突破了传统媒体由于物理分割导致的内容差异的鸿沟，促使不同媒介载体之间内容的融合，甚至形成统一标准的内容产品。一定意义上说，内容产品可以自由地组合以适应市场需求，自由地选择媒介传输渠道，自由地从一种媒介转向另一种媒介。

2. 信息交互推动的用户内容生产趋势

信息传播突变导致媒介内容生产模式转变，基于用户自内容构建的社会性媒介逐渐形成。有别于单纯的传统媒介依据行政资源获得独家的、权威的内容素材和重大新闻的独家发布权，社交媒体下个体信息交互作用推动了自内容生产趋势。社会性媒介是为“使用者自行生产的内容”提供生产、使用与互动交换平台的媒介，其技术基础是Web2.0。近年来，社交媒体已然成为当今新媒介内容生产的重要信息来源。这颠覆传统媒介的内容生产模式，使原本泾渭分明的知识分享结构日益模糊与软化。2010年3月，美国皮尤研究中心发布的一项调查发现，37%的美国互联网用户，或者说29%的美国人口，通过在诸如Facebook或Twitter等社交媒体网站上发帖，对新闻的创作、评论或传播做出了贡献。知识形成与创造的四个转换是在特定的“吧”环境中进行的，而在新媒体环境中的社会性媒介内容生产，“吧”的环境被更为移动的、切割的节点所取代，并缺乏对话、试验、练习等传统“吧”的特征，新媒体“吧”具有开放、自由的环境，只要持有相关接入设备都可以进入。记者等内容生产者也逐渐被取代，作为内容消费者的受众已经开始参与到内容生产以至于自行建构，对内容品质的反馈依赖新媒体的互动式讨论进行评估。一定程度上说，网民开始主导内容生产与传播，当下产业的重大热点，比如微博客、移动互联网、云计算、物联网、4G/5G、媒体融合、智能手机、应用商店等等，都是从不同角度满足用户不断增长的即时化需要。这种与传统内容生产模式迥然不同，使内容互动中的知识传播突破常规并变得复杂与异化。

3. 内容形成的信息源不确定因素加大

随着科技因素和社会性媒介的敞开式发展，人以节点为名义联系在一起，通过“比特流”的传递实现了“知识链”的扩散与爆发。新媒体基础上社会性媒介则不然，其内容所具有的被用户自发粘贴和复制的共同特点，形成了内容的“波式多次传播”。在这种大面积的内容传播过程中，实现了内容知识的多次利用与不断攀升的注意力回报。在具有开放编辑权力的社会性媒介中，由于知识的更新与传播需要，使得内容永远不是以一个“半成品”的状态存在，不断添加的、变动的持续过程使内容表现为动态、散乱与遗漏，这种持续的编辑也加剧了知识不确定特征。对确定性的追求是人类由来已久的传统，传统媒介也以一贯严谨、权威的形象试图传递确定性知识。随着媒介化时代的到来，不确定性已成为知识经济时代信息内容传播的典型特点。科学知识的不确定性从根本上决定了知识价值的不确定性，决定了高科技产业具有不确定性，决定了知识推进经济增长具有不确定性，决定了以知识的生产、分配、交换和消费为基础的知识经济、知识时代、知识社会具有不确定性。新媒体语境下，社会性媒介知识不确定主要表现在用户对由传统知识所建构的价值、利益、权力的质疑与反思，对传统的社会规则的挑战。近年来，系列新媒体事件中不确定知识的传播已在某种程度上开始解构传统权威，并塑造了基于新媒体情况下的认知新秩序。这种具有解构意向与颠覆快感的知识传播，无疑激发了更多的用户投入到知识的建构中，由此导致的知识零散化与碎片化也将产生重要影响。

4.5.2　内容生产的隐患与风险

传播生态学认为任何传播行为和传播现象都离不开媒介生态环境，随着新媒体形势带来的传播生态的突变及问题的产生，却因没有得到应有的关注，从而导致了一系列传播问题。尤其随着“风险转换”节点的到来，中国正面临巨大的现代化进程风险，风险社会与媒介形成的叠加已越发普遍。风险社会知识化、网络化和媒介化结构性特点，决定了新闻传媒居于风险社会重要位置，并且新闻传媒在预警风险、报告风险、化解风险之外，也有可能放大风险、转嫁风险甚至制造风险。系列社会事件的发生，已在某种程度上隐喻了新媒体内容生产无序状态导致社会风险加剧。换句话说，当前媒介内容生产遵循的内容管理模式对内容生产数量和创造性提升的确起到推动作用。然而，它对于如何提升内容有效运作方面还相对缺乏规范的制度建设。我们把新媒体内容生产置于传播与社会的互动来审视，并以新媒体内容生产过程为研究线索，可以很好地揭示新媒体内容生产的社会隐患。

1. 媒介内容失衡催生信任赤字

未来传媒业竞争的制高点在于信息源的竞争。这些信息源来自人们在科研活动、生产经营活动和其他一切活动中所产生的成果和各种原始记录，也存在于对这些成果和原始记录加工整理后得到的半成品。内容上游信息源的安全性决定了内容后续加工的有效性。从信源采集来看，新媒体的信息源的采集具有广域范围，而新媒体对信源的把控却并不理想，而且对信息系统风险评估的理论与实践研究成果虽然不少，然而研究也主要集中在对资产本身进行评估，而对网站评估系统中结合内容安全的产品并不多。新媒体弱把关机制使虚假性、情绪性的内容超载。在技术条件的催生下，新媒体对内容的整合与加工远远超过原创内容，拼凑与嫁接的媒介内容板块，并不能有效形成知识的系统性与逻辑性。用户生产内容则更难维持内容的理性与公共性，比如在群体性事件中，微博的弱连带暗合了突发群体性事件中的民众心理和信息传播所需环境，成为弥散信息、感染情绪、激化和升级矛盾的推动器。新媒体中的社会性媒介内容生产已经呈现出失衡事实。媒介作为社会交流系统，在社会功能承担方面有着不可替代的作用，因内容失衡导致媒介信息、媒介知识风险又引发媒介公信力下降与信任赤字，这对社会运行产生重要负面影响。

2. 知识产权置空阻碍内容生产创新力

传媒的生存能力取决于内容的创新与消费。然而当前内容生产模式本质上是以内容生产为辅、大规模内容加工为主的运作模式，即一次生产，多次利用，甚至可以无须对原始内容进行再加工和处理。在这个过程中，新媒介扮演“剪刀＋糨糊”的内容分发角色，缺乏内容产业链条上各环节的整体创新生产。近年来，几大互联网公司的产权和版权之间的纠纷不断，从影视作品、畅销书到其他内容，都能在新媒介内容中找到分享。互联网出现之后，版权私有性与知识共享性之间的冲突则越来越成为内容生产矛盾升级的焦点。新媒介传播生态下，内容产品生产速度大幅提升的同时，也使得新媒体内容知识侵权的现象愈加繁琐与隐蔽，这对正常的知识产权保护秩序是一个较大的冲击。在媒介内容生产领域内，首当其冲的是版权法实施秩序受到威胁，大量内容产品开始出现严重的盗版、翻版等现象，《哈利·波特》作品发行过程中出现的问题是例证。社会性媒介中的用户生产内容也容易发生知识侵权，尤其体现在视频、博文等常见内容分享中。由于用户上传视频一般不以营利为目的，而是为了网络共享、吸引他人的注意力或点击率、提高自己的网络地位和声望、戏谑、嘲讽他人作品等，所以其侵权责任难以认定，经济赔偿也难以兑现。姑且不论当下知识产权保护制度与新媒体的相适应度，新媒体对内容无规则地传播与利用，已经严重影响知识原创的持续性发展，这对依靠创新为源动力的社会进步来说将是毁灭性的影响。同时，新媒体无规则的内容传播与利用模式，已经严重影响原创内容的持续性，这对依靠创新为源动力的社会性媒介来说将是毁灭性的。随着互联网技术渐趋成熟，内容免费使用和加工的时代已经成为历史，真正“内容为王”时代来临必须要解决的问题就是对原创性内容本身给予充分尊重和保护，只有这样，才能有效地激发个体的创造性，并最终释放数字内容产业的创新生产力。

3. 内容价值链断裂抑制价值增值质量

内容产业链的本质是一个具有某种内在联系的提供内容生产及服务的相关组织群结构，存在体现上下游关系的结构属性和上下游产品和服务交换的价值属性，且一个健康有效的产业链应在结构链与价值链间存在完善的信息反馈机制。当媒介内容产业化以后，内容产品逐渐内嵌到产业价值链当中，以某一项核心内容为基础，向消费者提供满足其效用的相互衔接的产品提供者集合。以内容产品为基点，可以构建媒介组织有效的价值链，并实现内容产品的价值增值过程。内容价值本质上是信息资源所具有的信息属性的体现，是信息资源产品价值束中最为核心的价值，是信息资源能够成为商品的基础。但内容价值实现的程度则依赖于具体的利用方式。现行的媒介内容生产中，对内容价值利用大多仅仅局限于内容最原始的信息价值，即作为信息一般的传播功能，这不仅导致内容传播的重复、同质化，也影响传播效果并切断了用户潜在持续关注，从而断裂内容价值链的延续。甚至业界学界早有人对“内容为王”不以为然，认为内容越来越“低端”，大多数的媒介内容制作已成为其产业链上最薄弱的一环。“内容为王”首先应该强化内容创意，将内容生产由数量型内容生产转变为符合多元受众需求的个性化定制内容生产，在各种媒介内容产业链上，低端和高端位置上都是内容产品，然而，内容的质量和数量却会因为链条结构上的反馈机制性能的差异，体现出巨大的差异性。因此，使内容产品在内容价值链的每一个环节节点上，加入原创性内容，实现每一个链环内容的层级性提升，也是当前媒介内容价值链升级的关键所在。因此，加强对内容产业链上各个环节内容的深度挖掘以及再创造，以内容产品为价值链基点带动整个产业价值链的活络，给受众带来连续、一体化的用户体验，将是新媒体内容生产不得不逾越的关卡。

4. 信息过滤和监控功能失效引发信息传递风险

即时网络时代下，新闻和事实几乎同步发生，信息即时传播缩短了信息更新的周期。一方面，信息监管缺失，信息控制权被进一步分散到了网民个人手里，即时网络使管理者试图依靠切断信息的流向来达到阻止传播更加困难。这些问题都可能导致传统的监管模式在信息监管的时效性上大打折扣。发布信息的即时性和信息源选择的个性化大大增加了信息过滤的难度，从而使那些即兴的、非理性化的、情绪化的言论得到传播的机会大大增多。新媒体表面看似是免费的用户内容生产平台，实则在与社会互动过程中隐藏着较大的现实考量，尤其在言论表达制度还不完善的情况下，如果不能理性平衡权利与义务将面临诸多言论失范的现象。这直接体现在当下信息传播中，敏感性内容因承担较大潜在风险，在事件关键时刻较少传播；日常琐碎的信息，因为接近零成本则大量充斥于网络并导致信息的泛滥。这种现实矛盾助推了媒介信息风险的建构，在不断增长的无用信息汪洋中，我们逐渐沉浸在各种琐碎、日常信息构成的包围圈。由于信息超负荷导致的各种生理疾病与心理隐患，如在风险社会和媒介化社会交织下，社会困难群体集体的塔西佗陷阱式的条件反射，则在某种程度上用来协助鉴别和控制风险的工具设备反而把我们给控制了。

4.6　场景四：智能手机产业专利竞合困境

2010 年 3 月，苹果公司将目标盯住曾在全球智能手机行业上的市场份额曾一度高达 18.2% 的 HTC，苹果起诉 HTC 专利侵权（HTC 5 月回诉苹果），当时诉讼范围涉及 20 项专利，包括手机 UI、底层架构和硬件设计方面。2011 年 12 月，美国国际贸易委员会判决 HTC 侵犯苹果专利、实施进口禁令，HTC 大受打击。接着，自

2011 年始至 2012 年耗时近两年的苹果和三星专利大战，也是以三星公司侵犯苹果公司“旋扭缩放”“弹回”专利等 6 项实用性专利，需向苹果公司支付高达 10.5 亿美元赔偿金而告终。三星与苹果间的专利诉案在全球四大洲 50 多个国家展开，双方的专利组合涵盖内容广，涉及项目极细。可以说苹果倚赖专利保护制度获得了巨大的知识资产价值补偿，也很好地打击了其直接竞争对手。

而始自 2011 年 4 月的国内电信设备巨头华为中兴专利战则是通信行业内一起较大的专利风波案。2011 年 4 月 28 日，华为起诉中兴侵犯了华为的数据卡和第四代移动通信系统（LTE）专利。4 月 29 日，中兴在国内对华为提起反诉，指华为侵犯其 LTE 若干重要专利。2011 年 8 月起，华为、中兴连续遭遇 5 起美国“337 调查”，涉案金额高达 14 亿美元。美国“337 条款”对侵犯合法有效的美国商标和专利权，或侵犯了集成电路芯片布图设计专有权，或侵犯了美国法律保护的其他设计权等实施展开。尽管我国两家公司经过两年的艰难诉讼最终胜诉，但也耗费了近 2 亿美元的诉讼费。华为起诉摩托罗拉的知识产权纠纷刚刚和解，中兴通讯 2011 年 4 月又在中国区提起对爱立信的专利诉讼，这也是中国通信企业首次就 4G 核心专利技术对西方企业发起专利战。

以苹果公司为中心引发的智能手机相关专利侵权案以及以华为、中兴为中心引发的通信领域的交互专利侵权调查充分反映了以电子计算机技术、微电子技术、信息通信技术为核心技术的新一代信息产业等高新技术领域大型企业间的激烈竞争。为此，我们以智能手机行业专利案为例，对高新技术产业竞争焦点、发展动态以及潜在的困境与风险加以探讨。

4.6.1　智能手机产业竞争焦点和创新态势

随着产业模块化发展，一些产业已经形成了巨大的产业簇群。产业价值被分散化，模块化在分散产业价值的同时，也在改变着一些行业的市场结构（朱瑞博，2003）。正是在此背景下，当今高新技术企业竞争焦点和创新态势在发生巨大的变革。呈现如下几个特点：

1. 立足产业生态体系的多元竞争

企业竞争不仅仅立足本行业，还要关注更广泛的技术规模和产业生态体系。当代产业竞争不是孤立的行业内同类型企业间的竞争，而是牵扯多个关联行业的复杂竞争。一个产品所依赖的关联产业的竞争优势往往决定了它在本行业市场中的竞争地位。反过来，某行业一个产品的竞争地位也可以决定其所依赖的关联行业的市场结构，行业竞争的实质表现为关联行业技术网络化竞争。如同 20 世纪 70 年代快速发展的半导体业，带动了计算机硬件业、通信业尤其是因特网的飞速发展一样，现代的手机通信行业竞争也如出一辙。IDC 的数据，2012 年三星智能手机占全球市场的 39.6%；苹果市场占有率 25.1%。不断集中的手机品牌，促成了其各自支持系统高度集中的市场占有率。一个终端行业的市场结构也会影响其相关联行业的市场集中度，表 4-1 是全球智能手机所使用的操作系统的市场占有率。所有硬件和软件市场的高度集中行业结构也必将促进触摸屏、电信设备、移动互联网等多个关联行业的市场结构再次调整。

表 4-1　2009—2011 年各系统类型的智能手机市场占有率统计

操作系统	Symbian	Android	RIM	IOS	Microsoft	Others
2009 年（%）	46.9	3.9	19.9	14.4	8.7	6.1
2010 年（%）	37.6	22.7	16	15.7	4.2	3.8
2011 年（%）	17	68	11.0	8	5	2
2012 年（%）	—	68.3	4.7	18.8	2.6	5.6
2016 年（%）预测	—	63.8	4.1	19.1	11.4	1.6

注：① 2012 年以及 2016 年预测数据均依据 IDC 公布的 2012 年和 2016 年全球智能手机操作系统市场份额统计数据整理而得。

② IDC 数据中将 Symbian 放在了其他中。

③ 2009 年至 2010 年的数据来自 Gartner，平安证券研究所报告。

④ 2011 年数据是中国智能手机操作系统市场份额情况，数据来源自中商情报网：http：//www.askci.com/news/201205/08/0817332557271.shtml。

Android 系统平台是开放的专用性资产，这是它向其使用者做出的可置信的承诺，企业间关系网络秩序使这种专用性投资的价值自我实现机制得到有效保障，进而拥有了广泛的用户基础，如三星、HTC、摩托罗拉、华为、中兴和联想等重要的终端厂商，从而形成了广泛的规模经济和网络经济效应。安卓系统也在几年的时间里，快速占据全球智能手机操作系统的绝对优势的市场份额，这一点从上表可以清楚看出。苹果开展的系列知识产权战，可以说是针对 IOS 系统的竞争对手安卓操作系统的较量。苹果 IOS 系统伴随苹果智能手机的市场份额的快速提升也迅速占据行业有利竞争地位。而此同时，Symbian、Webos 等系统平台虽然已然丧失了其优势竞争地位，但依然是潜在竞争对手，而新的对手如微软和诺基亚的合作成果以及更多的互联网商正纷纷酝酿打造自主操作系统都试图占据行业竞争制高点。因此，目前手机通信业的竞争表面上是各手机硬件生产厂商之间的比拼，实际已经是其依托的几大主要操作系统厂商之间的博弈。苹果的 IOS，谷歌的 Android，未来微软的 Windows Mobile，似有逐步形成三分天下格局之势（符周顺，2011）。霍玉菡、杨颖（2012）称，高端智能手机之战是由苹果公司设计的“热核战争”为实质。关联产业技术合作竞争的结果也会引致产品关联板块功能界限的进一步模糊化，进而使一个产品的产业归属日益模糊。比如微软以 72 亿美元收购了诺基亚手机业务，软硬件形式和功能之间的差异已不复存在。《华尔街日报》网络版题为《微软—诺基亚：硬件和软件同时死亡》的文章称，“微软收购诺基亚手机业务表明，硬件和软件之间的界线已越来越模糊”（中国广播网，2013）。

为防范谷歌和苹果公司妨害应用创新、应用整合、应用分发和应用经济，2013 年 9 月微软以 72 亿美元收购诺基亚手机业务，并获得大批专利组合。可以看出，手机通信行业中企业合作中又相互制约，以免落入对方的技术和过度依赖的被动局面中。谷歌研发出的安卓系统，因用户基础广泛，产生的广泛的网络经济效应使它在诸多方面获得巨大收益，几乎所有安卓终端都安装了谷歌搜索、YouTube 视频网站等为谷歌产生收入的谷歌应用。而作为安卓系统的最大客户，三星几乎成了谷歌移动业务收入的主要来源。三星在众多安卓手机制造商中占据支配性地位，反过来给谷歌一种潜在的威胁。谷歌前不久收购生产安卓智能手机及平板电脑的摩托罗拉移动也是避免过于依赖三星。而当时的摩托罗拉移动有 1.7 万项专利，另外还有7500项专利申请正处于审批程序，摩托罗拉拥有庞大的移动专利技术，双方专利组合将有助于应对来自微软、苹果及其他公司的威胁，关联技术的整合如同“形成一个新的生态链”（陈敏，2011）。更值得关注的是，谷歌对摩托罗拉的收购对于HTC、三星、索尼爱立信等同样使用Android系统的手机厂商来说，面临操作系统被钳制的潜在风险。在这个背景下，三星目前也在生产使用微软Windows Phone和Tizen系统的手机以分散这样的隐形风险。

2. 打破行业规则的企业顶级创新行为

在一个高度整合和模块嵌入的产品世界里，优良的高端系统模块约束着其他模块，从而使其拥有者占据出奇制胜的优势垄断地位。因此，在此类行业中，企业间在合作中进行着激烈竞争。为保证在竞争中挣脱对手的约束，企业必须采取创新策略，开发新的模块系统与之抗衡，按照技术创新中技术变化的强度分类，学者吴贵生将技术创新分为渐进性创新和根本性创新两类。新兴技术具有“创造性毁灭”（creative destruction）的特质，即它可以创立一个新行业或者改变一个老行业，对传统价值链产生冲击；同时，它可以改变企业价值链结构，改变辅助价值链，并且重新定义其业务范围，如苹果公司iOS系统就是信息产业内的破坏性创新技术。iOS系统是苹果公司iPhone手机专用的手机系统，它的独占性尽管没有给它带来如安卓系统所具备的“公地繁荣”效应①，但其独创性的系统设计改变了

① 惠双民在《资产专用性、网络扩展和私人秩序》一文中提到，因为资产专用性的存在，个人进入网络投下不可收回的沉淀成本，由此构成可置信性承诺，通过私人秩序扩展了网络，实现了“公地繁荣”，达到了专用性资产网络外部性和网络经济效应的目的。

手机产业内的竞争规则，改变手机原来的基础结构、程序、组织结构、能力、思维模式、竞争行为范式，也改变了产品概念逻辑，它能够有效支持 iPhone 的硬件并具有较强的娱乐和应用以及互联网访问功能。苹果公司独特的产品链迎合了消费者高端娱乐享受，打破了手机行业原有的链条和优势，构造了智能终端生态链。

企业技术创新更倾向于努力改变现有的领先企业制定的游戏规则，强调技术研发的破坏性创新。高新技术企业在研发上力求突破，创造垄断性质的差异化技术优势。对于行业的技术领先企业来说，它们是行业规则和行业事实技术标准的制定者，这是以其与生俱来的技术优势、研发人才资源和强大的研发资金为基础的。而对于行业内其他非技术领先的企业来说，选择跟随抑或另辟技术研发蹊径则是当前企业主要考虑的创新策略。事实上，高新技术产业不论是原始性技术创新，还是经过改进、革新、转移或综合的途径进行的渐进技术创新，创新周期都明显缩短，这已成为当代技术创新的显著特征和必然趋势。高频率、短周期的技术更新，对于处在非领先地位的企业来说也是其高端创新的好机会，它们完全可以从高新技术领域寻求一个“Niche”空间，模块化的产品系统使得子模块系统可以在顶级行业游戏规则的夹缝中找到广泛的创新空间而占据技术垄断优势，为自己赢得市场，比如，由从 IBM 公司走出来的四个研发成员构建的存储朗讯公司独创性地设计生产了与 IBM 机可以兼容的子模块，即计算机存储设备，瓦解了由 IBM 计算机控制的硬件优势，从而在 10 年内保持了旺盛的市场生命力。我国华为公司在移动宽带统一标准的 LTE 技术上也试图从这一创新策略中获得技术垄断优势。目前“中华”两家公司都已经从高端技术专利垄断优势中获得了收益，并在国际产业领域竞争中改变了企业形象，提升了中国在通信设备产业的竞争力。

3. 高新技术过度产权化行为

正如上述分析所知，根本性创新是重大突破的技术创新，是颠覆性的创新。这种根本性创新对新兴技术企业成长具有重要的意义。而渐进性创新是对现有技术进行局部性改进所产生的技术创新，是渐进式创新成果累积的结果。在现实的经济技术活动中，大量的创新是渐进性的。对于高新技术行业内的企业来说，在追逐成果产权化方式时，已不再满足于单纯一般意义上的知识产权保护方式，而是更倾向于从产业链上控制顶级规则设计和顶级标准。对于这两种创新模式，应该采取何种产权方式加以保护，似乎是眼下产权制度建设应该关注的一个环节。

当前高新技术产业领域内，高新行业大多数产品具有系统性、复杂性以及高新性等特点。因此，对于任何一家企业来说凭自身力量研发出来这样符合产业系统特质的产品都是非常困难的，技术创新的模式朝着系统网络模式的方向发展，在这种合作创新模式下，高新技术企业高新创新成果就面临着所有权分配的问题。与此同时，技术创新产权是一种资产，杨武（1999）将它称为技术创新资产，能给其所有人带来巨大的利益，其一，它本身可以作为企业一种无形资产，可以转售、转让，获得直接收益；其二，它也是现代高新技术企业保持竞争优势的一种手段。因此，保障技术成果所有人利益的合法性也成为这些企业当然追逐的重要目标。然而，没有任何一家企业可以拥有一种复杂产品生产所需的全部技术专利。为此，企业往往通过交叉许可，或者参与和建立专利池等方式实现专利合作。从某种程度上，这种企业间依靠专利发展出的相互制约关系也成为了企业开发新专利的动力，提高了行业技术水准。然而，任何创新成果的出现，往往接踵而来的就是企业的专利申请，这些分属不同所有人的专利在使用中耦合，从而形成了行业中企业在专利丛林中穿行的被动局面。事实上，高新技术产业领域内新产品、新技术研发所需的专利往往是交叉缠绕的，企业在合作与创新过程中，充斥着错综复杂的专利交叉许可形式，这使得保护知识产权的专利制度在保护创新成果方面出现某种“失控局面”。

更值得关注的是，随着专利工具对市场竞争的作用越来越明显，一条有关专利战的产业链渐渐浮出水面。在加拿大，新兴的逆向工程技术产业正呈现出迅猛的发展势头，利用深入到硅原子级别的逆向工程，人们可以发现哪些产品使用了别人的专利技术，进而为专利诉讼提供证据。正像市场人士所指出的，“知识产权既是价值连城的资产，又是体现竞争力的武器。因此，国际专利诉讼案件爆炸性增长，推动了逆向工程业务获得迅猛发展。而逆向工程技术的发展，反过来进一步促进了国际专利案件的爆炸式增长”（屈丽丽，2012）。

4.6.2　智能手机产业技术网络化创新的困境

多产业合作网络化技术创新模式一方面促使多元网络节点之间多层次、多类别、多主体的知识、技术在更广、更深的立体网络层面上得到了更多的融合机会，从而提升创新绩效和速率；另一方面，这种非线性的多元技术合作网络也增加了创新网络风险和摩擦发生的几率，带来了一些新问题。对创新活动相应的知识产权保护力度加强可能还会抑制创新。比如专利保护产生的法定垄断产生的公地悲剧和自我垄断效应等方面都会阻碍进一步的技术创新，因此，“保护规则的不当利用又加剧了技术创新困境”（高金旺，2007）。

1. *以知识为标的的交易风险*

首先，知识资产流失风险是高新技术企业合作创新必须面临的现实问题。高新技术企业拥有开放的企业边界，一方面可以从外部获取信息和知识技术，另一方面也面临着如何应对自有知识技术和智力资产流失的“边界困境”（李东红，2002）。20 世纪 70 年代，IBM 公司和微软公司合作研发操作系统，盖茨和艾伦把它与英特尔的通用芯片线做了匹配，这迫使把英特尔的芯片作为产品心脏的牛郎星和后来许多个人电脑退出市场，而微软公司则凭借软件开发使得操作系统成为其核心产品。1985 年 11 月 22 日，苹果公司与其开发供应商微软公司签署协议，同意微软公司复制苹果公司的操作系统的图形客户界面（GUI）技术，条件是微软公司继续为苹果公司开发办公软件（如 Word、Excel），这使微软公司获得了开发 Windows 操作系统的关键技术，并适时推出了操作系统，尽管苹果公司起诉微软公司的 Windows2.0 剽窃 Macintosh 的图形客户界面，但败诉的结果迫使苹果公司只得发布可以与 Windows 操作系统切换的 Quadra610 软件，但这已无法改变微软公司的产业垄断者地位。开放式创新模式在给自己机会的同时，也给合作竞争者提供了新的优势获取点，为此，高新技术企业在合作创新过程中需要高度重视自有知识技术的保护和产权界定，防范合作知识交易风险发生。

其次，知识产权对创新成果的过度保护引致创新抑制效果。现代高新技术产业中涉及的技术是复杂的，因此，通过合作开展技术研发活动的网络化创新模式几乎成为所有高新技术的研发模式。合作成员多元化，技术贡献度的差异化，技术交易的频繁化等因素使得知识产权交易成本和知识交易风险发生的几率大幅提高。比如，生物医药行业的一项复杂技术研发可能涉及多个领域的知识资产，这就需要拥有专利的合作企业，协商有关所涉专利技术的使用交易谈判，有时会涉及成千上万的专利授权谈判与协调，企业要获得专利授权，所涉的成本和阻力因素纷繁交错，这一切迫使越来越多的企业宁愿铤而走险，尝试采取未获得许可就使用，或者未获得许可就擅自使用其他企业专利技术的侵权行为。因此，这些知识资产政策以及新技术的交易复杂性和发展成本的提升都阻碍了那些拥有创新才华的知识主体进一步革新技术的动力。知识产权是促进创新还是阻碍创新，是促进产业技术创新能力提升，还是限制产业技术创新进一步提升的绊脚石，似乎成为现代知识经济中涌现出来的众多新问题中，尤其重要的一环。源自工业经济时代产权保护的延伸，当前的知识产权制度似乎更令人窒息（Liu，2007）。对根本性创新成果的产权化和高度保护机制是原始型自主创新者当前失控的专利制度（王中美，2012），似乎也表明了其根源来自模仿起步和创新保护制度之间的冲突。保持技术垄断地位和保护其原创精神的补偿，独占某项根本性创新产品或工艺的核心技术的一方，在这段时间可以保持独家垄断优势，这原本无可厚非。但一项真正意义上的高新技术，其特点往往在于它日益加速的更替速率以及具备引致新一轮技术创新，催生一批新产品及新产业的能力。如果过度保护，必然导致这种产业衍生效应被弱化，从而从长远角度看，不利于新兴产业进一步发展和演化。甚至可以说，这是发达国家制定的技术标准为了某些产业利益而设置的"技术壁垒"(张亚斌，2004)。知识经济体系的敏捷性、适应性和灵活性使得工业经济时代的知识产权制度的功用受到极大的挑战。

其三，对不同级别创新成果的不对等保护措施引致的产业创新基础的削弱。当渐进式创新成果的"移动专利"遭遇"突变性创新专利"的冲击时，就挂以侵权之罪，使渐进式创新成果的生存空间大大被挤压。因此，如何鼓励渐进式累积创新成果是此类案件背后需要额外考虑的另一方面的问题。正如三星公司在败诉后的抱怨，"今天的裁决……将导致更少的创新、更少的选择以及潜在的更高的价格"。……专利法……已经让"带圆角的矩形"这样的外观设计都可以被一个公司所控制，而这一切都是三星和其他技术公司正在努力改善中的技术(三星，2012)。对于行业技术长期发展来讲，这样的一味打压渐进式创新成果的裁决必将导致消费者选择减少、创新降低以及价格扭曲的隐患。借助几乎"失控的专利制度"保护创新成果促使技术高度集中在越来越少的技术垄断者手中，他们将全面掌控用户使用技术的方式，从而阻碍了长久有效竞争。计算机硬件更新速度平均 18 个月一个周期，而软件更新也紧随其后，但整个技术更新体系却因为标准 IP 保护期的存在淡出使用，而这些原本可以更好地被市场接受并推广的。而尤其要指出的是，隐含在原知识产权协议中知识还仍处在保护期，而不能转化为公共知识，更别说促进产业技术的进一步创新。

2. 高额的技术研发费用投入引发的技术选择和产品转换风险

探索新技术是一项有风险且不确定的任务。高新技术研发过程是复杂的，也是高风险的。为成为创新技术的拥有者，业界拥有创新优势的企业或者投巨资自主研发独立承担风险，或者和其他企业合作研发合力承担风险。但不管如何，高昂的研发费用对于任何一家高新技术企业来说都是一笔专用性资产。如谷歌公司的安卓系统目前是众多高市场占有率智能手机的合作伙伴，也可以说，它是各合作手机品牌在操作系统平台选择上的一笔资产专用性投入。因为有资产专用性因素的存在，在交易当中，交易各方尤其是受到此约束的一方会被捆束在交易中。资产专业化程度越高，其中一方越不会轻易选择退出，从而被高度锁定在某种知识交易中。但由于新技术具有不断更新和创造的动态性特点，市场外又可能提供一种新的适应性技术，并且构成一定的行业规模，而原有的资产专业化锁定的技术就成为行业技术发展的瓶颈。如今的技术生命周期快速缩短，新技术衍生的速度以及老技术退出市场的速度都在迅速加快，加速的技术选择率和产品转换率都增加了高新技术企业的运行风险。这一点在曾经的计算机巨头 IBM 身上得到很好的印证。20 世纪 70 年代末 80 年代初，由于“任何一位计算机专家只要拥有一间车库，就能够随手建立一套低成本的系统，而且性能绝对比得上市场里其他产品”（福斯特和卡普兰，2007），在美国的计算机制造市场上，每一家企业都面临激烈的市场竞争，对此，IBM 想“让 IBM 所生产的个人计算机，成为市场唯一的标准化、规格化的台式机”，然而“IBM 的事业是建立在庞大的专属系统上的，对这个领域里的新进企业而言，这些都是老字号的系统。而 IBM 不但没有接纳市场标准计算机部件的发展，反而在几年之后还推出了 IBM 的个人计算机，并遭遇市场大败（福斯特和卡普兰，2007）。同样地，诺基亚以每股 3.647 欧元现金收购 Symbian 公司 52% 股份，希望能像 IOS、Android 那样成为能够建立生态系统的操作系统平台。然而，Symbian 系统的智能手机推出较早，曾较长时间在智能手机市场处于支配地位，但由于系统代码、体系结构等特点，对新的手机硬件和软件的支持已显乏力，没有把握住前端消费需求，反而失去了高端智能手机市场。

3. 高新技术产业技术标准被钳制和潜在被锁定风险

中国工程院院士、中科院计算技术研究所所长李国杰曾指出，产业技术的演进如同一棵树的成长，大大小小的树枝就相当于不同层次的“共性技术”，一个企业、一个产业的技术水平可以用掌握共性技术的层次来衡量，掌握最基础的共性技术就相当于在一个行业中具有最强的竞争力和控制力。这一点从微软公司软件操作系统、苹果公司 IOS 系统、谷歌安卓系统的设计可见一斑。共性技术为其他新模块提供了嵌入接口规则，占据了整个产品乃至产业系统的神经中枢的地位，从而很容易控制和约束子模块的专业技术诀窍和关键技术环节与工艺。一旦掌握了产业共性技术的技术标准，企业就拥有了将其合作方永远陷入“被钳制”地位的能力。专利争夺战大多发生在集成电路芯片、生物技术以及计算机软件设计等高新技术产业领域的企业之间。这些技术实力雄厚的企业甚至试图用它们所拥有的专利技术覆盖一种产品、一个行业，实现技术垄断和市场垄断。其他技术落后的一方则陷入这些国家所制定的标准锁定风险中。企业、行业乃至国家间交易所涉及的技术相对于一方而言，资产专业化程度越高，它就越不会轻易选择退出，从而被高度锁定在某种知识（技术）交易中。比如，技术生命周期快速缩短，新技术衍生的速度以及老技术退出市场的速度都在迅速加快，市场外有可能提供一种新的适应性技术，并且构成一定的行业规模，而原有的资产专业化锁定的技术交易就成为行业技术发展的瓶颈。再如，工信部电信研究院 2013 年 2 月报告称，Android 占国内 86.4% 市场份额，谷歌已经形成庞大的生态系统，而我国移动操作系统起点低、起步晚，对 Android 存在严重路径依赖，其核心技术和路线受到谷歌的严格控制，在知识产权上受制于人，并时刻面临谷歌的商业歧视。

产业生态系统如同生态系统中众多生物物种和种群间复杂的系统性关联链接而成，通过系统内部的适应性调整而演化（章帆，2010，pp.19–20）。如果某一个产业或者多个产业被一种技术长期控制，则会损害产业生态系统的基因多样化、结构复杂化以及功能完善化的演进方向。每一项技术都遵照其各自的发展轨迹演进，当单项技术接近临界点时，想突破技术瓶颈尤其困难。这时，不同的特别是互补的技巧、能力、知识和专门技术如果具备充分的差异性，就能产生创造性摩擦（Creative Abrasion）。Nissan 国际设计部的总经理曾对这一词做了解读，认为它强调冲突产生的能量可以引导到创造性而不是破坏性，引向综合而不是分割（Leonard，1995）。于是，多项技术的跨界利用实现了既有技术的聚合利用，这也促使一些原本毫不相干的技术链接而成一项新技术，如仿生技术。正是基于互补技术所形成的“结构张力”构成了企业间技术合作的内在驱动机制。然而，如前所述，拥有技术研发优势的一方总会利用合作机会获得优先发展的先发“势”，而处在技术势差高端的一方会通过各种渠道渗透到一个行业的各个角落，多个其他行业，甚或另一个国家。无所不在的技术渗透到一个国家或者一国内多个行业的中低端技术中，使得技术在发展中长期受到高技术的渗透，并有被吞噬的风险。

第5章 知识网络风险治理实践与策略研究

正如美国沃顿商学院管理学教授哈比·辛格（Harbir Singh）说，与外部企业建立合作知识网络，也就是辛格所指的“企业延伸”，而不至于偏离企业核心，让企业为此绞尽脑汁。辛格认为，“为了确保外部延伸成功，企业应该在合作与网络发展能力上进行投资。但是，以‘企业核心’为本，又强调企业核心至上，合作与网络发展能力次之……归根结底，是资源分享与资源保护之间的矛盾”。组件合作模式是为简化系统复杂性的手段而出现的，组件子系统可分解简化复杂问题，但与其同时出现的组合性以及不同组件之间的相对封闭性和耦合性产生了意外的副作用。在残酷的创新竞争中，这种通过快速进入并退出合资企业、技术联盟、分包协议、改用协议及财务安排等技术创新轨道的组合模式，在加速技术和知识创新速度的同时，也加大了设计过程的不确定性，比如高新技术产业动态创新的模块化产业组织系统既具有正反馈机制也具有负反馈机制：在模块化产业组织发展的初始阶段，系统组织比较小，但模块化产业组织系统有自增强的机制，使模块化系统边界不断扩充。如果创新不能持续，或者系统规则不能适应环境的演变，模块化产业组织也可能产生负反馈机制，抑制其内部企业及整个产业的扩张。模块化产业组织结构下，各个子模块系统之间是所属大系统中的知识节点，这些节点之间以及节点与系统的界面连接和设计规则等之间的交互关系，构成了另一种知识网络系统，这种知识网络系统是产业经济领域中重要的软力量，对于这些软要素的约束和激励机制的设计将直接关系到产业技术创新以及行业内企业技术创新绩效。

因此，随着我国企业技术创新实践的深入展开，我们还迫切需要对不同的行业属性进一步探索行业所属的跨组织知识网络的风险倾向，并针对性地提出一些风险规避措施，以便及时防患于未然。本章前四节内容恰是针对第四章中所列举的知识网络的四种应用场景，提出的相应治理策略。第五节则是针对浙江省在探索产业技术创新成果推广和应用方面的实践探索，第六节针对第二章中对某市LED产业集群的实际调研，做了创新网络关系优化的一点建议，也特别列为一节。

5.1 场景一治理：复杂技术网络布局的风险规避策略

网络治理的关键，在于设计激励和约束经济主体的制度决策行为（李维安、周建，2005），这是一个新的有别于单纯依赖社会机制的网络治理方向。如何对复杂技术网络化布局的潜在风险加以规避，实际上也是知识网络治理的一个核心问题，也是难解问题。

为此，我们通过设计针对性的制度和机制，对网络风险治理问题做尝试性探讨，从三个方面提出一些策略与建议。

1. 高技术企业间网络合作规则的慎重设计

其一，创新网络行为主体间竞合、创新规则的慎重设计。为避免复杂技术创新网络中的各种因不完备契约而引发的风险，基于复杂项目的合作网络有必要对成员的竞争和创新规则进行事前规划以及事后监管的严格设计。规则设计如同工程学上的“顶层设计”，运用系统方式，自高端开始的总体构想和战略设计。针对如何设置网络规则以实施网络治理，Jones et al.（1997）从社会机制设置角度，对合作交易行为规制提出了颇有见地的思路。首先，应对网络成员资格设置进入限制标准。适度设置进入资格标准，除了可以降低协调成本、保卫交易的安全性外，它事实上是战略性地减少网络成员数量，实现对网络成员等级优化和关系约束机制。其次，网络泛文化的培育。这种文化氛围的培养依赖成员间对合作共同愿景的培育，培育完成复杂技术信号传递的语言体系以及设定行为的隐性有限的共享规则，甚至可以邀请第三方加入网络的流程管理，增强成员间对彼此的信任度。网络治理的社会机制在促进企业合作行为，然而也引发个体理性导致集体非理性的社交悖论（social dilemmas）（Kollock，1998）。如何解决这一棘手问题，除了通过社会价值导向引导、网络沟通机制、集体认同等网络合作文化环境培育外，也可以通过设置网络结构预防和规避合作主体的偏离行为。一定意义上讲，治理网络就是如何有效增进信任水平的治理规则设置。为此，有必要建立和完善网络成员间信用管理体系，制定统一的信誉评级标准，由第三方执行跟踪评估。不仅要对其进行一些硬性指标如设备资源、质量控制等方面的评估，更要对其在与其他组织合作过程中的表现如开放性的交流、信守承诺等方面作出评价，为网络中的成员在相互合作的过程中营造一种安全的经营环境，防范网络合作过程中的种种风险。

其二，激励与惩罚规则。如何激励网络有效有序的竞合关系，促进复杂技术创新，我们可以从两方面加以考虑：第一，剖开复杂技术创新网络节点，我们追溯节点内部的技术员工。在制造企业集群合作创新过程中，各个合作企业参与产品创新的员工的流失，特别核心员工的离职，不仅会影响合作创新过程的正常进度，甚至会引发知识产权外泄的风险。因此，合作创新组织，特别是核心企业，一方面可以通过内部核心技术知识的共享，尽量避免或减少部分员工对这些重要资源的垄断掌握；另一方面，合作创新组织应细化创新核心员工在合作创新过程的贡献，将物质奖励与精神奖励相结合，通过建立长效的激励机制，优化创新核心员工的绩效评价体系，保持合作创新组织内员工，特别是核心员工的稳定性。第二，针对复杂技术创新网络的节点，即企业层面规则的设计。合作创新网络本质上属于多层委托代理关系，其治理关系涉及多个利益相关者，分配的不公平性致使技术创新合作陷入无限的机会主义循环圈中。所以，对于企业家的产权分配激励变得尤为必要。设立第三监督者，对在监督过程中发现的偷懒等低效率消极怠工行为，采用与公司员工激励制度类似的制度来激励企业家们研发的投入和参与力度，并设立与产权利益挂钩的奖惩制度来促进复杂技术创新网络效率提升。复杂产品技术创新网络是一种社会网络，网络中的企业是有限理性的社会人，其合作是因有限理性而易造成事前弱约束，即未形成防范道德风险的完备契约，不利于受害企业对投机企业的制裁与惩罚（赵骅、鲜丽姣等，2010）。缺乏有形的约束本身就是合作创新的一项不确定性因素，因此，只有确立了明确的惩罚规则，才能更有力约束合作行为主体。Jones et al.（1997）提出集体制裁机制、规则规定，网络中的成员行为如果违背集体网络规范和价值理念等，将予以集体惩罚。这是网络治理的重要手段，而它之所以有效，在于合作企业受声誉机制的无形约束。为此，可以考虑组建一个第三方的复杂技术创新合作仲裁委员会，其运作机制旨在及时记录谁在合作中采取机会主义行为，谁没有支付合作创新失败后的赔偿，并且定时公布，方便对声誉不佳的企业进行集体制裁。

2. 规范复杂技术创新网络集成管理与构建网络资金支撑体系

知识是技术创新网络中的核心资源，也是网络中企业间关系形成的基础，知识整合是创新网络管理中知识管理的一个过程，对该过程提供资金支持并形成有效的技术集成机制是复杂技术创新网络风险规避的关键之一。从理论上看，在创新网络的特殊背景下，集成管理的首要任务是确保知识的充分流动，并提出通过网络中的一家中心公司来集成管理创新网络的知识流动（Dhanaraj and Parkhe, 2006）。台积电（TSMC）作为一个集成芯片制造商领导的半导体芯片制造网络，其创新网络管理也很成功。TSMC 花了大量的时间和努力确保设计工具、部件和设计库的优化，让其成员自由使用用以创新设计，这不但避免了重复研发、设计时间和投入成本等问题，同时也解决了其成员的创新设计与 TSMC 生产相匹配的问题。其成员将自己的设计交给 TSMC 组建设计库，但成员不会事先得到报酬，只有当他们的设计被 TSMC 使用时才有回报，这鼓励了其成员为共同的设计库多做贡献，设计库是网络中所有企业的共同财产，由 TSMC 管理，即台积电不拥有这些设计所有权，但它有管理这些设计的权利。

除了加强对网络集成管理外，还应针对复杂技术网络化创新的技术特点，加大对其关键部件和关键企业的投资，尤其是关键技术中试环节的投资力度。一般而言，核心企业在创新网络中处于关键位置，是整个创新网络最不可缺失的部分，核心企业通过融合或促进网络中其他成员的创新达到自己设定的创新目标（Satish Nambisan，Mohanbir Sawhney，2011），它通常充当创新网络中平台领导者（platform leader）和创新融合者（innovation integrator）的角色（汪秀婷等，2012），对复杂技术网络创新绩效的影响也是最为直接的。针对涉及复杂产品系统创新发展的关键企业和关键技术，除增加实验室研发这样的小试环节外，鉴于复杂技术关键部件对产品体系影响的系统性，在一项技术推向市场前，不可忽视的一个环节，就是中试。为克服关键技术对整体产品体系可能产生的系统风险，对中试环节加强专业化投资，建立中间性试验的专业试验基地，通过必要的资金、装备条件与技术支持，对科技成果进行成熟化处理和工业化考验就不可缺少。复杂产品的中试模式是对创新网络中的中试环节的投资力度和方向的重要考量。贾玉平、任慧（2015）按照复杂产品特性，提出了应该采用小试、中试合一，生产独立的中试模式。

在实践中，美国的半导体行业的战略技术联盟 SEMATECH 就是一个类似的复杂技术集成管理中心，算是一个较为成功的案例。它于 1987 年获得美国政府年预算补贴 10 亿美元的资助，成员为 14 家在美国半导体制造业中居领先地位的企业。其使命有二：其一，提高半导体技术的研究数量；其二，为联盟内的成员企业提供研发资源，使其能够分享成果、减少重复研究造成的浪费。该联盟组织管理着一个全球领先的合作伙伴国际网络，有别于一般的产品研发，它不参与半导体产品的销售，不设计半导体产品，不限制其成员企业在战略联盟以外的 R&D 支出，而是集中过程管理和协调。比如，SEMATECH 负责购买、测试半导体制造设备，将技术知识传播给其成员企业，通过统一购买和测试，可以减少企业重复开发、检验新的工具。其运作则由成员企业提供资金资源和人力资源，即成员企业需将其半导体销售收益的 1% 上缴给联盟，而在人力资源方面，Sematech 内的 400 个技术人员中，大约有 220 个来自于其成员企业。然而不能不说，这样为行业供应商研发提供资金支持的半导体制造技术研发联盟在大多数其他行业并不常见。美国政府正在仿照 SEMATECH 模式，在太阳能和汽车行业尝试建立研发中心，开展竞争前项目（Pre-competitive）的研发项目研究（Lange et al.，2013）。

3. 技术产权制度创新设计

技术产权清晰与否，在一定程度上决定了创新活动是否成功。一方面，技术一旦被赋予产权，便排除了仿制者对技术创新产权所有者利益的侵犯，为技术创新提供了持续、有效的激励动力。而另一方面来看，在开放式创新下，复杂技术领域合作研发客观要求产权的交融使用，这模糊化了初始产权界定的界限，也强化了技术产权所有企业对自身技术利益的追求。复杂技术网络化布局将如何优化保护技术产权推到了一个前沿位置上，单纯依靠明晰的产权提升复杂技术合作研发效率已经成为一个令人质疑的命题。因而，杨立华（2013）提出了应以产权有效而不是产权清晰为标准，解决产权安排和产权问题是解决的核心手段。什么样的产权界定才能有效激励创新呢？

其一，从企业产权制度激励的对象看，针对复杂技术网络化布局，政府应对产权加以模糊化界定，放宽技术成果的援引范围。昝廷全（2001）提出的产权安排最低层次原理把产权分为个人产权、家庭产权、企业产权、区域产权、国家产权和全球产权这 6 个层级结构，认为产权安排应当从层次尽可能低的产权主体开始，当低层经济系统的产权需求被满足之后，再将产权安排给高一层次的经济系统。田富俊等（2006）也认为只有当较低层次的需要得到充分满足后，后面的需要才具有激励作用。而复杂技术网络化的布局格局具有其特殊性，由模块化组建的复杂技术创新系统，各个模块的划分都是经过深思熟虑的，其每个模块的创新绩效，合作交流程度决定了整个系统的成功率。所以，任慧、朱美容（2014）提出，从中观层面上来，产业技术创新体系中每一个层次、每一个环节的渐进式创新，都是相对独立的完备创新系统，其知识产权安排应该得到最基本的保障，由低到高层次的产权保障安排，对于创新成果簇群式涌现的复杂技术而言，无疑可以保证产业整体创新的产权需求。然而，仅仅满足低层次产权需求，对于更高层次的技术创新未必是一件最优、最有效的产权制度安排。正如第 4 章应用场景一所提及的，如果技术升级所需要的渐进式创新成果形成堆积之势，这些最低层次的技术因为产权利益纷争，可能会导致较高层次的关键技术创新进程受到掣肘，甚至使整个技术体系止步升级。因此，对于复杂技术创新，政府应该从更高视野，对复杂关键技术创新所需要的渐进式创新成果给予一定的产权模糊化界定，对技术成果援引适度放宽，或者对关键技术创新成果的所有者给予一定的政策激励，阻止个体追求过度的自身利益，而损害整个网络化创新进程。

其二，从产权技术成果的层次优化角度来看，应通过知识产权制度的创新，有效约束渐进式技术创新的成果认定和审核门槛，提升渐进式创新成果的层次，催生突破性创新成果。截至 2014 年底，我国专利申请量连续 3 年位居全球第一，但我国科技成果转化率却很低，仅为 10% 左右，远低于发达国家 40% 的水平，知识产权大而不强、多而不优的矛盾凸显。相对欧美日等知识产权大国而言，我国的渐进性创新比重远高于突破性创新。为此，在正确权衡渐进性创新和突破性创新的基础上，应从完善专利产权制度体系角度上，充分发挥政府的政策引导作用。高技术的复杂产品创新活动中往往涉及众多的专利，各种专利组合是复杂产权生产研发的模式。而目前的专利制度偏离了预期的保护创新的初衷，由于专利审查主体的主观性、专利审查组织的松散性以及专利审查技术的有限性和审查时间的局限性等原因促使专利数量开始呈现爆炸性增长，但同时专利质量也在不断下降。因此，要优化我国现有的专利制度除了需要提升专利审批力度、审查质量及效率和提高技术层次外，更应建立发明专利技术评级制度，对不同级别的技术发明专利采取不同的优惠措施，以鼓励突破性创新、鼓励扶持中小微企业创新，降低中小微企业知识产权申请和维持费用，借以促进我国技术创新层次的优化。对此技术层次结构优化问题，North（1990）认为，存在技术性和结构性两种生产边界。产权结构决定了结构性生产边界，有效的产权结构能使技术边界以内成本最小而产量最大。一个社会的产权的有效性，一方面表现在它的特征上，另一方面表现在它的经济绩效上，其中最根本的是能否使经济获得可持续的增长。有效的产权结构必须是最大程度地消灭外部性，能够降低产权运行过程中的交易成本，激励生产性投资而不是攫取租金。而要实现这些目标，政府应将加大对中小企业的激励扶持力度，据统计，我国小微企业虽然完成了 65% 的发明专利以及 80% 以上的新产品开发，但普遍存在创新动力不足、经营压力大、融资困难等难题。而美国对于申请专利的小型实体和微型实体进行扶持，分别减免 50% 和 75% 的专利费用。在这一政策导引上，应给予政府更大的制度设计空间。

在产业结构知识化与分工专业化日益加强的环境下，复杂技术体系作为纽带，将产业一体化的价值链逐渐裂变为若干个相互独立的价值节点，再通过各个价值节点的集中与整合，形成一个庞大的价值网络。在技术系统日趋复杂的条件下，复杂技术创新首先基于簇群或多类型跨组织网络，其研发方式与分工方式的创新亟需制度创新，形成新的技术制度系统。然而，随着复杂技术创新网络的交互关系发展，高度激烈的行业内及行业间竞争和创新强度进一步变异出网络化创新的隐患。究其根本原因在于，复杂技术创新尤其是在链式衔接的网络化创新模式下，只有所有关键技术部件都能及时提供，复杂技术研发和复杂产品生产才有望实现。而当任何一个关键部件缺失或供给不及时，整个系统技术的发展链条就会断裂。鉴于产品的系统性，链条断裂会造成另一个恶果，即一个关键技术环节的失误或流产，就会使所有即使能提供供应链上产品或服务的投资企业丧失收益的机会。面临高度不确定的风险，复杂技术创新主体不但要承担可核算的风险和高研发成本，还面临着处理随时可能发生的网络层面或系统层面的随机不确定。

而与此同时，复杂技术系统各子系统之间知识关联性较低，而产品设计和生产本质上大大提升了任务复杂性，而更多业务单元、关键模块和关键技术的介入，加之不同的业务往往被不同的专家或企业所垄断，而当时间压力（time pressure）与任务复杂性交融时，势必对研发流程产生严重协调压力，这些因素都进一步增大了网络节点间的行为依赖性和整体协调必要性。面临复杂技术网络的系统性风险，应从多维角度加以规避。不管是理论上，还是实践领域，单纯以社会机制治理作为网络治理的一般理论似乎亟须发展和变革。Jones 等（1997）和后来国内学者大多是以社会机制为基础提出的网络治理的理论模型，然而，社会机制作为网络治理的基础并不能对治理机制本身进行替代。正如李维安、王建（2005）所提及的，网络治理机制主要是设计激励和约束经济主体的制度决策行为。事实上，有关网络治理的制度规约方面的研究一直在探索中，比如关于如何加大对创新网络的资金支持的研究，国内外研究的文献较少，而提出具体的治理机制更是缺乏。文章最后从规则设计、网络化研发资金投入支持与管理以及产权制度创新等方面展开进行研究。这是对动态知识网络治理的一次机制设计上的尝试，对形成知识网络风险的系统性治理框架具有重要的推动作用，尤其是针对复杂产品的创新网络风险治理有着重要的实践意义。

5.2 场景二治理：专利网络化运行规制策略

针对第 4 章有关专利联盟运行中存在的困境与问题，本节从如何有效组织行业专利技术、如何有效规制专利相关利益主体的行为以及如何有效设定专利制度规制目标等三个维度，阐述如何有效规制专利网络化运行中不利于技术创新的不良倾向。

1. 有效组织行业专利技术

针对专利丛林现象，建立高效运行的专利组织是关键。首先，构建有效的反垄断法，对竞争性专利技术构建的专利池加以规约，避免其窜谋形成有碍竞争的局面（Department of Justice and Federal Trade Commission，2007）。其二，建立运行有效的专利联盟，在专利联盟之前，需要对加盟者进行合理分工，即上下游技术匹配合理，拥有过硬技术水准的专利或者专利群，如可以构建满足专利组合上的完整性和专利功能完备的“前端控制”型专利联盟（徐明华、陈锦其，2009）。通常来讲，对专利必要性的衡量有两种维度，一是技术上的必要性，即此专利权必须与专利联盟许可范围内的产品标准直接相关；二是经济上的必要性，即为实现专利联盟的功能，若想绕开某项专利需要付出非常大的成本。专利池构建时考虑专利必要性的两大维度，暗含了一个基本条件，专利必要性必须是动态衡量的，因此专利池中的专利也应随着必要性条件的变化而动态变化。其三，组建专业的专利经营公司集中管理专利技术。专利运营是目前大多数拥有技术优势的企业实现专利价值的重要途径，比如中兴通讯已经处在全球 4G 核心技术专利的第一阵营，通过 TD 产业联盟，2005 年中兴通讯向美国摩托罗拉公司和北电网络公司等国际通信产业巨头进行专利许可。而对专利公司的运营，在于选取合适的方法衡量其核心技术专利的价值，使该价值快速反映市场规模的变化。就如何选择专利或专利组合，IPXI（全球首家国际知识产权交易所公司）主要看重两点：首先，专利的质量；其次，专利所提供的技术是否是公司所需要的。除此之外，它们还动用 IPXI 内部的金融分析师、市场分析师以及专利分析师对公司的专利实施动态评估，甚至会和外部专业的专利评估公司如 RED 公司合作，进行专利组合有效性的评估。

2. 专利相关利益主体的行为规制

规制者应该告诉被规制者做什么，这也是行为规制要解决的问题。在行为规制中，就涉及信息和激励这样一个双重问题。在对专利保护过度这一行为规制中，我们拟从以下三方面讨论当前的研究。

其一，合作投机行为应加强规制。专利问题出现根源之一在于合作创新中的产权模糊。从当前专利保护过度领域来看，主要集中于技术研发活动频繁的技术产业领域，如通信行业、电子产业、医药行业、计算机软硬件行业等。近年来这些行业的技术演变呈现高度复杂化态势，这也促使这些行业中的技术创新模式大多采取多家企业，甚至是跨行业协同创新策略。李玉璧（2013）和马远琼

（2011）都认为企业之间协同创新能够创造更多的知识产权创新成果，但是也会产生知识产权共享冲突。由于合作创新的复杂性，合作契约很可能无法全面涵盖合作活动所涉及的所有条款，因此对于合作过程中可能发生的有关知识转移以及创新成果界定与分配的矛盾和冲突。合作契约的不完备降低了对合作各方的约束并会增加合作风险。这种开放式创新还意味着对同一行业可以容纳不同的技术专利权关系，或者说，不同的专利技术主体可以共融于同一产品之中。这种错综复杂的专利权关系为知识产权纠纷埋下隐患，如果一项知识产权的共同权利人过多，今后的专利申请和维护、转让以及许可会更为复杂。孙雷（2011）认为，这种产权复杂性可以分为两个方面：①对参与各方投入已形成的知识产权的保护，以防合作中非拥有者对知识产权的滥用；②在合作开发过程中所完成的共同的技术成果，对这部分知识产权的归属和利益分享要有明确的约定，以防侵犯权利人应有的合法权益。这种基于机会主义行为根源在于合作技术的公共产品特性。为解决这一问题，杨玉秀等（2008）等认为，需要转变合作创新中共享知识的公共产品特性，形成“半结合”而非“全结合”的产权状态。也就是说，针对合作创新中共享知识的公共产品属性，需要建立一种不同于一般物化的权利的产权，而是建立一种新的、基于关系的产权。蒋玉宏等（2011）把这种公共产品属性的知识产权界定为前景知识产权。对此类知识产权归属问题，应尽可能不采取共同共有，或尽可能减少共有人数量，且从技术的专利权归属规则设置上还要考虑专利审查程序中发生的变化，并且在共有前景知识产权的情形下，合作成员需要界定各自的比例，设置所有权的行使条件，规定取得和维护知识产权费用的分担和知识产权开发利益的分配方式。

其二，为提升专利质量而对企业专利申请行为的规制研究。在专利申请早期尽可能更好地进行筛选，减少机会主义和反竞争性的诉讼，屏蔽无效和低质专利。(1) 增设专利审查员，重新设计审查员的薪酬奖励体系，激励审查员寻找与该专利申请相关的信息。或者，可以将专利检索工作外包给专门从事专利检索工作的第三方专业机构。(2) 改革专利授权体系以避免“问题专利”的授予，从制度上提高专利授权的判断标准和执行上加强专利审查力度。我国在 2008 年对《专利法》的第三次修改中也将“相对新颖性”标准改为“绝对新颖性”标准，已经提高了专利新颖性的要求。(3) 在审查过程中引入社会监督，比如美国纽约大学和美国专利与商标局合作实施的一个名为“透视专利”的项目，它是一个以提高专利质量为目的的在线系统，首次将公众的参与引入专利审查程序，任何人都可以在线提供与待审专利或已公布专利有关的在先技术，为审查机构提供关于待审专利的相关信息。也有学者提出，可以利用专利局收费机制的调整控制企业的专利行为，采用下降型专利使用费规则，即根据披露专利的顺序确定专利费的比例。这种社会监督模式也反映了如今国际上对专利行为规制的一个方向。

其三，专利交易行为规制。对专利交易行为的规制，主要涉及专利技术垄断行为和由于信息不对称及外部性等市场失灵问题引发的行为的公共规制。Ryan and Petra (2012) 的最新研究发现，在不受反垄断法约束下，企业会选择不对外许可其专利技术。他们还发现，成立于1930—1938年间美国的20个专利池没有向任何池外企业许可过专利。专利技术垄断行为往往与标准问题捆绑，企业或产业联盟力求将自己的专利技术变为标准，以获取最大的经济利益。标准是国家主权在经济领域中的延伸，标准化已经成为专利技术追求的最高体现形式。针对单一企业专利技术或标准垄断，实施专利强制许可是防止滥用专利垄断权的重要手段。

毛金生、程文婷（2011）还提出，应尝试从审查制度和强制许可制度方面进行完善。现行的英国专利体系中设置了一个为被许可的专利降低专利维护费的条款，意在用额外的利益鼓励专利权人以适当的许可费将专利许可给第三方。针对信息不对称等引发的道德风险行为，如专利钓饵现象则是微观规制应着力解决的。在此方面，企业除了可以通过完善契约保障外，规制还可以在专利运营模式上创新，比如美国对专利权的归属问题采取了既灵活又模糊的原则，即由政府获得专利权，而其他情况或一般情况下，则由承包人保留专利权。国家专利局评估和收购专利技术，并视情况向国际申请专利。在本国范围内，公开专利技术，任何单位和个人都可使用。使用专利技术者按该技术对产品的贡献率确定一个比例，在销售额中提成上交国家。专利局又按合理比例奖励专利制造者（奖励期限为3—5年）。这有利于在国家范围内形成技术群。而一些微观领域的运营模式也在悄然兴起，比如2013年10月，全球首家国际知识产权交易所公司（简称IPXI）成立，它是依据市场基准进行定价并通过标准化条款促进非独占专利许可、知识产权股权交易的金融交易所，其经营模式的创新之处是由独立的第三方根据市场规模来定义核心技术专利组合的单位许可费率及条件（ULR：Unit License Right）。任何企业可以根据自己的需要从交易市场上按统一的条件和价格认购 ULR。不需要单独进行繁复的许可谈判。如因某种原因多认购了 ULR，企业可以将没用完的 ULR 拿回交易市场按当时的市场价格出售。这种把专利许可权商品化的制度是一个很好的制度创新，这对我国专利交易模式改革提供了创新空间和思维向度。

3. 专利制度的目标规制与管理转型

通过制度安排不断促成维护激励的规则和秩序，是推进企业技术创新的一个首要条件。政府规制以法律的形式深度介入专利制度乃至国家创新体系的运行成为知识产权制度创新的一个重要动向。对高新技术产业的知识产权布局决定国家在未来高新技术产业链条中的位置。然而，近年来，市场化的制度导向致使着眼于渐进性创新几乎取代根本性创新已然成为我国创新主体的主要目标，这似乎远离了专利制度最初的创新激励目标设定。由于知识产权制度的"异化"，必须重新建立优化创新激励目标机制。当要保护的创新成果发生变更时，摒弃传统专利制度的单纯比较和静态选择，而更应从动态的角度来看待知识产权制度的发展以及对新客体的包容（董雪兵等，2006）。之前的研究认为，知识产权制度体系确立一个重要前提在于产业同质性，即产业差异不会对知识产权制度的作用机制和激励效应产生显著影响。然而不同产业对知识产权的敏感度很不相同，这种差异主要源于不同产业知识资产的排他程度，或知识资产在各个行业的重要性不同。因此，对于知识产权制度的革新应该考虑将其多元化，即针对不同的知识创新和传播状态设计不同的知识创新激励制度。

从专利技术发生频率角度看，可以把行业分为离散性技术创新行业和累积性技术创新行业，王太平（2011）认为，在离散创新行业中，专利制度是保护专有权的主要手段，而对累积性创新行业，专利主要是用作封锁竞争对手的手段。因此，应该并对其专利实施不同的专利保护政策。对累积性技术领域，如计算机领域与电信领域，适度控制它们的专利申请量，会一定程度上使累积性技术领域中上游技术有效传递到下游技术，保障技术起点与技术终点之间知识传递的顺畅，有效促进创新是专利制度改进的方向。而在离散性创新领域，传统专利制度因对知识创新者的有力激励而具有更强的激励功能。刘华（2006）就指出，需要在法律制度规制和政府干预两个层面上优化我国专利制度构成结构，比如，在制度层面，应对实用新型和外观设计专利规定较严格的授权程序并在法律保护水平上与发明专利拉开差距，以在一定程度上抑制低层次专利泛滥；在政策层面，国家知识产权战略和相关配套政策中应扶持对产业发展具有启动或推进作用的高水平创新工作，提升根本性创新的比例。

针对专利制度自身的创新导向，目前的专利制度一定意义上也背离其原本的存在动机。Stuart 和 Graham et al.（2009）对美国近5000 个高科技企业家调查发现，从事高新技术的企业家之所以诉诸专利制度，依赖专利促进企业技术创新的动机极其微弱，相反动机往往锁定在其他因素上，如防止他人模仿该产品或服务、防止其他公司对自己发起专利侵权诉讼的几率，或者借助专利提高公司的谈判地位（如交叉许可），或借此增加专利许可收入、提升公司的声望或产品形象等，这与专利最初的激励创新的动机设计背道而驰。为此，刘洋（2009）建议应合理设计专利权的边界，在理论上存在着专利长度、宽度和高度的最优解。以诺德豪斯为代表的一大批学者则普遍认同，不同的专利保护都可能是最优的，不存在一种固定不变的、单一的最优专利保护模式。要保证与正式专利制度革新意图一致，政府还可以设置其他的政策工具加以辅助，如可以采取政府资助、税收激励、补贴、奖励、专利买断等，建立互补的创新激励制度，尤其是加大对中小企业的资助、采用税收激励、补贴等政策激励工具。奖励制度是一种与专利制度互补的创新激励制度。专利适合于对应用性科研成果的激励，而奖励则更适合于对重大基础研究、共性技术研究的激励。此外，还有创新奖励基金制度、专利买尽制度、非独占专利制度等。激励知识创新的制度不仅是多样的，而且这些多样的制度之间是可以相互替换的，存在创新激励的“制度选择集”。

专利作为知识产权体系中最重要的一种形式，自出现就被赋予了其神圣的创新激励功能。然而，在近年来高新技术产业领域内，它在扮演知识保护方面的功能意图被企业过度放大，从而引发了一系列与专利过度使用问题相关联的现象。这些现象的出现，促使人们开始就专利竞争对高新技术产业发展是促进还是阻碍这一问题进行争论。而围绕着这些争论，国内外学者对专利竞争负面效应如何治理加以探讨。我们围绕应该如何组织行业专利技术、对专利相关利益主体行为规制以及专利制度目标设定等三个层面的规制进行研究。

我们知道，在没有政府的情况下，界定产权是通过谈判、达成契约实现的。契约论认为，凡是达成契约的有关产权的谈判，都可以视为是对产权的最佳界定。但谈判中，若想获得各方都满意的结果，就必须搜寻足够的有关信息，进行内容详尽的谈判，制定条款完备的契约。因此，创立以及维持产权界定的结果需要巨大的交易成本，有时甚至会高于产权的存在本身给人们带来的利益。政府确立产权制度降低了界定和保护产权的费用，那么，在保护产权和解决产权纠纷方面，政府的效率远远高于其他形式吗？当政府介入以后，运用法律或制度代替交易双方的契约谈判，产权的界定就有可能使至少一方不满意，从而未必是最佳的。法律在界定产权方面的效率甚至低于平等的谈判，从而使法律形式本身成为值得怀疑的对象。

如何更优地配置技术创新资源，有必要变更专利产权界定方式。产权界定可以被视为一种持续发生的交易活动，且如科斯所言，即使在交易费用为零的条件下，不同的产权界定也会带来不同的资源配置效率。换句话说，有没有产权和确定什么样的产权是截然不同的问题。一种界定可能比另一种更有效率或更无效率。那么，如何判断一种产权规则优于另一种呢？又怎么知道什么是最佳产权界定呢？目前，针对如何规制专利的问题依然是国内外学界热议的话题。为解决知识作为公共产品引发市场失灵而设置的次优制度安排，专利制度既是法律规制形式，也是政府规制行业发展必要的政策手段，如何权衡专利激励与社会福利既是专利制度未来的改革难点，也是专利规制促进产业发展要解决的关键问题之一。

从国家治理角度来看，专利制度隶属我国的知识产权制度，是深化知识产权领域的体制改革的重要组成部分，也是加快推动知识产权强国建设，实施创新驱动发展战略和供给侧结构性改革的迫切需要。国家对专利制度的规制也应纳入知识产权制度的综合管理改革中，意味从以往的分散管理，走向“三合一”或“二合一”的集中管理体制（吴汉东，2017）。从知识管理体制上实现统一的知识产权治理，配合统一的知识产权执法体系，实施一体化知识产权公共服务。2015 年 12 月，国务院发表《关于新形势下加快知识产权强国建设的若干意见》，提出“有条件的地方开展知识产权综合管理改革试点”。2016 年 12 月，习近平总书记主持召开中央全面深化改革领导小组第三十次会议，审议通过了《关于开展知识产权综合管理改革试点总体方案》。在全国范围内，上海市浦东新区自 2015 年以来首创专利、商标和著作权的集中管理机构，此外深圳、长沙以及各自贸区也开展了试点改革。如今，我国在完善知识产权制度改革、治理规制方面以及维权援助机制等方面都有了很大进展。

5.3 场景三治理：媒介内容产业生产困境的突破

针对第 4 章 4.5 所列举的有关媒介内容生产上的趋势和困境，本节则从内容是知识这一本质概念出发，认为，媒介内容与信息的运动过程是非常复杂的“物质”运动过程。新媒体内容生产的隐患，导致促使内容爆炸性增长的传统内容管理理念不能适应信息传播发展的需要。媒介内容生产中的管理失灵催生新的信息与内容理念的产生，也呼唤规范方法与制度基础的重新建构。于是，针对信息、内容等知识形式如何有效组织的探索，解决“知识（包括信息和内容、技术等）的有效组织”问题，达到信息组织活动的最优化目标正是知识治理理念实施的关键所在。相对于知识管理理念，知识治理是在更高层次对知识管理理论的补充与突破。知识治理不仅通过正式组织设计、组织结构和运行机制调整来确保知识过程流畅和具体知识管理活动的开展，也充分利用非正式组织、心理契约、信任、组织文化等“软性”治理方式。针对媒介内容生产问题与内容特性，我们延伸出内容治理理念。有别于内容管理理念，它是一种制度设计或制度安排，包括治理结构的选择和治理或协调机制的设计，具体包含所有权分配、决策权分配、暗含契约或心理契约等机制设计，而不仅仅在于促进知识（内容、信息、技术等具体形式）的快速发展。但学界对这一领域的研究还不成熟，缺乏系统性的梳理（Foss & Husted，2003）。尽管如此，我们依然可以推定，内容治理侧重于对媒介内容总体架构和运行机制的安排，随着现代媒介内容生产的组织技术化、报道及时化、内容不确定化趋势增强，这种“软性”治理方式对信息流动和内容升级增值有着更为深入的影响。

为此，我们对新媒体内容治理路径和机制设计取向加以探讨。

1. 构建与改善全媒体交易平台制度

媒介技术的发展催生着“全媒体”时代的到来。从信息生产方式来看，全媒体是以生产对象专门化即受众的信息认知为起点来组织媒介内容生产，由此突破传统的媒体存在的基本形态，它像是一个资源平台不断组合各类存贮的信息资源，并按受众对信息的不同需求，不断组合出新的媒介内容。面对全媒体海量内容资源，构建全媒体时代的内容交易平台，提高内容生产者的有机关联和资源共享，无疑是知识治理理论根源即“交易费用理论”的应有之义。但如“报网交易”过程中出现的问题，单纯依靠市场规则很难保证报社和网站之间有效率的“交易”，这个过程中必然发生巨大的交易费用，所以必须有一套确定的规则或制度来协调双方的利益、规范双方的行为，以减少其中的不确定性和各种投机冲动。在这个制度性建构与完善过程中，内容交易平台中的授权机制与契约安排具有重要意义。由治理主体对平台准入、交易与管理进行统一授权，并在交易过程中建立契约协定，违约代价超过收益将促使内容交易走向制度化与成熟化。由此，如何在内容治理框架内通过对多元主体的权力配置，规制协调内容主体关系具有重要意义。

2. 构建合理定价机制激活内容价值链深化

新媒介的增长需要大量内容资源充实平台，目前内容供给却远不能与需求成正比。相反，国内各类媒体机构（特别是电视台）拥有的庞大内容资源却难以面向市场进行交易，究其原因，主要是人们还没有找到有效的方法来明确这些内容资产的版权价值，从而造成了这类资产价值的隐性流失。建立合理的版权、著作权与内容定价机制已迫在眉睫，国内对内容定价仍没有成熟的操作标准。笔者认为，定价机制应在充分考虑内容双方状况实现“双赢”。对内容提供者，其内容出售必须考虑到成本的因素，以及相对于在传统媒体的内容生产与价值获取途径，内容生产者在新媒介的获利程度。对于内容需求方而言，内容的盈利程度对内容的支出有着较大的关联。因此，内容生产实行灵活议价方式，即在新媒体引进的初期阶段亦即用户的培养阶段，内容提供方可以以较少的价格授权给新媒体，在内容开始带来明显收益时，新媒体开始以各种方式反哺内容提供者。就其本质而言，内容定价机制仍需发挥市场基础调节作用，在此基础上进行合理的规约。新媒介与原创者、网络内容组织方亦应有合理内容定价。依靠市场价格信号，在内容上下游方充分沟通的基础上，媒介内容才可充分在不同的渠道流通并实现价值链的衔接。

3. 共享与激励并存提升社群内容再创新

新媒体中用户生产内容的增多并不能说明质量的上升，因为受限于制作成本与个人能力，用户内容生产（UGC）往往略显粗糙以至于高品质内容凤毛麟角，有价值的内容也往往湮没在大量重复的内容中，造成“劣币驱逐良币”现象。要使用户生产内容成为新媒介内容增长的来源，不仅要鼓励原创者内容的生产，更要基于原创基础上的理念创新与内容赋值。知识治理理论认为，知识共享对用户创新行为具有较为正向的影响，通过与更多的内容创作者进行知识的共享，能够获得更多沟通机会与知识链的接入，从而扩大自己能够获取知识的网络范围。同时，知识的创新激励对内容的提升具有较大作用。在新媒介内容创新过程中，独特的传播环境使其成为开放式创新场域，在这个虚拟空间中各个社群逐渐建立并不断壮大。不仅有大量业余的草根阶层，也有源于兴趣聚集的专业社群。对草根阶层而言，对身份的认同与话语追求成为内容创新的内在动机。知识社群则以实现自我内在价值与成就感获得为动机，成为另一种创新激励机制，通过对创新成果分享带来的社会评价促使自我动力的循环。由此，作为内容生产的“吧”，新媒介应提高用户的效能感与社会影响，通过不同方式建构开放创作分享与鼓励的环境，通过置顶、加精、奖励等“软性”治理方式引导内容理性与创新。

4. 构建对原创内容尊重与信任的文化自觉

在一个高唱“内容为王”的媒介竞争时代，优质内容的供给成为当下新媒体争夺的新焦点，与引进其他组织的内容成本相比，能源源不断生产新内容的社会性媒介用户具有较低的成本与批量供应优势，这些隐藏在网络各个节点的创作者成为新媒体新的争夺对象。随着媒介技术供给愈加趋同于无差别化，对于渠道的诱惑已经不能满足内容创作者的入驻，而对原创作品予以尊重或许是更为本真的内在创作要求。新媒体只是一个平台或渠道，通过多赢共生、尊重知识的模式笼络优秀内容原创者，激发他们持续的优质内容创造潜力与激情，才可确保媒介自身具有好内容输送与吸引更多读者。目前新媒介原创内容栏目中，腾讯《大家》无疑是较为成功的模式，其不仅仅是给予原创者以物质鼓励，更多是形成具有对话性质的思想空间与文化沙龙，根本上是对知识尊重的文化自觉，与创作者形成类似现实合同的心理契约。内容生产者与其读者构建信任机制已成为部分新媒介增强自身内容原创与品牌经营的组织文化，而文化理念的自觉可以内化为成员共同价值观念、行为规范和期望。以内容提供塑造品牌形象，以品牌形象推进内容销售，成为新媒介内容生产的良性循环模式。

库恩在《科学革命的结构》一书中，从处于危机的范式转变到常规科学的新传统并能从其中产生出来的新范式，不仅仅是一种积累的过程，即远不是一种可以经由对旧范式的个性化扩展就能达到的过程。同样，基于传统媒体内容生产基础上的知识管理理论，已经远远不能适应现实的新媒体内容生产过程，寻求现实困境解决之道的范式转变已成为一种信念，知识治理也就呼之欲出。治理强调通过多元主体下组织制度设计去影响组织非正式活动，达到最优化组织内外的知识生产和传播。但是，面对新媒体形势下内容生产与治理的复杂性，知识治理只是提供了很好的理论视角，更加深入的内在微观动因与机理，需要详尽的实证研究加以剖析，也只有在现实的知识实践中才能得到更好的验证。

5.4 场景四治理：智能手机产业专利困境的突破

在高新产业技术创新网络中，组织业务会因为模块嵌入而使业务前后关联发生改变，且这种业务关联性在新的结构里变得更加复杂多样。技术差异性与共通性在交叉领域所进行的知识交换、知识交叉重叠丰富了合作边界的可选择集，这使得高新技术合作边界有了无限延伸的可能。我们虽然能从合作创新成果涌现和创新速率提升中获得欣喜，然而，反观近年来高新技术领域内的争端案例，依然窥视出一些高新产业领域内的竞争趋势和争端隐患。为此，我们应该就此问题予以思考，为我国高新技术产业发展及企业竞争与管理提出一点建议。

1. 企业个体应从产权制度创新视角设定风险治理框架

正如诺斯认为的，“技术创新需要制度创新，制度创新的核心是产权制度的创新”，产权是分工高度发展和高度复杂化的现代产业经济正常高效运行的制度基础。“一套鼓励技术变化，提高创新的私人收益率，使之接近社会收益率的系统的激励机制，仅仅随着专利制度的建立才被确立起来”（杨武，1999）。然而专利制度的泛滥和失控现象也如交易成本经济学所认为的，经济人的理性是有限的，且追求自身利益最大化的经济人通常具有机会主义倾向，因此产权交易的契约往往是不完全的，其不可预见和不可证实的状态依赖使得事前契约的激励设计不能实现最优，必须通过事后的治理予以克服。因此，交易个体往往需要寻求有效的治理框架来实现交易（惠双民，2002）。面临新的时代和经济背景，知识产权制度设计为创新者提供暂时性的垄断权益，制度设计的目标能保障产权所有人在一定时限内获得知识创造回报，之后快速使这些创新知识融入社会经济发展，成为公共信息。知识产权保护的全球分层知识产权制度（tiered global IP system）理念，既保证鼓励根本性创新成果所有者的权益，同时也为渐进式创新提供了新的制度空间。与此理念相类似，昝廷全（2001，2003）也提出了“产权安排最低层次原理”，他认为，产权安排应当尽可能从层次低的产权主体开始，当低层次经济系统的产权需求被满足之后，再将产权安排给高一层次的经济系统。产业技术创新体系中每一个层次、每一个环节的渐进式创新都是相对独立的完备创新系统，其知识产权安排应该得到最基本的保障，由低到高层次的产权保障安排，对于创新成果簇群式涌现的高技术产业而言，无疑可以保证产业整体创新的产权需求。

2. 企业应立足共性技术，角逐核心技术和产品的研发优势

产业共性技术关乎产业发展的通用技术，具备准公共产品性质。

共性技术是在多个行业或领域广泛应用的技术，而关键共性技术是能在多个行业或领域广泛应用，会带动一个行业或多个产业群的技术是支撑产业创新和企业创新的基础。美国政府早在1990年就开始实施“美国先进技术发展计划”，通过补贴和合作协议的方式，加速了各种竞争前共性技术的开发，帮助企业创造与应用产业共性技术及其研究成果，从而实现重大技术的迅速商业化。政府在共性技术上的资金投入和培育，对倾向于提供私有产品的单个企业来说，具有巨大的研发推动力。从目前国内高新技术产业发展的现实看，政府在培育共性技术方面做了许多尝试，比如，我国在促进产业共性技术发展上已建成了多条支撑平台，有包括科技攻关计划、科技成果推广计划、863计划等在内的系列科技计划，也有行业技术开发基地的建设，如从2000年开始，数百家国家部委研究院所成功转制为大型科研企业。另外，目前我国已建有214家国家工程技术中心和127家国家工程研究中心，加之国家工程实验室以及地方共性技术供给体系的强化建设都为我国产业共性技术研发创造了坚实的技术研发基础。2019年1月深圳成立了深圳湾实验室，这是广东省、深圳市推动粤港澳国际科技创新中心和综合性国家科学中心建设发展所部署建设的重大创新载体，其中公共技术服务平台共性技术研发涉及智能网联汽车信息物理系统架构、以自动驾驶OS为基础的中央计算平台、中国标准ICV场景库、信息安全技术、高精度地图技术等领域，截至2021年6月，该实验室已累计申请专利106项，服务企业50余家。实际上，共性技术如同一棵大树，而企业就是这棵树上的枝叶，大树生命力如何，也要看企业围绕着共性技术在树干上散出什么样的枝叶。因此，企业应立足已经形成的以及正在酝酿开发的共性技术，研发行业共性技术的核心技术和新产品，从而在国际产业竞争中获得先入优势。制造技术和产业基础技术是产业的支柱，也是技术标准争夺较为激烈的领域。近年来，随着第三代第四代移动通信系统广泛开展应用，世界发达国家都在积极进行第五代移动通信技术规格的研发制定工作，5G、6G 移动通信系统的网络架构及其关键技术得到快速发展。TD-LTE 是中国具有自主知识产权的第三代移动通信（3G）技术 TD-SCDMA 的演进技术，2011 年 10 月被国际电信联盟确立为与美国主导的 WiMAX 和欧洲主导的 LTE FDD 并列的三大国际第四代移动通信（4G）标准之一。根据华为终端客服 2019 年 3 月的确定信息回复，目前华为是全球 5G 通信标准制定的核心成员（5G 核心必要专利数量最多—截至 2018 年底），也是唯一一家具备 5G 网络、5G 芯片、5G 终端的端到端能力的厂商。华为已经发布的 Balong 5000 芯片也是迄今为止全球最强大的 5G 终端芯片，这也是我国在信息技术产业脱离被钳制地位的一大创举。

3. 立足企业知识网络治理角度着手产业知识技术创新风险规避

从上述分析可以看出，高新技术产业的竞争与创新是基于产业生态体系的系统工程，而该生态体系是复杂的产业知识网络系统，其构建因子为同质节点、异质节点以及这些节点之间保持着复杂的知识关联关系。这样的产业生态系统中的知识网络会沿着一定轨迹演化、进化。高新技术企业之间构建的复杂技术合作创新的知识网络中，知识主体知识元分布的不对称、利益的不对等和非平衡性以及国内外处理知识共享问题的政策缺失，对知识创造与共享的运行及发展趋势会带来诸多严重的网络隐患。因此，可以尝试旨在中观产业治理，立足企业知识网络风险治理的途径规避当前高新技术产业内的“内忧外患”。知识网络治理，首先，应以合作方策略博弈为出发点，规制基于主体利益不对等的企业行为；其次，以社会网络分析法为基础，梳理产业知识网络结构中知识元的不对等分布；最后，以网络结构—主体行为—知识进化为架构，构建完善的产业技术系统演进路径。

5.5 实践探索：科技成果转化中的中试模式

正如本书第二章论及的基于技术合作创新的知识网络具有巨大的正向创新功能，然而也存在如第四章所提及的诸多障碍和风险倾向，为此，学界和业界都在努力尝试突破这些瓶颈，促成合作创新网络正向功能的顺利实现。采取中试模式实现科技成果转化，实现产业创新的功能也是国内外一些发达地区经历的治理模式。本节中，我们首先回顾一下中试现象，并进一步讨论中试模式发展脉络与演变过程，并在此基础上，就我国新兴产业，尤其是以浙江省战略性高新产业为例，对我国新兴产业发展的中试模式加以讨论与研究，以期对我国战略性新兴产业的中试与中试组织发展提供参考。

针对中试实践活动，自 20 世纪 80 年代以来，我国学者在科技成果转化的框架下进行中试研究，认为科技成果转化一般要经过科研、中试、产业化三个阶段，中试是连接科研和产业化的关键桥梁和纽带。关士续认为，中试提供了一个足以为大规模批量生产起示范作用的产业雏形，是产业化的真正起点，是一种创业过程。王先庆指出，经过中试的技术或产品能否形成产业取决于新产品或者新技术的扩散机制。扩散路径有两条，一是以新产品、新技术为基础建立新企业群，形成新兴行业，二是利用新技术改造老企业和传统企业，提高行业的技术水平和效益。然而，我国中试环节在实施过程中也出现了一些问题。1949 年初期中试瓶颈的存在主要原因在于我国工业建设初期沿用苏联的管理模式，人为将科研、中试、生产三个环节分割，政府政策长期忽视中试的重要性（韦华，1994）。由于科研与生产之间出现断档，中间试验无人管或者没有力量管，我国科技成果推广应用难，成功率低（朱文新，1984）。80 年代中期科技体制改革以后，我国中试瓶颈还得不到解决，其中关键因素有两个，企业通过外延扩张仍可获得高于技术进步所创造的利润，政府难以在短时期内大幅增加用于科技成果转化的资金。2010 年以来，我国中试环节的薄弱之处仍然不断暴露。2013 年，时任陕西省科技厅厅长、国家重点实验室主任的奚正平指出，中试环节无名无利，是制约科技成果转化的关键难题。技术性课题只要完成了实验室研究，有了一定的实验室数据就可以进行成果鉴定和报奖，在政策方面没有中试研究的要求。全国人大常委会副委员长路甬祥指出，中试和工程化环节薄弱，基础、共性、公共技术平台不够健全，企业与高校、科研机构之间信息交流不够等是我国科技创新中的突出问题。

新产业往往是因一项主要工艺和产品创新的出现而产生的，技术也会随产业演进而发展变迁。构成行业发展的主要技术实现创新之后，产业步入早期进入和试验阶段，此时，创新对所依赖的科学与技术认知弱。然而，随着进入产业的企业数量增加，围绕创新而展开的 R&D 活动越来越多，科学研究变得更加专业和复杂，而技术则被进一步分解，每个人根据个人专业技能专心于改善技术的某个小因素。Anderson 和 Tushman 指出，技术演进引起的新兴产业是产业生命周期中的“非连续”现象，产业生命周期的更替主要是因为技术的重大突破导致技术分化，形成不同发展方向的技术，继而依靠技术选择形成市场信赖的技术群和企业群。

总之，产业发展离不开技术创新，熊彼特指出，“连续产业革命”将依赖于通过技术实现经济的质的转化。技术创新对产业发展的影响主要通过两种路径，一是技术突破是引发产业革命的前提；二是持续的渐进式技术创新变革也会不断改变着新兴产业的发展模式与发展进程。陈继勇和周琪（2012）指出，战略性新兴产业的发展实质上是新兴技术产业化演进历程，是知识形态的构思或理论转变成物质形态的产品或服务，形成新的产业并渐进实现产业结构的根本转型。

在技术创新和产业发展之间，不能跨越的环节，即中试环节。所谓中试即中间试验，早在 20 世纪 80 年代，朱文新就指出，中间试验是科技新成果从实验室转移到生产过程中的物化过程。中间试验包括原理样机工业试验、第一次修改设计、生产样机试制、生产样机工业试验（第二次修改设计、第二次样机试制、第三次样机试验）、设计定型、小批试生产、用户试验使用等 7 个阶段。夏保华和关士续（1995）在朱文新等学者的研究基础上，经过对三十余家大中型企业和中试基地的调查，提出中间试验的本质是由技术试验、生产试验和市场营销试验组成的一种技术经济活动，是技术与经济活动的整合体。

中试在技术创新与产业发展的作用不容小觑。James R. Bright 指出技术创新包括科学提议、发现、对需要及机会的识别，对理论或设计概念的提议及实验验证，对应用的实验室验证、实际规模的中试等 8 个阶段。Vijay K. Jolly 指出新技术商业化包括构想、孵化、示范、推广和持续 5 个阶段，其中示范阶段主要是中试阶段。就中试模式、类型与如何组织中试环节，朱文新认为科研院所和企业联合进行中试是中试的一个可行模式。韦华提出解决中试瓶颈，要发展科研、中试、生产一体的联合体及中试基地，其中科研中试生产联合体包括科研延伸型、生产吸收型、技工贸复合型、联合开发型四种类型。陈祖新总结了向大中企业或企业集团靠拢，最终进入大中企业或企业集团；自办科技企业；兴办行业中试基地三种高校中试模式。王志康将中试过程分为四大基本类型。第一类是科研、中试和生产在同一家企业中进行。第二类是科研、中试在一起，与生产分离，科研中试都由科研机构完成，然后进行技术转移。第三类是科研独立、中试与生产在一起，中试与生产由生产企业承担。第四类是科研、中试、生产各自独立，中试由独立的专门组织实体来完成，以此推动中试服务业的发展。曾祥效总结了研究部门与企业联合中试、科研部门自己研究、自己中试，企业单独中试等广东省中试的主要方式。

1. 中试模式发展的历史沿革

中试目的是为大规模生产提供保障，进而获取更大利润，抢占更多市场。伴随着产业发展，中试产生、发展经历了漫长的历史演进过程，为了更清晰地理出中试模式发展特征与脉络，我们分为三个阶段加以分析。

（1）经验型中试模式为主导的第一次工业革命时期。第一次工业革命的产业发展重点是钢铁、煤炭、纺织和机械工程等科技含量相对较低的产业，中试的主体大多是具有实践技能与经验的技师或者发明家，很多中试产品以发明家或者技师的名字命名，中试主体主要是个人，而非中试组织。比如，约翰·怀亚特的纺织机首先在一个约有两平方英尺的模型中制造出来。而作为近代第一位民用工程师，约翰·斯密顿也成功地使用小型模型试验方法。为了改进大型机器的操作，制造出一些风车和水车的小模型，并做了许多改进它们的组成部件的试验，设计和建造了许多桥梁、磨房和蒸汽机。这一时期虽然创新与产业发展之间建立了紧密连接，但是科学和技术还是两个相对独立的系统，科学与产业之间的联系尚未普及，创新尚未与科学发展产生紧密联系。此时，小试并不是技术创新的一个必然的环节，也不是中试的必要基础，大部分中试模式是基于经验和技能的中试。但这个时期，创新与中试在新兴产业发展中发挥了巨大作用，经济增长吸引着越来越多的人进行技术研发及其中试，并推动纺织、钢铁、煤炭等新兴产业成长为主导产业。以棉纺织业为例，英国纺织业的纺纱机、水力纺纱机、走锭纺纱机等技术创新的出现，使棉纺织业的产业增加值，由18世纪60年代的不到50万英镑上升到19世纪20年代中期的2500万英镑。1780—1860年，英国棉纺织工业生产增长是经济总生产率增长的15%。

（2）科学型中试模式为主导的第二次工业革命时期。与科学有关的创新与中试真正产生于蒸汽机的发明，如同保尔·芒图所说，“科学随同蒸汽机一道出现，产业革命的经验时代便被科学时代所代替了”。瓦特的蒸汽机经过两年多的实验室研究与13年的中试研究实现了产业化。在这一时期，化工等产业引入流程工艺，以及电子控制和自动化，推动部分产业开始采用基于科学的创新模式与中试模式。这种中试模式也是到现今为止的主流中试模式。这种模式有三个显著特点。第一个特点是将技术创新大体分为实验室小试、中试与产业化等几个阶段。其中实验室小试产品往往基于科学研究生成。中试则在小试的基础上，继续探寻技术创新在商业上的可行性，这也是 20 世纪中期以来的主导中试模式。第二个特点是中试主体不再以个人为主，而以中试组织为主。以化工产业为例，在化工产品生产中引进流程化生产工艺，必须加强对相关理论科学原理的了解，同时为了降低成本，必须将中间实验从生产车间中分离出去，成为专业化的中试组织，满足大型企业技术创新需求的产业实验室由此兴起。19 世纪末期，德国化工产品主要生产商巴斯夫、拜耳都建立了大型工业实验室。1895 年，美国通用电气于 19 世纪末成立了第一个工业实验室，贝尔实验室起源于美国电话电报公司，并于 1925 年重组为贝尔实验室。与此同时，研究和技术型大学为产业研究实验室培养了大量经过科学训练的研究人员，高校和企业之间的合作网络开始建立。第三个特点是中试理论在这一时期逐步得到完善。经过长时期多产业的实践，到 19 世纪末 20 世纪初，已经形成了两套中试方法，即数理统计法和相似原理法。各种统计方法在中试中的应用，有效地推动了中试进程。化工行业的中试产业化，使德国化学工业由当时的新兴产业演变为主导产业。19 世纪末，德国和瑞士的化学公司在技术和市场方面稳占主导优势，其化学品产量占全世界总产量的 80% 以上。德国染料产量由 1870 年的世界产量 1/3，到 1900 年约占 4/5，拥有 15000 种有专利的染料。

（3）非企业中试模式兴起的后二战时期。经过第一次和第二次工业革命之后，中试在技术创新中的地位与作用已经得到科技界尤其是产业界的充分认同。也正是从第二次工业革命之后，中试作为技术创新的一个必备环节和手段，开始普及到各个行业。二战之后，各国创新过程发生了显著变化，美国、欧洲各国越来越强调政府在创新中的作用。美国小型新创企业在政府的引导下成为重要的新兴产业中试组织，许多在大学、政府以及企业实验室工作的研究人员走出去创办了私人企业并进行了技术产业化。与此同时，满足中小企业创新需求的政府型、非企业科技研发与中试组织的逐步发展。这种尝试和成功首先起源于德国的协会组织，如成立于1949年的德国弗朗霍夫协会到70年代已经发展成为面向产业客户和政府客户的大型应用研究机构。该协会应用开发模式可见图5-1所示，以微创孔板为例，中国科学院声学所率先在实验室开发出微创孔板，协会将此项技术进行应用化和中试开发，形成产品之后售于企业。

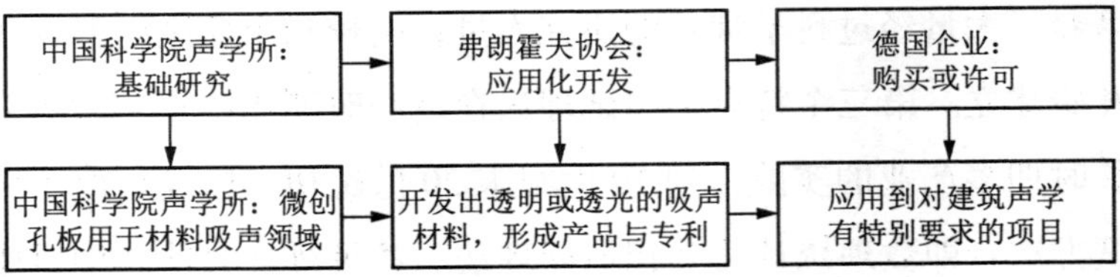

图5-1　德国弗朗霍夫协会中试模式

成立于1973年的中国台湾工研院也是运行较为成功的大型研发与中试组织。其功能定位主要是接受政府委托研究开发，辅导厂商研究发展，关键性新技术引进与推广，协助中小企业研发，针对关键性新技术及新产品进行市场分析及经济评估，设置小型实验工厂，推动试验及试制服务。从其功能定位可以看出，中国台湾工研院也是定位于小试与中试，服务于当地中小企业的研发中试组织。

2. 基于技术创新周期与技术密集度的产业中试模式研究

创新所需的大量时间是将科学突破转化为商品所耗费的时间。进入 20 世纪末期以来，创新所需要的大量时间是中试及商品化的时间。选择成功的中试模式对于加快技术商品化具有关键性作用。王志康基于科研、中试、生产三个环节，科研准确地来说应该是实验室小试，生产则是指产业化。中试模式的选择取决于技术创新各环节主体，产业发展阶段、产业技术含量、创新组织的研发与中试能力。

（1）产业发展阶段与中试模式选择

根据美国哈佛大学阿伯纳西和厄特拜克的创新模型，装配品产业的产品创新、工艺创新和产业组织的演化可以分为流动阶段、转换阶段和特性阶段。流动阶段是各种各样的潜在技术竞争时期，产品创新层出不穷，工艺创新率明显偏低。转换阶段是主导设计出现的时期，市场会出现一个将技术资源与市场需要联结起来的主导设计，这一阶段的重大产品创新率下降，创新重点转为工艺创新。在特性阶段，产品生产日益标准化，领导型公司地位稳固，创新以降低成本和提高产品质量为目标。非装配品产业也分为流动、转换和特性三个阶段，但是在转换阶段与装配品创新有较大差异。非装配品的转换阶段注重由需求引致的工艺变化。装配品是指由许多零部件组装成的产品。非装配品则是指玻璃、油漆、石油等无法装配的产品。在此基础上，我们根据这三个阶段的不同特点，提出如下几种中试模式，详见图 5-2 和图 5-3 所示。

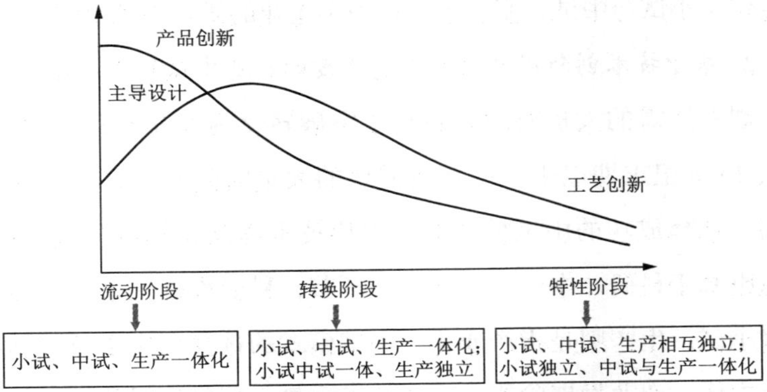

图 5-2　装配品产业技术生命周期与中试模式选择

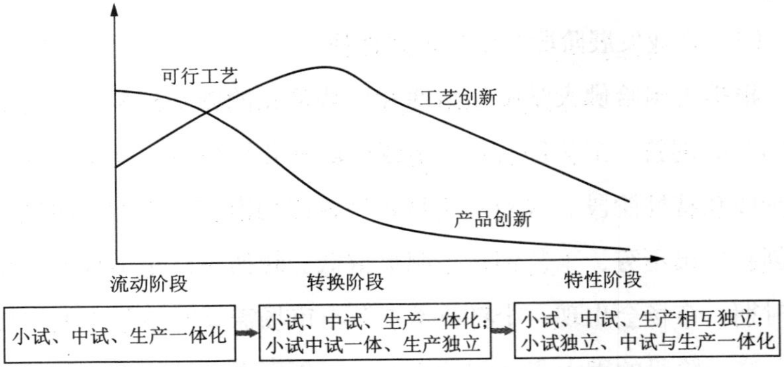

图 5-3　非装配品产业技术生命周期与中试模式选择

如图所示，流动阶段的中试模式。由于主导设计还未出现，新技术层出不穷，产品重大创新率非常高，市场上产品变动频繁。为了迅速实现市场化，这一时期的中试模式主要应采取小试、中试、生产一体化的模式。适合有较强创新能力的企业或者已经具备小试和中试基础的科研人员自己开办公司进行生产。 处于流动阶段的公司保留着他们的创业特征，映射出创始人的个人性格，这些创始人通常是技术创业者。

转换阶段的中试模式。在这个阶段，由于主导设计已经出现，行业经过一段时间发展已经具备了一定技术基础。主导设计的出现转变了竞争重点，使其有利于那些在工艺创新和一体化方面的成熟，并且拥有内部技术与工程技能高超的大型和小型公司。这一阶段的中试模式可以采取小试、中试、生产一体化的模式或者小试中试一体、生产独立的中试模式。第二种模式适合于具有小试与中试条件的科研机构，能够就某一技术或者产品完成小试与中试后，售于企业。

特性阶段的中试模式。这个阶段，大多数产品和工艺创新已经得到普及，这一阶段创新的重点主要在于部分环节的创新。从业人员的技术基础已经足以支撑各个环节的研发。因此可采用小试独立，中试、生产相互独立或者小试独立、中试与生产一体化的模式。其中前一种模式适合有一定科研实力和规模的企业，能够充分吸收消化小试的成果。第二种模式适合独立的中试机构。能够将行业中的小试成果进行中试后再转让给小微企业使用。

（2）产业技术密集度与中试模式选择

对于技术密集型行业的划分，OECD 以 R&D 占总产值的比重作为标准（见表 5-1），制造业可以分为高技术产业、中高技术产业、中低技术产业和低技术产业。从实际情况来看，中低技术产业和低技术产业并没有明显的边界，因此我们把这两类合并处理，称为中低技术产业。那么根据技术密集度可以分为高技术产业、中高技术产业和中低技术产业三类。从实际情况来看，产业中试模式即与 R&D 投入规模、产业创新方式有直接关系，三类产业因此也呈现出不同的中试模式特点。据此，我们提出以下几种中试模式：

表 5-1 OECD 关于技术密集型产业的划分

		直接 R&D 强度 1997	已获得 R&D 强度占直接 R&D 强度的比例，1990
高技术产业	航空航天器制造	12.7	15%
	制药	11.3	8%
	办公、会计和计算机设备	10.5	25%
	广播、电视和通信设备	8.2	17%
	医疗、精密和光学仪器	7.9	29%
中高技术产业	电气机械和设备	3.8	42%
	汽车、挂车及半挂车	3.5	29%
	化学制品	2.6	18%
	铁路机车及其他交通设备	2.8	88%
	其他机械设备	1.9	104%
中低技术产业	船舶制造和修理	0.7	200%
	橡胶和塑料制品	0.9	127%
	焦炭、炼油产品及核燃料	0.8	30%
	其他非金属矿物制品	0.9	285%
	基本金属产品	0.7	289%
	金属结构制品	0.6	133%
低技术产业	其他制造业、再生产品	0.4	—
	木材、纸浆、纸张、纸制品、印刷和出版	0.3	167%
	食品、饮料和烟草	0.4	267%
	纺织品、皮革及鞋类制品	0.3	250%

数据来源：《OECD 划分高技术产业、测度 ICT 和生物技术产业的方法》、《牛津创新手册》第 157 页；已获得 R&D 计算方法为资本商品中所包含的 R&D 等于资本商品的价值乘以该商品供应行业的 R&D 强度；R&D 强

度指 R&D 占产值比重。

高技术产业中试模式。航空航天、制药等高技术产业多数为建立在科学基础上的产业，以产品创新为主，产品普遍具有科学和技术含量高的特点，创新主体自主进行的基础研究和应用研究对行业创新具有非常重要的作用，已获得 R&D 强度非常之低，表明高技术行业普遍以自主创新为主。高技术产业无论是小试、中试还是生产，都具有较强的科学特征，中试是典型的科学型中试。因此这些行业适合采用小试、中试、生产一体化或者小试、中试合一，生产独立的模式。

中高技术产业中试模式。中高技术产业可以分为两类，第一类是化工制品业和电气设备制造业，第二类是汽车、铁路机车及其他设备制造业。第一类产业是与科学紧密相关的制造业，多数靠自主进行产品创新和工艺创新，大多在小试阶段融入了较多的科学原理知识，而在中试阶段则侧重中样机和工艺实验，小试和中试可以适当分离，因而中高技术产业中试适合小试独立、中试和生产合一或者小试、中试合一、生产独立的模式。第二类产业多为整车生产与装配，大部分只进行工艺创新，创新与科学联系不紧密，中试模式可采取中试生产合一的模式。

中低技术与低技术产业中试模式。从 OECD 的数据来看，中低技术产业通过购买设备等形式获得的 R&D 强度远远高于自主 R&D 强度，也就是说产品和许可的获得以及与产品和工艺创新相关的机器设备的获得，推动新技术在行业内的应用是这些产业的主要创新方式。Pavitt 得出了与此相一致的结论，中低技术产业最多只进行少量的工艺创新，产品创新基本依靠供应商等外部资源。中低技术产业创新的另一主要手段是产品设计，在类似制衣、制鞋等低技术产业中，产业创新的重点不是研发，而是产业中的非研发类的技术活动（时尚设计和营销活动）占据主流。基于此，中低产业的中试与另外两类产业相比是非常少的，由于从小试到生产的科学和技术含量都比较低，因而适用中试独立或者中试生产合一的中试模式。由大宗产品到小批量定制以后，成立独立中试组织的可能性大大增加。

3. 我国战略性新兴产业中试模式选择

20世纪80年代的科技体制改革推动了大多数科研院所走向市场，与产业、企业相融合，满足了以纺织、印染等一批中低技术主导产业的需要。90年代之后，伴随着我国高技术产业的发展，学术界对中试在我国高技术产业化的作用进行了实证研究。1994年，国务院经济和社会发展总体协调小组基于原国家科委多年的调查研究，提出的关于《科技成果转化的问题与对策》中有了明确结论：目前，影响高技术成果向企业转移的主要障碍是高技术成果本身的复杂性、不成熟性、不适宜性等问题，通过中试可以解决这些问题。王志康也指出，中试的投入、政策、组织和管理是影响高新技术产业化的一个极重要的因素，是解决我国科技经济两张皮的关键所在。2006年以来，我国尤其是东部沿海地区已经进入由投资驱动型发展模式向创新驱动型模式转变的攻坚阶段，突出表现为科技经济两张皮的现象仍然没有解决，创新还没有成为大多数产业的驱动力量。而这种状况与我国的创新体系的设置有着重要关系。2009年以来，我国强调重点发展的战略性新兴产业均是中高技术产业，要求持续进行高密度的技术创新。但我国小试与中试、产业化相分离的创新体系无法满足中高技术产业发展的需要，必须实现转型。在企业尤其是中小企业创新能力大幅提升较为困难的情况下，必须引导高校、科研院所在实验室小试之外，继续向中试延伸或者探索发展新型的中试模式与中试组织。2012年中共中央、国务院印发的《关于深化科技体制改革加快国家创新体系建设的意见》中，在完善科技支撑战略性新兴产业发展和传统产业升级的机制中，明确提出“加大对中试环节的支持力度，促进从研究到产业化的有机衔接”，意味着对中试问题还需要进行深入研究。

根据OECD产业划分标准，目前我国公布的节能环保、新兴信息产业、生物产业、新能源、新能源汽车、高端装备制造业和新材料七大战略性新兴产业大体属于高技术产业和中高技术产业两大类。根据产业本身特点及我国发展现状，我们提出了以下几类中试模式：

高技术产业包括新一代信息产业、生物产业、高端装备三类产业。这三类产业目前都处于发展初期，应用领域的不断拓展，核心技术与核心装备缺乏，技术链与产业链尚不完整。基于其创新特点，中试模式适合采用产学研紧密结合下的小试、中试、生产一体化或者小试、中试一体、生产独立的模式。目前国内这三类产业技术创新与欧美先进国家有较大差距，产业中试主体应当选择海归创业人员与国内部分科研机构及企业，同时需要展开多方位的产学研合作。

中高技术产业包括新能源、新能源汽车、新材料和节能环保产业。这四类产业目前大部分已经到成长期或者成熟期，尤其是新能源和新材料产业大多已经发展成为产业链齐全的产业，面临的主要问题核心部件和重大装备依赖进口、前沿技术与装备跟踪不够的问题。在核心部件和重大装备、前沿技术与装备的产业化上，还是必须坚持小试中试一体、生产独立或者小试中试生产一体的中试模式。

表 5-2 战略性新兴产业中试模式

产业	细分领域	产业属性	产业所处阶段	主导中试模式选择
新一代信息产业	新一代移动通信网络服务、下一代互联网服务与广播电视传输服务、通信设备制造、高端计算机制造、广播电视及数字视听产品制造、高端电子装备和仪器制造、基础电子元器件及器材制造、集成电路、高端软件和新型信息技术服务	高技术	流动阶段、转换阶段	小试、中试、生产一体化；小试中试一体、生产独立
生物产业	生物药品制造、生物食品制造、生物燃油制造、生物农业用品制造、生物工程设备制造产业、生物技术应用产业、生物研究与服务	高技术	流动阶段	小试、中试、生产一体化；小试中试一体、生产独立
新能源	核电产业、风能产业、太阳能产业、生物质能及其他新能源产业、智能电网产业、新能源产业工程及研究技术服务	中高技术	转换阶段、特性阶段	小试中试一体、生产独立；小试独立、中试生产一体化；小试、中试、生产各自独立
新能源汽车	新能源汽车整车制造、新能源汽车装置与配件制造、新能源相关设施及服务	中高技术	流动阶段	小试、中试、生产一体化；小试中试一体、生产独立

续表

产业	细分领域	产业属性	产业所处阶段	主导中试模式选择
高端装备制造	航空装备制造业、卫星及应用产业、轨道交通装备产业、海洋工程装备产业、智能制造装备产业	高技术	流动阶段、转换阶段	小试中试一体、生产独立；小试独立、中试生产一体化
新材料	新型功能材料产业（新型功能涂层材料、新型膜材料、特种玻璃、功能陶瓷、电子功能材料、其他新型功能材料）、先进结构材料产业（高纯金属材料冶炼制造、高品质金属材料加工制造、新型合金材料制造、工程塑料材料制造）、高性能复合材料制造、前沿新材料产业（纳米材料制造、生物材料制造、智能材料制造、超导材料制造）、新材料研究与技术服务	中高技术	转换阶段、特性阶段	小试中试一体、生产独立；小试独立、中试生产一体化
节能环保	高效节能通用设备、专用设备、电气机械器材、工业控制装置，新型建筑材料；环境保护专用设备制造、监测仪器及电子设备制造；环境污染处理药剂材料制造、环境评估与监测服务、环境保护及污染治理服务、资源循环利用、工业固体废物废气废液回收和资源化利用、城乡生活垃圾综合利用、农林废弃物资源化利用、水资源循环利用与节水、节能环保综合管理服务	中高技术	转换阶段	小试中试一体、生产独立；小试独立、中试生产一体化

资料来源：国家统计局战略性新兴产业统计分类目录

4. 中试模式探索——以浙江省为例

自2004年以来，浙江省在本土高校、科研院所与企业创新机构之后，逐步衍生出了新型的中试模式与中试机构，以新材料、生物和高端装备三个行业为例，可以看出已经有一批新型创新机构明显走出了适合新兴产业发展的创新之路。

新材料行业——小试与中试一体的中试模式。中科院宁波材料所自从2004年落户宁波以来，一直从事新材料的研发和中试研究，是集小试和中试于一体的机构。目前，通过几年的努力，已在固体氧化物燃料电池、稀土永磁材料、超临界绿色发泡聚丙烯、低成本热塑性聚酰亚胺、高性能润滑DLC薄膜材料、新型电流变液材料、碲化铋基热电制冷材料、磷酸铁锂电池材料等一系列研究已经逐步完成从实验室小试向中试、产业化阶段的转化，正在积极进行市场推广。2012年，中科院宁波材料所以2亿多元的价格，将一项名为“石墨烯产业化”的技术转让给了上海南江（集团）有限公司。

生物行业——小试中试生产一体化模式。浙江铭众生物医用材料与器械研究院采用开放式组织配置资源的模式，汇集国内外在生物医用材料与器械研究与应用领域的优秀团队和相关资源，以自主创新和替代进口为科学研究及产业化方向，建设中国生物医用材料和器械领域证、产、学、研、用协同创新的国家级研发中心和高新技术产业集群。主要模式是组织不同环节的团队进行协同创新，产品成熟并设立企业运营后卖企业。又在生物医用材料的中试生产基地、医疗器械的加工生产中试基地，生物医用医疗器械的有源医疗器械等领域建设中试生产基地并在一年不到的时间，有六项基于生物医用材料的医疗器械和有源器械会拿到国家的注册号，并在绍兴生产，其中有发明专利七项。

高端装备产业——小试与中试一体化的公司。浙大精益机电工程公司有员工 205 人，其中研发人员 160 人，占 80%，是典型的为研发类服务企业。公司主要产品是钢铁冶金行业专用装备、特殊环境条件的传感器及在线检测仪器三大类，以进口替代为主。企业主要模式是自己抓研发与市场，制造交给其他企业代工。2012 年销售收入 1.2 亿元，研发 3000 万元，利润 5000 万元。

2013 年以来，创新驱动已经成为必须落实到操作层面的国家战略。真正实现创新驱动，必须解决我国技术经济两张皮的问题，关键是完善多年来薄弱的中试环节。完善中试环节，出台执行鼓励中试环节的各项优惠政策，必须针对战略性新兴产业技术创新的规律、特点、阶段，加强对中试模式、中试组织等各个层面的研究。本研究从科学与技术的应用角度出发，总结了中试模式发展的历史进程。在已有研究基础上，结合技术创新周期与产业技术密集度，对不同产业中试模式进行了探索。指出应针对产业的发展阶段、产业技术密集度、产业技术创新特点，选择适当的中试模式。这一判断在浙江的实践中得到了印证，从浙江省运作得较为成功的产业来看，恰当的中试模式功不可没。同时我们认为，中试模式与中试组织密不可分，合理的中试模式必须由合适的中试组织来执行，才能起到技术扩散作用，加速产业发展，这既是我国目前提倡发展的科技服务业的内容，也是值得继续研究和探索的方面。

5.6 某市 LED 产业集群创新网络结构优化策略

高效的网络结构能够促进网络内各成员良好地运行，促进网络创新能力的更大程度提升。因而，网络结构的运行情况能够反映集群网络的发展情况，检测网络结构特征的具体表现值，能够在运行过程中及时调整结构的变化，进而改进创新活动，使得整体创新网络朝着更有效率的方向发展。通常认为，网络结构优化应该遵循两个设计原则，即效率原则和有效原则，效率原则关注的是网络效率，通过最优化网络中的非重复关系人的数量来最优化每个关系人的结构洞产出；有效原则则是从转化视角来区分初级关系人和次级关系人，以集中资源发展与初级关系人的关系，通过这些关系来通往其他群体的通路之港。处于结构洞位置的企业节点技能够在创新网络中起到桥梁的作用，既能及时地获取网络内的创新资源，又能避免因重复关系而造成的冗余现象。

网络的高效运行必须能够避免关系冗余现象，在一定的网络密度下，充分利用网络内节点间的最短联结路径，提高网络聚类系数，进而促使网络内信息更快更广地扩散，并且相互紧密的联系会使得节点间更容易发生频繁的互动，创新活动的开展也能更迅速。知识创新网络的高效运行必须要处理好知识节点间的结构分布。

比如，针对第 2 章中的案例网络结构属性的评估结果，具体可以从如下几个方面完善。

1. 应进一步发挥主导企业的结构洞优势，该 LED 产业集群网络因区位优势的原因，LED 产业化发展的集聚效应更加明显。在其产业集群在发展的过程中，虽然网络密度值比较大，网络内的知识、信息、技术等创新资源流动性较快，主要是依靠主导企业来推动的，如晶能光电、联创光电等企业。技术创新网络发展主要依靠技术创新，而技术创新的成功则依赖于组织网络中创新资源的流动速度，位于产业集群中下游的企业主要与上游主导企业进行合作生产，他们之间联系的紧密程度决定了技术创新的成果化水平。一般网络内创新资源流动更加频繁，创新活动的步伐也会更快。位于结构洞的企业不仅能够充分地利用位置优势来促进知识、技术等创新要素的流动，也可以避免重复性关系而造成的资源浪费。所以，该市 LED 产业集群的发展，要积极地发挥节点企业的结构洞优势，剔除网络内的冗余关系，使得网络结构效率更高。

2. 鼓励网络中小企业规模化多元化发展，增加网络结构节点多元性，避免信息重复传递。研究发现，集群网络整体的技术创新能力不强，主要依靠主导企业和科研机构的核心技术，而且网络内企业的中心性不是很明显。主导企业不仅在数量和规模上都是比较小的，尤其对比其他地方的 LED 产业集群的发展，该市 LED 产业集群内企业的规模整体偏小。中小企业在集群网络内主要负责一些中低端的技术生产环节，技术创新水平远低于主导企业。由于自身技术水平的限制，使得中小企业在技术创新合作中往往处于弱势位置，对主导企业的技术依赖性过强，不利于自身创新活动的开展。因此，应在发挥主导企业的结构洞优势的基础上，还要鼓励网络中小企业的多元化发展。这样，网络结构中拥有的企业节点将能获得更多的技术、知识、信息、资金等创新资源，促进集群网络更大更强发展。

3. 加强产学研合作创新力度，推进科研机构作为网络结构重要节点的作用。该LED产业总体研发实力不强、创新型技术人才缺乏。企业间与科研机构的联系整体不高。在合作企业中，只有晶能光电主要是依托科研院所的课题组为技术依托，专门从事硅衬底的外延材料与芯片生产。在市场活动中，企业是直接接触市场的，对市场的需求和变动反应较为敏锐。而科研机构则对科技信息技术的把握较为透彻。所以，加深产学研合作创新意识，强化产学研各方的合作力度，各自发挥自己专业领域优势，充分利用专业化分工来实现深度合作双赢的局面。技术作为创新活动的重要生产要素，拥有自身核心技术的企业则更能在市场竞争中处于更有利的优势。该LED产业集群的整体技术发展单纯地依靠主导产业和科研机构的外延片和芯片的生产。下游企业的技术核心优势缺失，企业与科研机构的合作形式又较为松散，使得企业的核心技术能力也未能得到本质的提升。因此，应从技术上获得突破，这就更需要强化产学研合作创新力度，加深产学研合作创新意识，促使网络更好地发展。

4. 充分发挥网络内政府的支持引导作用，增强网络结构节点黏合度。该LED技术创新网络发展的前期，政府作为主要的集群资源聚合的主要推动者，为企业提供了众多有利的政策支持和资金资助，起到了政府主导作用。政府与龙头企业间的联系虽较为密切，然而与中小企业的联系则较为薄弱。在产业集群创新网络中，密切联系中小企业能够使得网络内创新资源获得更快速地传递，加速创新进程。中小企业作为创新活动的跟随者，往往因为资金技术等方面的原因而制约其进一步的发展。所以，政府应充分发挥政府的支持引导职能，加大对中小企业的扶持力度，如可以建立技术成果转化基金，用以扶持中小企业从事技术转化项目的研发活动。另外，该LED技术创新网络在呈现产业链式发展的同时，也出现了较为明显的不平衡现象。上游产业优势突出，以外延片和芯片主导产业的发展，而下游产业的分散经营较为明显，产业化能力比较弱。这使得网络发展极为不协调：上游产业技术先进，但下游的产品应用产业则存在欠缺。因而某LED技术创新网络需要整合网络中链式创新模式，加快中下游产业的发展。另外，有效的服务体系能够促进产业的发展，企业间的横向合作以及与其他机构的合作有待进一步加强，不仅需要进一步完善产业创新网络内的服务体系，使得企业间相互联系、相互依存、相互作用的子系统和生产要素高度耦合，也需要政府在这关系的维护和交流过程中起着一个中间人引导的作用，及时关注网络内企业节点间的联系，这样才能形成一个高效率的网络结构，使得网络协同效应更加凸显。

5. 完善网络间传导机制，提升整体网络密度和网络聚合度。该LED创新网络从结构上主要分为核心网络层、支持网络层和环境网络层，这三个层次网络的联系在推动技术创新活动上是缺一不可的。网络传导体制运行的效率是集群内企业获取知识、技术、信息等生产要素的关键。但通过对该LED产业集群的网络结构的观测，我们发现技术主要掌握在主导企业和科研机构的手中，它们出于经济利益和市场竞争的考虑，对内部的技术创新合作进行了严格的控制，以其来阻止技术的外溢，进而导致集群网络内的知识扩散受阻，不利于集群网络创新能力的提升。LED 产业集群网络间的传导体制的完善就显得尤为重要。此外，集群内知识网络的创新绩效还不能起到应有的作用，且在对外开放度上应提升外部知识的有效对接，提升网络技术创新水平。

5.7 本章小结

5.7.1 知识网络的结构治理

企业知识（技术）创新网络结构治理问题在于考虑其构成要素、链接方式以及整体网络结构布局等。我们在本书第二章分析了企业间知识网络结构效率评价维度为网络创新能力、网络知识吸收转化能力以及网络外部适应性。在针对某一个知识（技术）网络时，可在三个效率表现形式上选取不同测量指标，以实际量化的数据具体考查创新网络结构效度，确定不同发展时期网络测量指标的最优变动范围，在网络运行中把控好各指标的波动范围和结构变动趋势。

有效的网络应该是从优化网络结构开始，且网络结构优化通常遵循两个设计原则（Burt，2002）：

第一是网络节点效率原则，即最优化网络中的非重复关联节点的数量。最优化非重复性关联，也就是最大程度从每个关联节点那里获得结构洞。在每个局部网络中选择一个关键节点，作为与该局部网络建立联系的中介，集中维持与该关键初级关系人的关联关系，将原本与每个局部网络中的非关键节点之间的直接关系，弱化为通过关键的初级关系人的非直接联系。通过非直接关系发生联系的那些节点属于次级关联节点，在同一群体内有重复关系的节点中，初级关联节点最容易与之维系关系。高效率的关系维系，显然在于选择恰当的节点作为关键关联方。对整体网络中的每个局部网络重复进行以上操作，就可以将原本需要花在维持重复关系上的精力节余下来，再投资开发新局部网中的初级关系节点，网络就会不断扩展，并且随着关系节点多样性的增加，网络中的关系节点也会呈指数级增长。

第二是整体网络有效原则，即有效区分初级关联节点和次级关联节点的功能，网络结构优化首先应集中资源发展与初级节点的关系。从整体网络视角看，这里的初级关联节点不是指第一原则所提及的与局部网络内单个企业建立关系的一端，而是指那些可以借以通往其他局部网络的关键节点。维持整个网络不需要与所有的联系人维持关系，而在于每个节点企业都专注于确立自己的初级关联节点即可，那么，处于网络中心的企业可以有足够的心思集中维持与初级关系节点的关系，进而加入新的网络中。第二原则更关注通过所有初级关系人获得的所有网络节点总数的扩展。第一效率原则关注每个初级关系人的产出，第二效率则关注整个网络的总产出。

基于以上分析，企业知识网络结构优化可以采用以下方法：首先，发展网络中的潜在核心企业，使其成为知识网络的关键节点。对于网络中心性不高但在实际工作中承担较为重要任务的成员，应采取相应措施提高其中心度，将其发展为知识网络中的核心节点。

其次，通过构建适应整体网络知识交流节奏的信息交流渠道和频率，加强不同知识载体之间的链接，增加网络中桥接（Bridge）的数量。再有，促进具体任务执行单元内部成员间的知识交流，使其形成知识组合体。另外，识别网络中的孤立节点，找到其缺乏与他人知识交流的原因，对症下药，增强网络连通性，避免组织知识流失。在维持甚至创造网络结构洞的同时，对冗余节点则应及时识别，特别是识别凝聚力冗余和结构等位冗余，剔除掉网络中这些信息和知识重复传递的冗余性联系（redundant contact）。

而从模块化理论角度分析，也可将创新网络结构看作模块间的比例，而有效的网络结构就是如何协调技术创新网络整体性与模块独立性的矛盾。

网络结构分析可以分为两种倾向：一是自我中心网络结构分析，探讨的是单个企业在网络中的联结与位置，主要解决两个问题：（1）单个企业与哪些企业有某种特点的关联关系；（2）单个企业与其他关联机构之间特定关系的强弱程度，即联结强度是怎样的；二是整体网络结构分析，探讨的是网络整体的构成与形态。对于整体网络有效性的分析，主要是解决何种网络结构可以提高组织内部知识流动效率的问题，利用 SNA 实现对知识网络中知识团体及关键知识节点的识别。因此，企业知识网络结构优化问题就是如何最优化设计或改进企业间知识（技术）合作网络的结构及分布，这是关系技术创新网络高效率运行的首要问题。社会网络结构分析法为企业知识网络结构优化治理研究提供了新思路，使企业内外知识网络结构的知识流实现可视化、可计量和可度量，同时也为知识网络优化提供了方法和途径。

企业知识网络结构优化的原则还应包括以下几点：

a. 企业整体网络结构中的关键企业节点在知识网络中的地位和影响力应该与其在正式组织结构中的地位和影响力保持一致。

b. 单一企业在其所处知识网络中的知识组合体应该与正式企业结构中的工作和任务保持一致。

c. 不同企业的知识组合体之间应有适当的链接中介，以促进团体之间的知识互补和传播，保持网络整体的连通性和稳定性。

研究企业内知识网络结构的重点在于如何将分布于组织中的知识根据一定的逻辑关系连接成网络形式，研究范围既包括运用技术手段组织知识，也包括设计或改进组织知识网络的结构分布，从而使组织能够实现更加有效的知识管理、知识共享和知识创造。保持企业内部知识网络的闭合性，保证了知识载体之间的紧密联系和顺畅沟通，有利于提高知识转移和创造的效率；而保持企业外部知识网络的开放性则扩大了组织从外部搜索新知识的范围，保证了知识载体的异质性，有助于企业培育可持续的知识创造能力。

5.7.2　合作网络中的主体行为治理

在技术合作创新网络和社会网络的共同作用的环境下，企业知识呈现网状结构。一方面，企业内部与外部合作方的知识流动表现出群体链接的性质，即“网络”结构特性；另一方面，知识流动也会受到知识主体行为的强烈影响，即“社会”行为属性。企业具有知识网络节点属性，这就可能引发由企业机会主义行为引致的知识网络风险。由于知识的稀缺性和复制的低成本性，成员间共享知识的行为有可能使其陷入收益或竞争中的不利地位，从而导致知识共享中的囚徒困境和逆向选择，知识共享的过程中始终存在着多方博弈。在具体的知识合作博弈过程中，企业行为的有限理性又可以展现出不同的层次，比如较低层次的理性水平仅基于行为信任，而较高层次的理性水平则是涵盖行为信任和知识信任两个方面。在不同的理性水平下，知识网络的结构和密度则会产生差异化的知识共享效率。

对企业行为的约束可以从微观层面入手，对网络中的成员企业设定适度的激励与惩罚规则，形成网络有效有序的竞合关系，促进合作创新。对于任何一种合作创新组织，特别是网络组织中的核心企业，一方面可以加强内部核心技术知识的共享，尽量避免或减少部分员工对这些重要资源的垄断掌握；另一方面，合作创新组织应细化创新核心员工在合作创新过程中的贡献，将物质奖励与精神奖励相结合，通过建立长效的激励机制，优化核心员工的绩效评价体系，保持合作创新组织内员工，特别是核心员工的稳定性。

从中观层面入手，可以联合规制企业的协作行为，慎重设计企业间网络合作规则。为避免复杂技术创新网络中的各种因不完备契约而引发的风险，基于复杂项目的合作网络有必要对成员的竞争和创新规则进行事前规划以及事后监管的严格设计。规则设计如同工程学上的“顶层设计”，运用系统方式，自高端开始的总体构想和战略设计。还应该从产权制度创新视角设定风险治理框架。制度设计既保证鼓励根本性创新成果所有者的权益，同时也为渐进式创新提供了的制度空间。而从产业技术创新体系来看，整体行业体系中每一个层次、每一个环节的渐进式创新都是相对独立的完备创新系统，其知识产权安排应该得到最基本的保障，由低到高层次的产权保障安排，对于创新成果簇群式涌现的高技术产业而言，无疑可以保证产业整体创新的产权需求。另外，针对我国在高科技领域屡遭“卡脖子”的技术钳制现状，国家亦鼓励和引导企业立足共性技术，角逐核心技术和产品的研发优势。因此，企业应立足已经形成的以及正在酝酿开发的共性技术，研发行业共性技术的核心技术和新产品，逐步摆脱产业技术被钳制地位。

5.7.3　开放创新网络的系统治理

网络化技术创新模式的本质在于系统耦合和产品创新，其复杂的运行主要受参与其中的行为主体拥有知识宽度和技巧、所涉及新知识的多少以及所涉及投入元件的数量等因素的影响。在产业结构知识化与分工专业化日益加强的环境下，复杂技术研发和复杂产品生产才有望实现。当任何一个关键部件缺失或供给不及时，整个系统技术的发展链条就会断裂。鉴于产品的系统性，链条断裂会造成严重后果，即一个关键技术环节的失误或流产，就会使所有即使能提供供应链上产品或服务的投资企业丧失收益的机会。面临高度不确定的风险，复杂技术创新主体不但要承担可核算的风险和高研发成本，还面临处理随时可能发生的网络层面或系统层面的随机不确定。

为此，系统挖掘技术网络化创新模式的隐性风险特征，系统规制风险首先规范复杂技术创新网络集成管理与构建网络资金支撑体系。知识整合是创新网络管理中知识管理的一个过程，对该过程提供资金支持并形成有效的技术集成机制是复杂技术创新网络风险规避的关键之一。美国的半导体行业的战略技术联盟 SEMATECH 就是一个类似的复杂技术集成管理中心，算是一个较为成功的案例。台积电（TSMC）作为一个集成芯片制造商领导的半导体芯片制造网络，其创新网络管理也很成功。除了加强对网络集成管理外，还应针对复杂技术网络化创新的技术特点，加大对其关键部件和关键企业的投资，尤其是关键技术中试环节的投资力度。

其次，在开放式创新下，复杂技术领域合作研发客观要求产权的交融使用，既要适度模糊化初始产权界定的界限，又要强化技术产权所有企业对自身技术利益的追求。复杂技术网络化布局将如何优化保护技术产权推到了一个前沿位置上。其一，从企业产权制度激励对象角度看，针对复杂技术网络化布局，政府应对产权加以模糊化界定，放宽技术成果的援引范围。对于复杂技术创新，政府应该从更高视野，对复杂关键技术创新所需要的渐进式创新成果给予一定的产权模糊化界定，对技术成果援引适度放宽，或者对关键技术创新成果的所有者给予一定的政策激励，阻止个体追求过度自身利益，而损害整个网络化创新进程。其二，从产权技术成果的层次优化角度来看，应通过知识产权制度的创新，有效约束渐进式技术创新的成果认定和审核门槛，提升渐进式创新成果的层次，催生突破性创新成果。在这一政策导引上，应给予政府更大的制度设计空间。另外，企业知识网络的动态内生性风险是整个知识系统网络在演化过程中必须采取动态治理机制来应对的问题，知识网络系统的非线性和自组织性决定了其动态形式的全部可能风险的复杂性特征。整个知识系统从均衡稳定状态的不断偏离到非均衡状态的飞跃就是知识网络动态风险的产生过程，因而从知识系统网络的生成规则开始，其层次性和演化路径等网络动态状况是各风险治理的“关节点”。结合阶段治理的全过程治理是知识网络系统的系统性动态风险治理模式由特殊到一般的应对思路。

在“互联网 +”时代，无论是大企业，还是中小企业，在合作创新面前，都存在多种困境，比如针对中小企业，合作的开放式创新的困境则主要表现在：（1）合作创新能力不足。中小企业可开放和共享的资源有限，对技术资源的管理能力、识别能力和预见能力相对较弱，参与合作创新的条件尚未达到较高层次。（2）知识产权是制约其投入合作创新资源的重要瓶颈。Chesbrough（2003）曾指出开放式创新（open innovation）会使知识快速扩散。对中小企业来说，一旦实施开放式创新，就会面临交易成本、知识产权保护以及管理上的挑战。（3）缺乏高效的开放式创新平台。大型企业大多具有充足的经费和研发人员保障，并拥有经过数十年甚至上百年积累的世界领先的研发实验室。而中小企业在研发资源和平台建设上显然无法和大型企业相媲美。另一方面，企业技术创新网络在运行中，必然会伴随由于信息不对称和契约不完全所引发的道德风险和机会主义行为等问题，这些问题应该在更大的学术视野中加以解决。

在现有的网络治理的相关讨论中，“网络”组织形式既是治理对象，也是一种治理方法。创新网络治理从系统治理角度看，即是如何系统协调创新网络演进过程中的每个阶段，从而优化网络运行绩效。李维安等（2014）提出对网络节点的结构优化、制度设计，并通过自组织和他组织实现治理目标，这为加强网络创新的系统治理也提供了理论研究导向。而如何从某一具体创新网络的节点系统以及链接系统演化上探求其本身具有的结构变动规律和特征，并据此构建能够推动优化系统结构的制度设计，即设计具有针对性的制度创新则是今后网络治理理论研究的又一个研究热点和难点。

知识网络系统动态风险的多样性决定了其治理是需要从多角度展开的一个系统性过程，形形色色的风险交织在一起，风险之间的"关联反应"明显，相互激发、互为补充，例如，技术锁定风险和结构固化风险之间存在着显然的互为因果关联，知识网络系统的技术锁定选择可以导致网络结构在演进过程中的"僵化"，而演化过程中的网络结构固化，很轻易地会由核心节点企业操控下形成技术锁定。系统性网络治理是针对动态复杂问题解决模式中，从理论上来说是相对最为合适的策略，针对任何一种或若干种风险的防范或治理，都应该全面统筹，以防止治理行为本身可能产生的新风险。

参考文献

Ahuja, G. Collaboration networks, structural holes, and innovation: A longitudinal study [J]. Administrative Science Quarterly, 2000, 45: 425–455.

Aino Pöyhönen, Anssi Smedlund. Assessing intellectual capital creation in regional clusters [J]. Journal of Intellectual Capital, 2004, 5 (3): 351–365.

Amit Karna, Florian Taube, Petra Sonderegger. Evolution of Innovation Networks across Geographical and Organizational Boundaries: Knowledge Flows in the Bangalore IT cluster [J]. European Management Review, 2013, 10 (4): 1–22.

Antonio Capaldo. network structure and innovation: the leveraging of a dual network as a distinctive relational capability [J]. Strategic Management Journal, 2007, 28: 585–608.

Baughn, C. Christopher, et al. Protecting intellectual capital in international alliances [J]. Journal of World Business, 1997, 32 (2): 103–117.

Beckman, MJ. Economic models of knowledge networks, in networks in action [M]. Springer-Verlag Berlin Heidelberg New York Tokyo, 1995, 159–174.

Buchmann, T. Andreas Pyka. The evolution of innovation networks: the case of a publicly funded German automotive network [J]. Economics of Innovation and New Technology, 2014, 24: 1–26.

Bock G. W., Kim Y. G. Breaking the Myths of Rewards: An Exploratory Study of Attitudes About Knowledge Sharing [J]. Information Resources Management Journal, 2002.

Bourdieu P. The Practice of Reflexive Sociology, 1992.

Bright, RJ. Forecasting by Monitoring Signals of Technological Change, 1973.

BüCHEL, B, Raub S. Building knowledge-creating value networks. European

Management Journal 2002，20（6）：587–596.

Burt，Ronald S. The social capital of structural holes. The new economic sociology：Developments in an emerging field（2002）：148–190.

Candace Jones，William S. Hesterly，Stephen p. Borgatti . A General Theory of Network Governance：Exchange Conditions and Social Mechanisms，The Academy of Management Review，Vol. 22，No. 4（1997），911–945.

Chesbrough W. and Kusunoki K.. The modularity trap：Innovation，technology phase-shifts and the resulting limits of virtual organizations. In David Teece（ed.），managing industrial knowledge［M］. Russell sage press，2001：202–229.

Chesbrough H. The Logic of Open Innovation：Managing Intellectual Property［J］. California Management Review，2003，45（3）：33–58.

Chesbrough，H.，Andrea Prencipe. Networks of innovation and modularity：a dynamic perspective［J］. Int. J. Technology Management，2008，42（4）：414–425.

Creech H. Measuring while you manage：Planning，monitoring and evaluation knowledge networks.［2010-04-07］. http：//www.iisd. org/pdf/2001/networks_evaluation，pdf.

Cross L R. The Strength of Weak Ties You Can Trust：The Mediating Role of Trust in Effective Knowledge Transfer［J］. Management Science，2004.

Das，T. K.，& Teng，B. S.（1998）. Between trust and control：developing confidence in partner cooperation in alliances［J］. Academy of Management review，23（3），491–512.

Department of Justice and Federal Trade Commission. Antitrust Enforcement and Intellectual Property Rights：Promoting Innovation and Competition［M］. DIANE Publishing，2007.

Dhanaraj，C.，Arvind Parkhe. Orchestrating innovation networks［J］. Academy of management review，2006（31）：659–669.

Dorogovtsev，SN.，Mendes，JFF. Evolution of networks，Adv. Phys，2002. E.

Esteban et al.（2002）. Time compression diseconomies in accelerated global alliances，Management Decision，Vol.40，（8）：745–754.

Foss N J，Husted K，Michailova S. Governing knowledge sharing in organizations：Levels of analysis，governance mechanisms，and research directions［J］. Journal of

Management Studies, 2010, 47 (3): 455–482.

Freeman C. Networks of innovators: A synthesis of research issues [J]. Research Policy, 1991, 20 (5): 449–514.

Fritz, O. M., Vhhringer, H. Valderrama, M. T. A Risk-oriented Analysis of Regional Clusters [A]. in M. Steiner (ed.), Clusters and Regional Specialization [C]. London: Pion, Ltd., 1998.

Gianluca C, Jeroen B. Knowledge Specialization, Knowledge Brokerage and the Uneven Growth of Technology Domains [J]. Social Forces, 2009, 88 (2): 607–641.

Gianluca C. The Ecology of Technological Progress: How Symbiosis and Competition Affect the Growth of Technology Domains [J]. Social Forces, 2010 (5): 2163–2187.

GILBERT, RICHARD. "Antitrust for Patent Pools: A Century of Policy Evaluation." Stanford Technology Law Journal, 2004, no. 3 (April 2004): http: // stlr.stanford.edu/STLR/Articles/04_STLR_3.

GILBERT R J, NEWBERY D M G. Preemptive Patenting and the Persistence of Monopoly [J]. The American Economic Review, 1982: 514–526.

Gordon, I. R. and McCann, P. (2000). Industrial Clusters: Complexes, Agglomeration, and/or Social Networks? Urban Studies, Vol.37, no.3, 513–532.

Granovetter M. Economic Action and Social Structure: The Problem of Embeddedne [M]. 1985.

Hakansson J. A Model of Industrial Networks, Industrial Networks: A New View of Reality. London: Routledge Press, 1993: 35–52.

Hamidreza Eslami. Effect of collaboration network structure on knowledge and innovation productivity: The case of biotechnology in Canada [J]. Department of Mechanical and Industrial Engineering, 2011, 11.

Heller M A, Eisenberg R S. Can patents deter innovation? The anticommons in biomedical research [J]. Science, 1998, 280 (5364): 698–701.

Hobday M. Product complexity, innovation and industrial organisation [J]. Research Policy, 1998, 26 (6): 689–710.

Hofmaier, B., Helena Eriksson. Governance and Learning in Innovation

Networks：A tool for support and evaluation of innovation networks [C]. Finland：Conference on Regional Development and Innovation Processes，2008.

Humphrey J. and Schmitz H. (2001) . Governance and Upgrading：Linking Cluster and Value Chain Research，IDS Bulletin 32.3：44–49.

Jason Owen-Smith and Walter W. Powell (2004) . Knowledge Networks as Channels and Conduits：The Effects of Spillovers in the Boston Biotechnology Community，Organization Science，Vol. 15 (1)，pp. 5–21.

Jason P. Davis. Agency and knowledge problems in network dynamics：brokers and bridges in innovative interorganizational relationships [R]. http：//faculty. chicagobooth. edu/workshops/orgs—markets/archive/pdf/networkpruning. pdf. 2010 (working paper) .

Jennie Björk，Mats Magnusson. Where Do Good Innovation Ideas Come From? Exploring the Influence of Network Connectivity on Innovation Idea Quality [J]. Journal of Product Innovation Management，2009，26 (6)：600–689.

Johansson，B. and Quigley，J. (2004) . Agglomeration and networks in spatial economies. Papers in Regional Science. Vol. 83，165–176.

Jones C，Hesterly S. W，Borgatti P. S. A general theory of network governance：Exchange conditions and social mechanism. Academy of Management Review，1997，22 (4)：34–36.

Jiang Tongming. Study on the evolution of the innovation network in view of self-organizing theory [J]. International Conference on Computer Application and System Modeling，2010，3：458–462.

Karlheinz Kautz，Sameen M. Rab，Michael Sinnet. Open Innovation in Inter-Organisational Networks in the IT Industry [M]. Berlin：Springer Berlin Heidelberg，2012：67–68.

Keith Pavitt. Sectoral Patterns of Technical Change：Towards a Taxonomy and a Theory [J]. Research Policy，2000，13 (6)：343–373.

Kogut B. The Network as Knowledge：Generative Rules and the Emergence of Structure [J]. Strategic Management Journal，2000，21 (1)：405–425.

Katri Valkokari. Describing network dynamics in three different business nets [J]. Scandinavian Journal of Management (2015) 31，219–231.

Kollock, P.. Social Dilemmas: The Anatomy of Cooperation. Source: Annual Review of Sociology, Vol. 24 (1998), pp.183–214.

LAMPE R L, MOSER P. Do Patent Pools Encourage Innovation? Evidence from 20 us Industries under the New Deal [R]. National Bureau of Economic Research, 2012.

Lange, Knut, et al. Financing innovations in uncertain networks—Filling in roadmap gaps in the semiconductor industry. Research Policy 42.3 (2013): 647–661.

Leonard, Dorothy. "Wellspring of knowledge." Boston: Harvard Business School (1995): p.63.

Liu, Yiming. IPR and Development in a Knowledge Economy: An Overview of Issues. UCBiSchool Report 2007—011, February 2007.

Markusen, A. Sticky Places in Slippery Space: A Typology of Industrial Districts [J], Economic Geography, Vol. 72, No. 3 (1996), 293–313.

McFadyen, M. A., M. Semadeni, A. A Cannella Jr... Value of strong ties to disconnected others: Examining knowledge creation in biomedicine [J] . Organization Science, 2009 (20): 552–564.

Meagher K., Rogers M. (2004) . Network density and R&D spillovers, Journal of Economic Behavior & Organization, Volume 53, Issue 2, February 2004, Pages 237–260.

Mie Augier, Morten Thanning Vendelo. Networks, cognition and management of tacit kno wledge. Journal Of Knowledge Management, 1999, 3 (4): 252–261.

Michael Fritsch, Martina Kauffeld-Monz. The impact of network structure on knowledge transfer: An application of social network analysis in the context of regional innovation networks [J]. Jena Economic Research Papers 2008–2036.

Mueller M, Buchmann T, Kudic M. Micro Strategies and Macro Patterns in the Evolution of Innovation Networks: An Agent-Based Simulation App.

Murray, J. Y., Kotabe M. Performance implications of strategic fit between alliance attributes and alliance forms, Journal of Business Research 58 (2005): 1525–1533.

North, Douglass C. Institutions, Institutional Change and Economic Performance: Preface [J]. 1990, 10.1017/CBO9780511808678 (13): 118–130.

Pan, Y., Tse, DK. The hierarchical model of market entry modes [J]. Journal of International Business Studies, 535–554.

Passiante, G. From geographical innovation clusters towards virtual innovation clusters: the Innovation Virtual System [A], ERSA Conference, 2002.

Podolny J M, Stuart T E. A Role-Based Ecology of Technological Change [J]. American Journal of Sociology, 1995, 100 (5): 1224–1260.

Rahmandad H, Sterman J. Heterogeneity and Network Structure in the Dynamics of Diffusion: Comparing Agent-Based and Differential Equation Models [J]. Management ence, 2008, 54 (5): 998–1014.

Reitzig M., Strategic Management of Intellectual Property, MIT Sloan management review, spring 2004.

Robin Cowana, Nicolas Jonardb. Network Structure and the Di fusion of Knowledge [J]. Journal of Economic Dynamics and Control, 2004 (8): 1557–1575.

Ronald B. Structural Holes: the Social Structure of Competition [M]. Cambridge: Harvard University Press, 1992.

Rosenberg H. Business Cycles: A Theoretical, Historical, and Statistical Analysis of the Capitalist Process. By Joseph Schumpeter, Two volumes. New York: McGraw-Hill Book Company. 1939. pp. xvi, 448; ix, 449–1095 [J]. American Historical Review, 1940, 6 (1): e18911.

Rosenberg, N., 1982. Inside the Black Box: Technology and Economics. Cambridge University Press, Cambridge.

Rycroft R W, Kash D E. The complexity challenge: Technological innovation for the 21st century [M]. Cengage Learning EMEA, 1999.

Salma Alguezaui, Raffaele Filieri. Investigating the role of social capital in innovation: sparse versus dense network [J]. JOURNAL OF KNOWLEDGE MANAGEMENT, 2010, 14 (6): pp.891–909.

Satish Nambisan, Mohanbir Sawhney. Orchestration Processes in Network-Centric Innovation: Evidence From the Field [J]. Academy of Management Perspectives, 2011 (03): 40–57.

SHAPIRO C. Navigating the Patent Thicket: Cross Licenses, Patent Pools, and Standard Setting [M]. Innovation Policy and the Economy, 2001, 1 (1): 119–151.

Shaw-Ching Liu B, Madhavan R, Sudharshan D. DiffuNET: The impact of network structure on diffusion of innovation [J]. European Journal of Innovation Management, 2005, 8 (2): 240–262.

Sharon Purchase, Doina Olaru, Sara Denize. Innovation network trajectories and changes in resource bundles [J]. Industrial Marketing Management, 2014, 43 (3): 448–459.

Stiglitz J E. Incentives, Information, and Organizational Design [J]. NBER Working Papers, 1989, 16 (1): 3–29.

Stuart J. H. Graham, Robert P. Merges, Pam Samuelson, and Ted Sichelman, High Technology Entrepreneurs and the Patent System: Results of the 2008 Berkeley Patent Survey, 24, Berkeley Tech. L. J. 1255 (2009) .

Thomas Ritter, Han Georg Gemuenden. Network Competence: Its Impact on Innovation success and its antecedents [J]. Business Research, 2003, 09.

Tichy G. Clusters, less dispensable and more risky than ever [A]. M Steiner. Clusters and Regional Specializa-tion [C]. London: Pion Limited, 1998: 226–236.

Tilton M. Research and Development Costs as a Barrier to Entry [J]. The Canadian Journal of Economics / Revue canadienne d\\Economique, 1969, 2 (4): 570–579.

Tushman M L, Anderson P. Technological Discontinuities and Organizational Environments [J]. Administrative Science Quarterly, 1986, 31 (3): 439–465.

Uzzi B. Social structure and competition in inter-firm networks: The paradox of embeddedness [J]. Administrative Science Quarterly, 1997, 42 (1): 35–67.

Vineet Kumar, Ramayya K., David Krackhardt, Dynamics of Network Structure and Content in Social Media [R]. Enterprise Information Infrastructure (EII) Research Network Seminar at the University of Sydney http: / /community. mis. temple. edu /seminars /files /2011 /02 /Krishnan-social-media.

Xiang, L. and Xiang, L.; Analysis of Knowledge Network Hyper-cycle Structure and Co-Evolution [J]; Science & Technology Progress and Policy; 2007–2008.

Xie Yongping, Mao Yanzheng, Zhang Haomiao. Analysis of Influence of Network Structure, Knowledge Stock and Absorptive Capacity on Network Innovation Achievements [J]. Energy Procedia 5 (2011) 2015–2019.

Yang, B. The Game Analysis of Virtual Enterprises Knowledge Transfer [J].

Journal of Information & Computational Science，2009，6（3）：1173–1180.

Yayavaram S，Ahuja G. Decomposability in Knowledge Structures and Its Impact on the Usefulness of Inventions and Knowledge-base Malleability［J］. Administrative Science Quarterly，2008，53（2）：333–362.

Zhang H. B. Research on knowledge sharing mechanism based on Web2.0［J］. International Seminar on Future Information Technology and Management Engineering，2008（11）：210–213.

Zheng Fang，Jie Wang，Benyuan Liu，Weibo Gong：Wikipedia as Domain Knowledge Networks-Domain Extraction and Statistical Measurement. KDIR 2011：159–165.

Dotsika F，Watkins A. Identifying potentially disruptive trends by means of keyword network analysis［J］. Technological Forecasting and Social Change，2017，119：114–127.

Latapy M. Main-memory triangle computations for very large（sparse（power-law））Graphs［J］. Theoretical Computer Science. 2008，407（01-03）：458–473.

李海林，龙芳菊，林春培．网络整体结构与合作强度对创新绩效的影响［J/OL］. 科学学研究：1–18［2022-07-20］. DOI：10.16192/j.cnki.1003-2053.20220602.001。

安琳．企业知识网络评估体系及指标研究［J］. 图书情报工作，2010.18。

安虎森等．新区域经济学［M］. 东北财经大学出版社，2010 年 9 月版。

（美）伯特著，任敏等译．结构洞：竞争的社会结构［M］. 格致、上海人民出版社，2008 年版。

保尔．芒图．十八世纪产业革命［M］. 商务印书馆，2012 年出版。

曹虹剑，罗能生．高新技术产业组织模块化及其对中国的启示［J］，自然辩证法研究，2010，（4）：51–55。

曹丽莉．产业集群网络结构的比较［J］. 中国工业经济，2008（8）：143–152。

曹兴，宋娟，张伟，任胜刚．技术联盟网络知识转移影响因素的案例研究［J］. 中国软科学，2010，（4）：62–72。

蔡宁，杨闩柱，吴结兵．企业集群风险的研究：一个基于网络的视角［J］. 中国工业经济，2003，（4）：59–64。

蔡宁，潘松挺．网络关系强度与企业技术创新模式的耦合性及其协同演化——以海正药业技术创新网络为例［J］. 中国工业经济，2008（04）：137–144。

蔡宁，黄纯，孙文文 . 集群风险自组织理论建构的探索式案例研究［J］. 中国工业经济，2011，000（007）：54–64。

陈红 . 知识创新导向的组织知识网络研究［D］，天津大学博士论文，2005。

陈继勇，周琪 . 新兴技术产业化演进及其对中国战略性新兴产业发展的启示［J］. 湖北社会科学，2012，000（011）：66–69。

陈剑，冯蔚东 . 企业动态联盟构建与管理［M］. 清华大学出版社，2002 年版。

陈金波 . 基于生态学的企业集群内在风险与对策研究［J］. 当代财经 2005，6：68–72。

陈柳钦 . 产业融合的发展动因，演进方式及其效应分析［J］. 西华大学学报（哲学社会科学版），2007，25（004）：14–19。

陈伟，张永超，田世海 . 区域装备制造业产学研合作创新网络的实证研究——基于网络结构和网络聚类的视角［J］. 中国软科学，2012，02：96–107。

陈伟，杨早立，张永超 . 网络结构与企业核心能力关系实证研究：基于知识共享与知识整合中介效应视角［J］. 管理评论，2014，26（6）：74–82。

陈祖新，翁洁 . 论中试问题［J］. 研究与发展管理，1995，02：21–25。

董雪兵，史晋川 . 累积创新框架下的知识产权保护研究［J］. 经济研究，2006，5：97–105。

杜佳，张向荣 . 论知识经济时代标准信息服务模式的创新［J］. 标准生活，2005，000（010）：93–103。

杜晓君，马大明，宋宝全 . 专利联盟的序贯创新效应研究［J］. 科学学与科学技术管理，2011，02：48–57。

方兴东，张静，张笑容 . 即时网络时代的传播机制与网络治理［J］. 现代传播（中国传媒大学学报），2011（05）：64–69。

冯丙奇 . 社会性媒介内容传播过程基本特征分析［J］. 国际新闻界，2012（04）：59–65。

冯立威 . 博弈论与信息经济学［J］. 中国信息导报，2004（8）：29–30。

傅家骥 . 技术创新学［M］. 清华大学出版社，1998 年版。

福斯特 · 卡普兰著，唐锦超译 . 创造性破坏［M］. 中国人民大学出版社，2007 年版，pp.36–37。

符周顺．苹果与谷歌系暗战不休，专利战升级促 OS 市场变局［N］. 通信信息报，2011 年 9 月 14 日第 A14 版。

关士续．中间试验与风险投资［J］. 中国科技论坛，1995，000（006）：10–13。

国家知识产权局规划发展司．2012 年中国有效专利年度报告（一）［G］. 专利统计简报，2013，9：5。

郭晓川．企业网络合作化技术创新及其模式比较［J］. 科学管理研究，1998（5）：14–17。

高菲，李凯．集群衰退风险成因研究综述［J］. 商业研究，2008，12（6）。

高红披．大数据时代电视平台的战略转型［J］. 南方电视学刊，2013（3）：24–27。

和金生，李江．知识发展的类生物模型［J］. 科学学研究，2008，26（4）：679–684。

洪结银．专利池的经济效率和反垄断规制［J］. 产业经济研究，2008（2）：26–34。

洪结银．互补性专利联盟是否必要——一个基于讨价还价许可模式的新见解［J］. 科学学研究，2018，036（001）：60–68，122。

花磊，王文平．不同创新类型下的有效创新网络结构［J］. 管理工程学报，2014，28（3）：110–119。

黄中伟．基于网络结构的产业集群创新机制和绩效分析［J］. 宁波大学学报（人文科学版），2004，17（3）：94–97。

胡俊峰，陈晓峰．产业转移视角下中小企业集群创新网络的动态演进——来自江苏共建产业园区的例证［J］. 现代经济探讨，2014，8：45–49。

霍玉菡，杨颖．智能手机专利战：看得见的赔偿输不起的未来［N］. 中国贸易报，2012 年 8 月 30 日第 7 版。

胡宇辰．产业集群支持体系［M］. 经济管理出版社，2005 年 5 月版．惠双民．资产专用性、网络扩展和私人秩序［J］. 经济研究，2002，（7）：63–68。

蒋恩尧，侯东．基于 MIS 平台的企业知识网络的组建［J］. 商业研究，2002，17。

江积海．企业网络中知识传导绩效的影响因素及其机理——TD-SCDMA 产业联盟的案例研究［J］. 科学学研究，2010，028（009）：1375–1382。

蒋军锋，党兴华，薛伟贤．技术创新网络结构演变模型：基于网络嵌入性视角的分析［J］. 系统工程，2007，02：11–17。

蒋玉宏，黄勇，江山 . 技术创新联盟的知识产权规则研究［J］. 中国科技论坛，2011（1）：58–63。

姜照华，隆连堂，张米尔 . 产业集群条件下知识供应链与知识网络的动力学模型探讨［J］. 科学学与科学技术管理，2004，25（007）：55–60。

金泳峰，黄钰 . 专利丛林困境的解决之道［J］. 知识产权，2013（11）：83–88。

克里斯托夫 . 弗里曼，技术政策与经济绩效：日本国家创新体系的经验［M］. 东南大学出版社，2008 年版。

克利斯 . 弗里曼，罗克 . 苏特，工业创新经济学［M］. 北京大学出版社，2004 年 7 月版。

雷石东：《世界传媒业的过去、现在和未来》，中国网，http：//www.china.com.cn/chinese/2002/Jul/181124.htm。

李春雷，刘冰莹 . 塔西佗陷阱效应与传媒对社会困难群体的引导策略研究——基于"什邡事件"的实证分析［J］. 现代传播（中国传媒大学学报），2014，36（003）：50–55。

李春雷，刘又嘉，杨莹 . 突发群体性事件中微博主体媒介素养研究——基于"乌坎事件"事发地的实证调研［J］. 新闻与传播研究，2013（11）：44–55。

李东红 . 企业联盟研发：风险与防范［J］. 中国软科学，2002，（10）：47–50。

李恒光，唐兴信 . 高技术产业化中试配套协作工作的探索与思考［J］. 中国科技论坛，1999（6）：44–46。

李跃森 . 要"拿来"，更要原创［J］. 中国广播电视学刊，2012，000（009）：4–4。

李勇，史占中，屠梅曾 . 知识网络与企业动态能力［J］. 情报科学，2006.03。

李维安，张俊喜 . 公司治理前沿［M］. 中国财政经济出版社，2003。

李维安，周建 . 网络治理：内涵、结构、机制与价值创造［J］. 天津社会科学，2005（05）：59–63。

李维安 . 探求知识管理的制度基础：知识治理［J］. 南开管理评论，2007（3）主编寄语。

李维安，林润辉，范建红 . 网络治理研究前沿与述评［J］. 南开管理评论，2014，17（5）：42–53。

李丹，俞竹超，樊治平 . 知识网络的构建过程分析［J］. 科学学研究，2002，

12：620–623。

李江．基于知识网络的企业网络化创新能力研究［D］. 天津大学博士论文，2008年。

李海东．基于社会网络分析方法的产业集群创新网络结构特征研究——以广东佛山陶瓷产业集群为例［J］. 中国经济问题，2010，06：25–33。

李恒毅，岳意定．技术扩散视角下的创新网络演化研究［J］. 东南学术，2014，1：162–167。

李姝兰．知识网络与哈耶克的知识观［J］. 农业图书情报学刊，2005，17（001）：87–88。

李随成，李勃，张延涛．供应商创新性、网络能力对制造企业产品创新的影响——供应商网络结构的调节作用［J］. 科研管理，2013，11：103–113。

李玉璧，周永梅．协同创新战略中的知识产权共享及利益分配问题研究［J］. 开发研究，2013（4）：144–148。

梁心新，徐慧．知识产权制度异化的国家博弈分析［J］. 知识产权，2013（9）：99–104。

林竞君．嵌入性、社会网络与产业集群［J］. 经济经纬．2004，（5）。

刘宝亮．创业服务产业悄然兴起新业态不断涌现［N］. 中国经济导报，2012-6-28。

刘凤朝，姜滨滨．中国区域科研合作网络结构对绩效作用效果分析——以燃料电池领域为例［J］. 科学学与科学技术管理，2012，01：109–115。

刘华．国际专利制度改革的实证分析及对我国的启示［J］. 法律科学：西北政法学院学报，2006，24（1）：149–155。

刘林青，谭力文，赵浩兴．专利丛林，专利组合和专利联盟——从专利战略到专利群战略［J］. 研究与发展管理，2006，18（4）：83–89。

曹虹剑，张慧，刘茂松．产权治理新范式：模块化网络组织产权治理［J］. 新华文摘，2010，000（019）：129–132。

刘兰剑，司春林．创新网络17年研究文献述评［J］. 研究与发展管理，2009，21（4）：68–77。

刘晓燕，阮平南．基于生命周期的技术创新网络演化动力研究［J］. 现代管理科学，2013（5）：66–68。

刘晓燕，邓颖．技术创新网络结构演化初探——以集成电路专利合作网络为例［A］. 第十届中国科技政策与管理学术年会论文集——分 5：创新与创业（Ⅱ），2014，pp.1–7。

刘洋 . 专利制度的产权经济学解释及其政策取向［J］. 知识产权，2009，19（3）：29–34。

刘友华 . 专利制度的未来模式：替代、革新抑或全球化［J］. 华南师范大学学报（社会科学版），2011，04：106–113。

吕国庆，曾刚，马双，刘刚 . 产业集群创新网络的演化分析——以东营市石油装备制造业为例［J］. 科学学研究，2014，32（9）：1423–1430。

吕文栋，朱华晟 . 浙江产业集群的动力机制——基于企业家的视角［J］. 中国工业经济，2005，000（004）：86–93。

厉无畏 . 文化创意的产业化与产业创新［J］. 同济大学学报（社会科学版），2009，20（011）：112–114。

林艳，王宏起 . 基于优势企业的集群创新网络结构与功能研究［J］. 科技管理研究，2009（5）：441–443。

林东奇 . 专利交易 ULR 模式——专访 IPXI 总裁兼首席执行官 Gerard Pannekoek［EB/OL］. 中国知识产权网，2013-10-12。

陆立军，郑小碧 . 产业集群技术创新风险控制机制研究［J］. 科技进步与对策，2009，26（10）：65–68。

路甬祥 . 深化改革推进创新不断开拓产学研合作新局面［J］. 中国科技产业，2013，000（001）：8–9。

马德辉，包昌火 . 企业知识网络探析［J］. 情报理论与探索，2007，30（6）：737–741。

马费成，刘向 . 知识网络的演化（Ⅰ），增长与老化动态［J］. 情报学报，2011，30（8），787–795。

马费成，刘向 . 知识网络的演化（Ⅱ）：增长老化与知识产生时点的关系［J］. 情报学报，2011，30（9）：916–921。

马海涛，方创琳，吴康，等 . 链接与动力：核心节点助推国家创新网络演进［J］. 中国软科学，2012（2）：88–95。

马凌 . 新闻传媒在风险社会中的功能定位［J］. 新闻与传播研究，2007（04）：42–46。

马远琼 . 企业合作创新的知识产权问题分析［J］. 产业与科技论坛，2011，

10（24）：32–33。

马永红，王展昭．区域创新系统与区域主导产业互动的机理及绩效评价研究［J］．软科学，2014，28（5）：79–83。

毛金生，高新技术产业知识产权政策初探［J］．知识产权，2011（9）：63–69。

彭虹．涌现与互动——网络社会的传播视角［M］．中国社会科学出版社，2010年版。

彭正银．企业网络组织的异变与治理模式的适应性研究［M］．经济科学出版社，2009。

邱玥．是什么阻碍了创新？［N］．光明日报，2015-01-22，013。

任慧．内容联盟：报业内容产业创新路径探究［J］．中国报业，2010（08）：53–55。

任慧，李春雷．我国休闲体育产业价值链构造及延伸路径研究［J］．天津体育学院学报，2011（01）：15–18。

任慧，和金生．知识网络：技术创新模式演化与发展趋势［J］．情报杂志，2011，030（005）：104–107，94。

任慧，贾玉平．知识网络延伸：区域产业集群产业升级潜力提升路径探究——以浙江块状经济发展为例［J］．情报理论与实践，2013，036（006）：53–57。

任慧．产业衍生的知识网络耦合机理研究［J］．情报杂志，2013（03）：132–136。

贾玉平，任慧．中国战略性新兴产业中试模式选择研究［J］．科技进步与对策，2015，32（04）：30–35。

任慧，朱美容．竞合，困境与治理：以智能手机产业专利案为例的分析［J］．江西财经大学学报，2014（06）：25–33。

任慧．企业知识网络内涵述评［J］．情报理论与实践，2013，36（010）：124–128。

任慧，朱美容，王彦博．专利网络化运行瓶颈及规制研究综述［J］．情报杂志，2014（11）。

任慧，王彦博．企业知识网络利弊问题研究综述［J］．情报理论与实践，2014，37（011）：134–139。

任慧，曹珊，李巍霞．媒介内容产业生产趋势、困境与治理机制研究——基于新媒体传播生态的思考［J］．现代传播，2014，36（012）：57–60。

任慧，朱美容，高伟浩．内涵，效率与测量：创新网络结构研究述评［J］．情报杂志，2015，000（012）：192–199。

任慧，邵伟，高伟浩．复杂技术网络化布局三维风险及其规避策略研究［J］．科技进步与对策，2016，v.33；No.390（02）：6–12。

任慧，高伟浩．网络演进与创新技术传播［J］．南昌工程学院学报，2016，035（002）：39–45。

任胜钢．企业网络能力结构的测评及其对企业创新绩效的影响机制研究［J］．南开管理评论，2010，（1）：69–80。

任志安．超越知识管理：知识治理理论的概念，框架及应用［J］．科研管理，2007，28（001）：20–26。

盛洪．现代制度经济学［M］．中国发展出版社，2009 年版。

盛小平．基于知识网络的知识管理研究［J］．图书情报工作，2004（06）：25–29。

沈必扬，陈炜．网络中心度、吸纳能力与中小企业创新绩效［J］．科技管理研究，2007，03：100–102。

孙国强．网络组织系统的结构设计与功能分析［J］．系统变质学学报，2002，10（1）：24–26。

孙国强，石海瑞．网络组织负效应理论研究进展［J］．未来与发展，2009，11：31–34。

孙国强，石海瑞．网络组织负效应的实证分析［J］．科学学与科学技术管理，2011，32（007）：24–30。

孙国强，朱艳玲．模块化网络组织的风险及其评价研究——来自一汽企业集团网络的经验证据［J］．中国工业经济，2011，8：139–148。

孙冰，姚洪涛．环境不确定性视角下创新网络阶段性演化研究［J］．科学学与科学技术管理，2014，35（12）：71–79。

孙冰，姚洪涛．战略导向下创新网络适应性演化模式研究［J］．软科学，2014，028（003）：30–34。

孙雷．产学研合作中技术成果的归属与分享［J］．研究与发展管理，2011，23（6）：110–113。

宋刚，张楠．创新 2.0：知识社会环境下的创新民主化［J］．中国软科学，2009（10）：60–66。

宋培义，孙江华．媒体的数字内容资产与版权定价机制［J］. 重庆社会科学，2012，000（007）：58–63。

宋昱雯．高技术虚拟企业的知识联盟管理［J］. 科技与管理，2006（02）：66–68。

石琳娜，石娟，顾新．知识网络的风险及其防范机制研究［J］. 科技进步与对策，2011（16）：118–121。

石海瑞．企业间网络组织负效应问题研究［D］. 山西财经大学硕士论文，2008 年。

田富俊，李兆友，易显飞．企业技术创新主体层次激励与协调激励研究［J］. 科技管理研究，2006（05）：70–73。

韦华．中试“瓶颈”的成因及其对策［J］. 科学与管理，1994，000（005）：41–42。

文婷．嵌入全球价值链的中国地方产业网络升级机制的理论与实践研究［D］. 华东师范大学博士论文，2005 年。

王发明，蔡宁，朱浩义．基于网络结构视角的产业集群风险研究——以美国 128 公路区产业集群衰退为例［J］. 科学学研究，2006，24（6）：885–889。

王飞．生物医药创新网络演化机理研究——以上海张江为例［J］. 科研管理，2012，33（2）：114–121。

王光文．论视频网站 UGC 经营者的版权侵权注意义务［J］. 国际新闻界，2012，034（003）：28–34。

王其藩．高级系统动力学［M］. 清华大学出版社，1995 年版。

王铮，马翠芳，王露，等．知识网络动态与政策控制（Ⅰ）——模型的建立［J］. 科研管理，2001，22（003）：126–133。

王露，王峥等．知识网络动态与政策控制（Ⅱ）——中国国家创新体系调控模拟［J］. 科研管理，2002（01）：18–27。

王太平．知识产权制度的未来［J］. 法学研究，2011（3）：82–93。

王涛，顾新．知识网络的结构及其知识活动分析［J］. 图书情报工作，2011，55（16）：107–110。

王志玮．企业外部知识网络嵌入性对破坏性创新绩效的影响机制研究［D］. 浙江大学博士论文，2010。

王中美．专利战，不仅是企业竞争新模式［N］. 文汇报，2012 年 10 月 30

日第 9 版。

王先庆，王斌伟 . 高校科技成果转化：过程与机制［J］. 深圳大学学报（人文社会科学版）(2)：65–71。

王志康 . 试论目前加速发展我国高新技术产业化的关键——加强对中试的投入，组织与管理［J］. 科学学与科学技术管理，1996（3）：20–23。

汪涛，任瑞芳，曾刚 . 知识网络结构特征及其对知识流动的影响［J］. 科学学与科学技术管理，2010（05）：152–157。

汪忠，黄瑞华 . 合作创新企业间技术知识转移中知识破损问题研究［J］. 科研管理 2006，27（2）：95–101。

汪斌，董赟 . 从古典到新兴古典经济学的专业化分工理论与当代产业集群的演进［J］. 学术月刊，2005，000（002）：29–36。

汪秀婷，杜海波，江澄，张沥之 . 技术创新网络中核心企业对创新绩效影响沟通和信任的中介作用研究［J］. 科学学与科学技术管理，2012（12）：37–44。

维杰・K・乔利 . 从创新到市场 . 新技术的商业化［M］. 清华大学出版社，2001 年 9 月版。

文庭孝，汪全莉，王丙炎，周永红 . 知识网络及其测度研究［J］. 图书馆，2009，01：1–6。

吴海荣 . 我国传媒的核心竞争力：内容为王——解析 20 年来我国传媒经营管理的演变［J］. 广西大学学报（哲学社会科学版），2006，28（4）：86–90。

吴国林 . 区域技术创新平台研究——大涌红木家具专业镇的技术创新平台建设［J］. 科技进步与对策，2005（01）：162–164。

吴国林 . 论知识的不确定性［J］. 学习与探索，2002（1）：14–18。

吴汉东 . 知识产权综合管理改革与治理体系现代化［N］. 学习时报 . 2017–03–29。

夏保华，关士续 . 技术创新的中间试验研究［J］. 自然辩证法研究，1995（07）：63–68。

夏保华，王滨 . 中间试验的历史发展［J］. 科学技术与辩证法，1997，14（4）：32–32。

夏恩君，张明，朱怀佳 . 开放式创新社区网络的系统动力学模型［J］. 科技进步与对策，2013，30（8）：14–19。

肖冬平，顾新 . 知识网络的形成动因及多视角分析［J］. 科学学与科学技术管理，2009（01）：84–91。

肖冬平．知识网络导论：理论与应用［M］. 人民出版社，2012。

席运江，党延忠，廖开际．组织知识系统的知识超网络模型及应用［J］. 管理科学学报，2009，12（003）：12–21。

徐剑．企业动态联盟的风险管理机制研究［D］. 东北大学博士学位论文，2008 年。

徐明华，陈锦其．专利联盟理论及其对我国企业专利战略的启示［J］. 科研管理，2009，30（4）：162–167。

徐升华，杨波．基于小世界网络模型的知识转移网络特性分析［J］. 情报学报，2010，29（5）：915–919。

郄媛媛．网络组织负效应叠加机理研究［D］. 山西财经大学硕士论文，2012 年。

奚正平．破解中试难题［J］. 中国人才，2013，000（003）：39–39。

姚正林，谭建龙，孙守光．一种结合内容的网站信息安全风险评估系统［J］. 计算机工程与应用，2009（07）：123–126。

杨波．虚拟企业知识转移机制与效用研究［D］. 江西财经大学博士论文，2011 年。

杨波，徐升华．非对称信息条件下虚拟企业知识转移激励契约设计［J］. 情报杂志，2010，29（001）：147–150。

杨波，徐升华，Yang，等．基于非对称博弈的虚拟企业知识转移的演化分析［J］. 图书情报工作，2010，04（v.54；No.401）：68–71。

杨波，徐升华．虚拟企业知识转移激励机理的演化博弈分析［J］. 情报理论与实践，2010，033（007）：50–54。

杨波．系统动力学建模的知识转移演化模型与仿真［J］. 图书情报工作，2010，54（018）：89–94。

杨立华．治理研究的前沿：不完整和动态产权经济学［J］. 江汉论坛，2013（11）：49–55。

杨瑞龙，冯健．企业间网络的效率边界：经济组织逻辑的重新审视［J］. 中国工业经济，2003，000（011）：5–13。

杨小凯，黄有光著，张玉纲译．专业化与经济组织——一种新兴古典微观经济学框架［M］. 经济科学出版社，2004 年版。

杨玉秀，杨安宁．合作创新中知识溢出的双向效应［J］. 工业技术经济，2008，27（8）：107–110。

杨武．技术创新产权［M］. 清华大学出版社，1999 年版。

殷俊，代静：《跨媒介经营》，四川大学出版社，2006 年版。

喻科．产学研合作创新网络演进过程及其主体知识传递模式探究［J］. 科技进步与对策，2010，27（14）：141–144。

佚名．企业孵化器市场规模如何？ 2021 年中国企业孵化器行业发展战略研究［EB/OL］. 中研网．https：//www.chinairn.com/hyzx/20210208/171317596.shtml。

佚名．技术标准专利池模式需要变革［EB/OL］. 人民网—法治频道，http：//legal.people.com.cn/GB/204453/219325/index.html，2013-12-30。

约翰·D. 斯特曼；朱岩，钟永光等译．商务动态分析方法：对复杂世界的系统思考与建模［M］. 清华大学出版社，2008 年版。

昝廷全．产权安排的最低层次原理及其应用［J］. 中国工业经济，2001，10：17–21。

昝廷全．系统经济：新经济的本质——兼论模块化理论［J］. 中国工业经济，2003，（9）：23–29。

曾培伦：《"报网交易"：我国"报网互动"演进历程的新制度经济学分析》，《新闻大学》，2012 年第 4 期。

曾祥效．广东科学技术中间试验的主要方式，问题及建议［J］. 科技管理研究，1996，02：42–44。

张辉．全球价值链下地方产业集群升级模式研究［J］. 中国工业经济，2005，000（009）：11–18。

张红兵，和金生．国际科技合作中知识转移风险的研究［J］. 世界科技研究与发展，2009，031（002）：377–379。

张青山，曹智安．企业动态联盟风险的防范与预控研究［J］. 管理科学，2004.17（3）：8–15。

张康之，程倩．网络治理理论及其实践［J］. 新视野，2010，06：36–39。

张首魁，党兴华，李莉．松散耦合系统：技术创新网络组织结构研究［J］. 中国软科学，2006（9）：122–129。

张运生．高科技企业创新生态系统风险产生机理探究［J］. 科学学研究 2009，27（6）：925–931。

张永安，李晨光．创新网络结构对创新资源利用率的影响研究［J］. 科学学与科学技术管理，2010，01：81–89。

张永安，付韬．焦点企业核型结构产业集群创新网络演进模型、问题及对策研究［J］. 软科学，2010，24（2）：64–69。

张晟剑，胡仁杰．企业技术创新合作网络中心度分析［J］. 科技管理研究，2013，11：14–19。

张亚斌，姚志毅．技术标准还是技术壁垒？［J］. 世界经济与政治，2004，（2）：72–74。

张维迎．博弈论与信息经济学．新 1 版［M］. 格致出版社，2012。

章帆．分工协同网络与产业组织演进［M］. 科学出版社，2010 年版，p.130。

赵骅，鲜丽姣等．企业集群共性技术合作创新后的道德风险治理——基于无惩罚契约与惩罚契约完备两种形式［J］. 科研管理，2010，31（6）：28–35。

赵蓉英，张洋，邱均平．知识网络研究Ⅲ——知识网络的特性探析［J］. 2007，26（4）：583–587。

赵蓉英．论知识网络的结构［J］. 图书情报工作，2007，09：6–10。

赵蓉英，邱均平．知识网络的类型学探究［J］. 图书情报工作，2007，9：11–15，24。

赵晓庆，许庆瑞．知识网络与企业竞争能力［J］. 科学学研究，2002，20（003）：46–50。

赵西萍，张长征，张伟伟．企业知识管理影响因素概念模型研究［J］. 研究与发展管理，2004（03）：53–57。

詹·法格博格等，《牛津创新手册》［M］. 知识产权出版社会，2009 年版。

詹姆斯·厄特巴克．《把握创新》［M］. 清华大学出版社，1999 年版。

朱瑞博．模块化抗产业集群内生性风险的机理分析［J］. 中国工业经济，2004（5）：54–60。

朱瑞博．价值模块整合与产业融合［J］. 中国工业经济，2003，（8）：24–31。

朱文新．认真搞好中间试验——也谈科技成果的推广应用［J］. 科研管理，1984（03）：56–59。

智库百科．产业创新［OE/BL］. http：//wiki.mbalib.com/wiki/。

詹·法格博格等，《牛津创新手册》［M］. 知识产权出版社，2009 年出版。

后 记

本书是在本人主持的国家社科基金项目主要研究成果的基础上修改而来。

当落笔到此处，心情舒畅而又感慨万千。不由要讲上几句题外话，记录一下这10年来平凡而又充满梦幻的岁月。

生命历程如果以十年为一个阶段来看，回首起来，总有那么两三个时间节点，承载了太多的酸甜苦辣，对于个人来说，在这些重要的节点上，事件总是接二连三以意想不到的形式出现，以一股神奇的力量怂恿人们，在十字路口选择按照自己的人生惯性摸索前行，而此时，你仍不知道前方等待你的是惊喜还是惊吓。然而，正是这不经意间发生的，却构成了一个个完全不同的人生。对我来说，这十年风雨兼程，节奏紧张而又紧凑。

第一个要说到的节点要数2011年，这一年博士毕业了，工作和生活回归到了非时间压迫下的工作和生活状态；这一年，房贷完结了；这一年，女儿上了小学；这一年，副高级职称也如愿得偿了。接下来顺其自然地，开始摸索新的学术研究领域，选择的过程与当年读博时选题如出一辙。所幸，博士毕业后自主选择在自己熟悉的经济学领域开展教学和科研工作。于是，这一年的下半年，一边准备给研究生开设《高新技术产业研究专题》和《知识管理专题研究》两门专业课，一边也在准备2012年度国家社科基金项目的申报工作。两项工作一并推进，虽然工作强度很大，却带来了意想不到的灵感。

最早开始接触学术研究，即关注企业间知识联盟这种跨组织知识交融形式，研究它如何作用于知识合作绩效与如何评价这种特定的合作绩效的问题。然而在研究的过程中，笔者也逐渐关注到企业间合作关系存在的隐患。于是，开始构思研究，企业间合作关系之上的知识网络到底是什么属性？具备什么样的功能，即除了提升创新绩效这样的正面功效外，还有哪些负向功效？这些负向功效对于行业发展、企业合作创新又可能带来什么样的风险隐患。带着这样的初步构念，笔者开始大量阅读有关知识网络方面的文献，发现对知识网络研究的文献早期主要集中在情报学领域，而在管理学，尤其是与经济学交叉领域的研究成果较少。学界的前期研究直接针对企业知识网络正面效应的研究成果丰富且较为成熟，专门针对知识网络风险研究的文献少；针对知识网络（载体）风险的研究以静态理念分析为主，相对缺乏动态化分析，更缺乏系统动力学研究；以知识网络自身治理或网络组织风险分析为主，直接以知识网络风险动态治理为研究对象的文献缺乏。因此，从跨组织知识网络构建的角度探讨技术创新的风险规避问题还有较多值得深入探讨的理论空间。跨组织知识网络原本属于中间性组织在知识连接层面的构念，所以对这一研究课题的研究设计也脱离了企业这一微观层面，而主要聚焦在了产业层面上开展此研究。

半年多的构思与写作，次年迎来了令人兴奋的好消息，这项课题设计获批！高兴之余，摆在眼前的迫切问题是如何完成这项国家课题，可谓压力山大。于是，还没来得及暂缓脚步，就迎来了更为紧张的学术生活。前后差不多四年的时间，常被沉重的梦境惊醒。重压之下，常是超负荷的工作投入，犹记得那时除了完成沉重的本科生、研究生授课任务外，还要分出大量的精力放在三个年级的研究生班的班主任工作上以及挂牵女儿的学习上，常感在生活和工作无法平衡的失落感和焦虑感中度过时光，这大概是当下所有职业女性共有的心路历程。现在回忆起来，能熬过那样的艰苦和奋斗的岁月，与父母从小植入我心的“以奋斗者为本”、“努力终会获得回报”以及“你若付我，我必达成’的家教激励直接相关。这四年里，日子过得充实但又恍惚，终日忙碌到失重，几乎不堪重负。

也正是在这个十字路，2014年年关前，受加拿大约克大学Bernard Frolic教授的邀请，赴Shullich商学院访学一年，每天安顿好女儿上学后，参与团队研讨、听课、读书，使我重新拥有了做一名学生的珍贵时光，工作与生活节奏舒缓很多，可以花较多的时间陪女儿，感受她的成长以及完成我内心的修炼。在那段时间里，认识了来自伊朗、韩国以及菲律宾的几位女性朋友，闲暇时光与她们的闲聊，感受到了来自世界各地女性的顽强的生命力、生活阅历和智慧之光，这些都深深滋养了我的心灵。生活节奏缓慢了下来，也越来越体会到了人生而为人的意义。人一旦精神状态改观了，身体也会随之改变。在那里半年后，连房东阿姨问我有什么秘方调理身体时，我满心欢喜，原来不知不觉中，我真的实现了一次人生蜕变。

人的思想状态改变了，工作态度和生活态度也因此有了很大的转变。2017 年，我做到了两个突破自我的决定，其一，放弃了原单位应得的教授职称，跟随爱人南下广州就职，过另外一种更具挑战的工作和生活；其二，决定为家庭孕育一个新的生命，儿子的到来以及随即开始的新的工作与生活环境，原有的一切平衡都被再一次打破，摆在我面前的是工作状态正如 2005 年初入社会时一样，生命开启一个新的轮回：所授均是崭新的课程以及在家嗷嗷待哺的婴儿……

时光飞逝到不可思议，蓦然回首，抵粤已 4 载。一切生疏已变熟络，工作逐渐步入正轨。而 2020 年突如其来的蔓延全球的新冠疫情改变了人们的工作和生活，而常由衷感怀今日之幸福不可辜负，感恩国家，感恩时代，感恩为今日幸福付出鲜血的先辈们以及时下为了别人的幸福而负重前行的各行各业的中国人。生于时下的中国，何其幸哉！我辈亦应肩负社会责任和职业精神，在平凡岗位上尽职尽责，砥砺前行。

教学科研是一对双胞胎，唯愿我与学生们教学相长，相得益彰。

在此，特别感谢一路陪伴我的父母，他们虽年迈，好在身体硬朗，他们低碳简约的生活方式和乐观的心态实时鼓励着我，令我虽年过 40，然内心仍单纯如少年，在逆境中保持动力，在顺境中不骄不躁。唯愿父母安康，你们的健康是我前进的动力！

感谢我的先生李春雷教授，与他相伴，一路相互激励，使彼此成为更好的自己，得到女儿对外称赞，“我有一个很好的原生家庭”，我想这是对我们最大的肯定和鼓励。要特别对我的女儿和儿子说，生命中有你们，我无比光荣，也期待我们能成就你们更好的未来。

感谢我的师弟石家庄铁道大学的王彦博副教授以及浙江省科技信息研究院的贾玉平副研究员，协助我开展调研，与他们的合作使我感受到了团队的力量。也感谢我的三位研究生朱美容、邵伟和高伟浩，与他们每周一两次的研讨，现在回忆起来依然温馨。

感谢我的工作单位广州大学在图书出版上给予的工作便利和资助支持。在书稿修订的关键期，2022年2月底上海疫情突然爆发，书稿修订工作也暂时搁浅，疫情稍稳定的第一时间，再次收到来自上海三联书店杜鹃女士寄来的校对书稿，心存感恩，感谢为抗疫付出努力和代价的所有人，特别向杜鹃女士对本书疏漏之处的不吝指正，更钦佩她严谨负责的工作态度！校对工作很是繁琐，不少章节甚至要重新打磨，密密麻麻的手写修订内容，即使我本人看，也有些棘手，然而，排版工作人员依然凭借高超的专业技能精准校对排版，甚至弥补我个人在表达上的措辞，极富专业性，在此，特别向责任校对王凌霄女士致敬！

任慧

广州

2022.11.3（三校）

图书在版编目(CIP)数据

企业间知识网络风险演化与治理研究/任慧著.—上海:上海三联书店,2023.1
ISBN 978-7-5426-7779-2

Ⅰ.①企… Ⅱ.①任… Ⅲ.①企业管理-知识管理-研究
Ⅳ.①F272.4

中国版本图书馆CIP数据核字(2022)第136741号

企业间知识网络风险演化与治理研究

策　　划/徐锦燕
著　　者/任　慧

责任编辑/杜　鹃
装帧设计/一本好书
监　　制/姚　军
责任校对/王凌霄

出版发行/上海三联书店
(200030)中国上海市漕溪北路331号A座6楼
邮　　箱/sdxsanlian@sina.com
邮购电话/021-22895540
印　　刷/上海惠敦印务科技有限公司

版　　次/2023年1月第1版
印　　次/2023年1月第1次印刷
开　　本/890mm×1240mm　1/32
字　　数/200千字
印　　张/9.5
书　　号/ISBN 978-7-5426-7779-2/F·870
定　　价/79.00元